Le Monde *diplomatique*

Vol. 189   Juin·2024

Article de couverture

종말로 치닫는 이노센스

글·프레데리크 로르동

때때로 예상치 못한 진실의 순간이 찾아오기도 한다. "생선은 머리부터 썩는다." 맹목적인 이스라엘 지지 진영인 시앙스포(Sciences Po, 파리정치대학)에서 최근 일부 학생들이 학교 대강당을 점거하고 팔레스타인지지 시위를 벌인 사건을 비난한 가브리엘 아탈 프랑스 총리의 발언이다.

8면 계속▶

Editorial

Focus

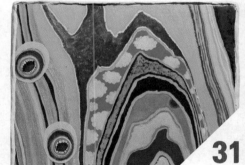

31

Dossier 인도, 권력의 이면

45

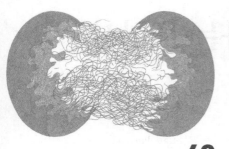

49

64

Economie

Société

Culture

81

Livres

114

기후 온난화의 피해를 외면하는 보험사

브누아 브레빌 | 〈르몽드 디플로마티크〉 프랑스어판 발행인

2015년, 당시 악사(AXA)그룹 회장이었던 앙리 드 카스트리는 기후 위기가 더 악화되면 보험사에 너무 기대하지 않는 편이 좋다고 경고한 바 있다. 그는 "지구 평균 기온이 2°C 상승해도 여전히 보험에 가입할 수 있을 것이다. 그러나 4°C 상승한다면 그렇지 못할 것이라고 확신한다"라고 말했다. 하지만 1.2°C 상승만으로도 대형 보험사 중 하나인 스테이트팜(State Farm)은 캘리포니아에 등을 돌렸다. "재해 노출 위험의 급격한 증가"가 표면상 이유였다. 지난 1년 동안 스테이트팜은 캘리포니아주에서 주택 및 상업 시설용 보험 신규 계약을 체결하지 않았으며 7만 2,000건의 기존 계약을 해지했다. 미국에서는 보험사들의 이러한 행보가 점점 더 보편화되고 있다. 특히 2023년 루이지애나주에서는 주택 소유자의 17%가 보험 해지를 통보받았다. 이들은 물론 다른 경쟁 보험사와 새로운 계약을 체결할 수 있을 것이다. 하지만 터무니없이 높은 보험료와 허리케인 같은 재해에 대한 보상을 거부하는 등 불합리한 조항을 제시받을 것이다.

폭풍, 가뭄, 홍수… 전 세계적인 기후 위험 확산은 보험사에 상당한 손실을 초래하고 있다. 보통 이러한 경우에 보험사들은 크게 고민하지 않는다. 위험 부담이 너무 커지면 보험료를 인상하고, 이것으로도 충분치 않으면 보장을 중단한다. 지구 온난화와 그로 인한 '손해율 증가'로 보험사의 수익성이 감소할 위험이 있는 지역은 이제 모든 국가에 존재한다. 오래전부터 수익성이 없는 것으로 여겨졌던 투발루, 앙골라, 방글라데시뿐만 아니라 호주, 스페인, 이탈리아에서도 마찬가지다. 이러한

문제의 심각성을 인식한 프랑스 정부가 구성한 평가단은 최근 '재정 균형 회복'과 '예방 노력 강화'가 필요하다는 결론을 내렸다. 즉, 보험료를 인상하고, 국가가 재정 지원을 해서, 우박이 떨어지면 자동차를 안전하게 간수해야 한다는 뜻이다.

기 확산을 방지하기 위해 재정 지원에 나섰다. 루이지애나주는 보험사가 보험 계약을 유지하도록 보조금을 지급하고 있다. 플로리다주가 운영 중인 공공 보험은 2019년 이후 가입자 수가 3배나 증가했다. 그 어떤 위험도 감수하지 않는 것은 보험사뿐이다.

폭풍, 가뭄, 홍수 등 재해보상 거부

보험사 경영진은 보험사가 전초병 역할을 한다고 주장한다. 이들의 논리에 따르면 보험사는 위험 지역을 외면하고 자연재해의 실제 비용을 제시함으로써 사람들의 인식 제고에 기여한다. 또한, 만족스러운 보장을 제공하지 않으면 사람들이 위험 지역을 떠날 것이고 그러면 기후 변화에 대비하기 적합한 사회 지형이 자연스레 만들어질 것이다.

하지만 이는 현실과 완전히 동떨어진 생각이다. 보험사들이 외면해도 위험에 노출된 지역의 인구는 계속 늘고 있다. 가뭄과 폭풍우도 남부의 태양과 대서양의 풍광을 사랑하는 프랑스 국민의 취향을 바꿀 수 없다. 미국의 상황도 마찬가지다. 조지아주, 노스캐롤라이나주, 텍사스주의 인구는 계속 증가하는 추세다. 그리고 은퇴자들은 여전히 주택 보험료가 (연평균 6,000달러로) 가장 높은 플로리다주로 몰려들고 있다.

특히 코로나19 팬데믹 동안 기업의 고위 임원들은 자연과 함께하는 재택근무의 매력을 깨달았다. 이후 미국에서는 엄청난 보험료 부담과 화재 위험에도 불구하고 숲 인근에 거주하는 사람이 급속도로 늘고 있다.(1) 최상위 부유층은 자신들의 취향을 포기하지 않는다. 최하위 빈곤층은 경제 사정이 허락하는 곳에 정착할 수밖에 없다. 그 어떤 보험회사도 이들에게 보장을 제공하지 않지만 이들은 이사 대신 보험 없이 살아가는 것을 택한다.

현재 미국에서는 600만 명의 주택 소유자가 가치를 완전히 잃은 집에 발이 묶인 채 무보험 상태로 살고 있다. 사소한 사고라도 발생하면 이들은 파산 또는 대출 상환 불능 상태에 빠질 것이다. 이는 은행과 부동산 시장에도 연쇄적인 악영향을 미칠 것이다. 미국 주정부는 위

크리티크M 9호
『불온한 자들의 예술』
권 당 정가 16,500원

글·브누아 브레빌 Benoît Bréville
<르몽드 디플로마티크> 프랑스어판 발행인

번역·김은희
번역위원

(1) Renée Cho, 'With climate impacts growing, insurance companies face big challenges', Columbia Climate School, 2022년 11월 3일, www.news.climate.columbia.edu

제노사이드와 반전시위,
그리고 이스라엘의 '이노센스'

성일권 | 〈르몽드 디플로마티크〉 한국어판 발행인

이스라엘의 무차별한 팔레스타인 주민 학살을 반대하는 반전시위가 지구촌 곳곳으로 확산되고 있다. 미국 컬럼비아대에서 시작된 반전시위의 물결은 미국을 비롯해 프랑스, 영국, 벨기에, 스위스, 네덜란드 등 유럽을 거쳐, 마침내 한국에까지 이르렀고, 세계 도처에서 대학생, 고교생, 교수, EU 직원들까지 가담해 한 목소리로 "더 이상의 죽음은 안돼!"를 외치고 있다.

특히 유럽연합(EU) 직원 250여 명은 브뤼셀 EU 본부 앞에서 집회를 열어, 이스라엘이 저지른 민간인 참상과 전쟁에 대한 EU 집행부의 소극적 입장에 항의하고 가짜 피를 칠한 시신 형상물 위에 꽃을 바치면서 모의 장례식을 열었고, 침묵 행진을 이어갔다. 미국 등 각국 정부는 반전 시위대가 '친 팔레스타인-반 유대주의' 성향의 과격 분자들이라고 비난하며 경찰력을 동원하고 있으나, 시위는 비교적 평화롭게 진행되는 양상이다.

미국 컬럼비아대에서 시작된 학생들의 시위가 이처럼 눈덩이처럼 확산되는 것은 바이든 미 대통령이 이들의 목소리에 귀 기울이지 않고, 팔레스타인을

"나는 살해당한 아동의 시신보다 더 최악이 있으리라 상상도 하지 못했다. 아버지가 아들 시신의 남은 조각을 쓰레기봉투에 담아 운반하는 동영상을 보기 전까지는 말이다." (2023년 10월 17일) - 마젠 커바이

GAZA
17 OCT. 2023

MAZEN 23

I NEVER THOUGHT I WOULD SEE SOMETHING WORSE THAN THE BODY OF A MURDERED CHILD, UNTIL I SAW THE FOOTAGE OF A FATHER CARRYING THE RESTS OF HIS SON IN A PLASTIC TRASH BAG.

상대로 인종학살, 즉 제노사이드(Genocide)적인 범죄를 저지르는 이스라엘을 적극적으로 돕고, 서구 국가들이 이를 따르는 데에서 비롯된다.

지난해 10월 7일 하마스와의 전쟁에 돌입한 이후 7개월 동안 가자지구에서 팔레스타인 측 사망자가 3만 4,683명, 부상자는 7만 8,018명에 달하며, 이곳 인구의 약 1.5%가 지워진 것은 명백한 제노사이드에 해당된다. 이스라엘은 과격 테러단체 하마스의 공격에 대한 보복 공격일 뿐이라며 자신들의 범죄행위를 부인하지만, 국제사법재판소와 국제형사재판소의 입장은 "제노사이드에 해당하는 살인행위를 당장에 중단하라"라는 것이다.

제노사이드는 특정 인류 집단을 고의적 및 제도적으로 말살하는 행위 또는 그러한 시도를 일컫는다. 1944년 폴란드 출신 법학자 라파우 렘킨이 1차 세계대전 시기에 자행된 오스만 제국의 아르메니아인 대학살을 규정지을 때 처음 사용한 제노사이드는 일반적인 학살과는 구분되는 일종의 범죄를 가리키는 용어로 정립되었다. 주로 특정적인 국민, 인종, 민족 또는 종교 집단의 전체 혹은 일부를 파괴하기 위한 의도적인 행동을 가리킨다. 또한 집단의 '절멸' 이외에도 '민족적 거세'라는 목표를 설정하여 집단 성폭행을 조직

적으로 자행하는 경우나 문화적으로 탄압하는 행위 등도 제노사이드로 판단될 수 있다.

불행하게도 인종-민족 간 분쟁에는 제노사이드가 자주 발생했다. 로마가 포에니 전쟁에서 승리한 뒤 카르타고인들을 대거 학살한 것을 비롯해, 나치 독일의 유대인 학살, 일본인의 난징·관동대학살, 부족 간 내전이 벌어진 르완다 학살, 세르비아의 코소보인 학살 등은 악명 높은 제노사이드로 기록된다.

특히 700만 명이라는 엄청난 규모로 산업화, 체계화된 나치 독일의 유대인 학살 이후, 집단살해 범죄를 정의하고 방지하기 위한 '집단살해죄의 방지와 처벌에 관한 협약(Convention on the Prevention and Punishment of the Crime of Genocide, CPPCG)'이 만들어졌고, 우리나라도 1950년 이 조약에 가입했다. 특히 우리나라에서는 1995년에 제정된 '헌정질서 파괴범죄의 공소시효 등에 관한 특례법'에 따라 이러한 종류의 범죄를 저지른 사람이나 단체에게는 공소시효를 적용하지 않는다.

자신들이 믿는 신의 이름을 빌려, 추잡한 전쟁을 성전(聖戰)으로 승격시킨 이스라엘은 수많은 어린이와 노약자를 살해해놓고도, 신으로부터 부여받은 자신들의 예외적인 '이노센스'(innocence)를 주장한다(프레데르크 로르동의 글 참조). 2차대전 당시 나치의 반인륜 범죄에 희생당한 '피해자'의 입장에서, 이젠 나치를 닮은 가해자가 된 이스라엘은 국제사법재판소와 국제형사재판소의 심판대에 오르게 됐다. 인권운동가 넬슨 만델라의 나라인 남아공 정부의 제소에 따라 국제사법재판소가 지난 1월 27일, 이스라엘에 임시조치 명령을 내렸다.

회원국 17개국 중 이스라엘이 유일하게 반대한 이 재판소의 명령에 따르면 이스라엘은 가자지구 내 팔레스타인인들을 살해하는 행위를 금지하고, 그들을 상대로 한 제노사이드를 직접적이고 공개적으로 예방해야 한다. 하지만 그 후에도 네타냐후는 정반대로 나아갔다. 국제사회의 비판에도 아랑곳하지 않고, 그는 마치 십자군 성전을 치르듯이 군인과 민간인을 가리지 않고 공격해왔다. 오는 11월 대선을 앞두고 반전시위로 곤혹스러운 입장이 된

바이든 미 대통령의 반대에도 불구하고, 네타냐후는 가자지구 최남단도시 라파에 폭탄을 퍼부을 태세다.

그럼에도, 미국 최고의 정론지라고 자부하는 〈뉴욕타임스〉 등 주류 언론은 최근 확산되는 반전시위 참여자들을 외부의 좌파 선동가들이라고 규정짓는다. 문제의 본질을 회피한 채, 미국 경찰이 불러주는 대로 받아쓰기를 한 까닭이다.

"뉴욕대, 뉴욕시티대, 컬럼비아대 등에 체포된 시위대의 상당수가 외부의 좌파 선동가들이었으며, 대학 강의실에는 마오쩌둥 중국 초대 주석의 혁명구호인 '정치권력은 총구에서 나온다' 등이 적혀 있다"고 앞다퉈 보도하는 것이 그것이다. 지구촌 곳곳에 확산되는 반전의 목소리는 오늘도 거침없이 울려 퍼진다.

세계 각국의 시민단체들이 이스라엘 권력자들을 국제형사재판소에 제노사이드 범죄혐의로 제소한 데 이어, 국내의 참여연대와 사단법인 아디가 지난 5월 9일 네타냐후 이스라엘 총리를 비롯한 책임자 7명을 경찰청 국가수사본부에 국제형사범죄법상 집단살해, 인도에 반한 죄, 사람에 대한 전쟁 범죄 등의 혐의로 수사해달라고 고발장을 제출한 것은 새삼 국제연대의 엄중함과 무게감을 일깨운다.

'살아있는' 권력층에 대한 수사 기소에 유독 약한 모습을 보여온 우리 검찰이 네타냐후 세력의 반인륜적 전쟁 범죄를 과연 어떻게 기소할지 주목된다.

지구촌 곳곳에서 일고 있는 반전시위에 대해 국내외 주요 언론은 오늘도 '친 팔레스타인, 반 이스라엘 시위'라고 기계적으로 비틀어 말한다. 언제까지 팔레스타인은 '악'이고 이스라엘은 '선'일 것인가? ⓛⒹ

글·성일권
〈르몽드 디플로마티크〉 한국어판 발행인

제노사이드와 이스라엘

종말로 치닫는 이노센스

프레데리크 로르동 ▌철학자, 경제학자

때로 예상치 못한 진실의 순간이 찾아오기도 한다. "생선은 머리부터 썩는다." 맹목적인 이스라엘 지지 진영인 시앙스포(Sciences Po, 파리정치대학)에서 최근 일부 학생들이 학교 대강당을 점거하고 팔레스타인 지지 시위를 벌인 사건을 비난한 가브리엘 아탈 프랑스 총리의 발언이다.

평소 허위사실이나 노골적인 거짓말만 늘어놓던 그의 입에서 진실이 흘러나오다니 기적 같은 일이다. 생선은 머리부터 썩는다는 그의 말은 심지어 중의적 진실을 담고 있다. 은유적 의미로 볼 때, 머리는 지도자, 보다 일반적으로는 지배자로 해석할 수 있다. 이 경우 부패는 이미 도처에 퍼져있다. 환유적 의미에서 보면, 머리는 사고하는 방식, 사고의 작동을 뜻하기도 한다. 이 경우 사고 작동의 부패, 즉 사고의 작동을 지배하는 규범이 붕괴된 것으로 볼 수 있다.

사고의 작동 체계가 이처럼 붕괴된 것은 (좋은 가설을 제시하는 경우가 드문) '순수한' 어리석음 때문이 아니라 이해 당사자의 어리석음 때문이다. 물질적 이해관계는 광범위한 매개를 거쳐 알아볼 수 없을 정도로 희석돼도 특정한 방식으로 사고하고 다른 방식으로 사고하는 것을 쉽게 허용하지 않는다. 바로 이 점에서 생선의 썩은 머리는 자신들의 사고 양식을 강요(환유)하는 부르주아 전선의 폭력(은유)이라는 이중적 의미를 지닌다.

세제나 노동시간 문제에서조차 이처럼 격한 반응을 보인 적 없는 집권 부르주아가 이번에는 왜 이토록 발끈한 것일까? 이스라엘과 팔레스타인에서 벌어진 이번 사태가 어찌하여 프랑스 부르주아 계급에 이토록 강력한 반향을 일으켰을까?

그 이유는 서구 부르주아는 본능적으로 이스라엘을 지지하기 때문이다. 이들은 이스라엘의 상황이 자신들과 밀접하게 연관돼 있다고 생각한다. (최초의) 창업국가(start-up nation) 간 친밀감 같은 사회학적 단순함을 훨씬 뛰어넘는 반(半)의식적 연결고리가 존재하는 것이다. 이러한 상상 속 연결고리의 기저에는 절대 공개적으로 드러낼 수 없는 지배와 인종차별에 대한 공감이 깔려 있다.

인종차별은 가장 순수한, 따라서 지배자들에게 가장 매력적인 지배 형태다. 지배와 인종차별에 대한 공감은 지배가 위협받을 때 더욱 강해진다. 자본주의의 유기적 위기나 팔레스타인 식민지화의 위기, 즉 피지배민들의 봉기에 맞닥뜨린 지배자들이 자신들의 지배를 '재확인'하기 위해 봉기를 진압하려 나서는 상황이 좋은 예다.

그러나 서구 부르주아에게는 이보다 훨씬 더 근원적이고 매혹적인 부분이 있다. '이노센스'라는 결정적인 단어를 통해 이점을 꿰뚫어 본 상드라 뢱베르에게 경의를 표한다. 서구 부르주아에게 이스라엘이 매혹적인 이유는 이 나라가 "순수한" 지배의 형상, 즉 '현실화된 환상'의 이미지를 부여하기 때문이다.(1) 악이 깃들지 않은 지배는 지배자의 궁극적인 환상이다. "순수한 상태로 지배하는 것은 일반적으로 불가능하기 때문이다. 그런데 이 불가능한 일을 해낸 이스라엘은 서구 부르주아에게 본보기를 제시했다."(2)

"실제로 유대인들은 가해자이기 전에 피해자,

<이노센스>, 19세기, 미의회 도서관-작가 미상

그것도 인류 박해 역사의 정점을 기록한 피해자였다.
하지만 아무리 큰 희생을 감수했다고 해서
'영원히 순수'할 수는 없다."

피에르 골드만(1969년 두 명의 약사를 살해한 혐의
로 기소된 프랑스의 극좌 운동가-역주)은 법정에서 "나
는 순수하다. 존재론적으로 나는 순수하다. 당신은 이 사
실을 바꿀 수 없다"라고 판사에게 외쳤다.(3)

전혀 다른 맥락이지만 골드만의 외침은 많은 것을
시사한다. 유대인 대학살 이후 이스라엘은 존재론적으로
죄가 없는 피해자라는 인식이 확립됐다. 실제로 유대인
들은 가해자이기 전에 피해자, 그것도 인류 박해 역사의
정점을 기록한 피해자였다. 하지만 아무리 큰 희생을 감
수했다고 해서 그 자체로 '영원히 죄없는 순수한 피해자'
로 남을 수는 없다. 한때 피해자였기 때문에 지금도 순수
하다는 추론은 이해하지 못하는 것은 아니나 인정할 수

는 없다.

서구 부르주아는 이 모든 상황에서 자신에게 편리한 것만 취하며 이스라엘처럼 순수한 지배자로 남고 싶어 한다. 물론 이스라엘만큼 쉽지는 않겠지만 본보기가 바로 눈앞에 있기에 서구 부르주아는 최면에 걸린 채 반사적인 연대에 사로잡힌다.

인간은 자신의 폭력을 직시하지 않고 다른 열망, 특히 지배에 대한 강렬한 열망에 몰두하면서 자신을 순수한 존재로 확립하는 여러 가지 방법을 갖고 있다. 첫 번째 방법은 지배의 대상인 다른 인간을 비인간화하는 것이다. 그러면 이들에게 저지른 악행은 차악까지는 아니더라도 덜 악한 행동이 된다. 어쨌든 최악은 아니기 때문에 여전히 순수한 존재로 남을 수 있다.

가장 강력하고 가장 흔히 쓰이는 두 번째 방법은 부인하는 것이다. '테러리즘'이라는 개념이 계속해서 사용되는 이유가 바로 부인을 위해서다. 테러리즘은 특히 '이유없는 저항은 없다(ex nihilo nihil)'라는 생각을 억제하고 배제하기 위해 만들어진 개념이라 할 수 있다. 어느 날 갑자기 하늘에서 뚝 떨어진 사건은 없다. 폭력에는 일반적인 경제가 존재한다. 폭력은 부정적인 상호성, 즉 악은 더 큰 악을 불러오는 방식으로 작용한다.

라부아지에의 질량보존의 법칙을 변형해 설명하면 폭력은 갑자기 생기거나 없어지지 않는다, '되돌아올 뿐'이다. 거의 80년 동안 팔레스타인인들에게 끊임없이 반복적으로 가해진 엄청난 폭력이 그렇다. 끝이 보이지 않는, 끊임없이 되돌아와 반복될 수밖에 없는 운명이었다. 비난이 유일한 지적 활동인 이들은 이를 사전에 예측하지도 사후에 이해하지도 못할 뿐이다. 그런데 때때로 이해하지 못하는 것은 지성의 약점이 아니라 정신의 속임수, 더 나아가 절대적인 명령 때문인 경우가 있다. 이해하지 못하면 자신이 속한 인과관계, 즉 자신이 그다지 순수하지 않다는 사실을 직시하지 않아도 되기 때문이다.

지금의 사태가 지난해 10월 7일 하마스의 이스라엘 공격으로 시작됐다고 주장하는 것은 이러한 일반적인 유형의 상황에서 나타나는 가장 악의적이고 가장 특징적인 지적 왜곡이라 할 수 있다. 존재론적으로 순수한 이들

만이, 그리고 존재론적 순수를 부러워하고 원인 없는 결과를 믿고 싶어 하는 이들만이 이러한 지적 왜곡에 찬동할 수 있다. 지금도 이들은 수치심에 짓눌려 숨죽이고 있는 대신 눈 하나 깜짝하지 않고, 테러리즘이라는 단어를 환경 테러리스트나 지적 테러리즘 등에 갖다 붙이고 있다는 사실은 놀랍지도 않다. 이들은 희생자를 기리고 그들의 대의를 지지하는 척은 하지만 희생자를 존중하지도 않는다. '테러리즘'은 서구 부르주아의 '순수'를 보호하는 방패다.

반(反)유대주의라는 단어가 사용되는 상황도 매우 유사한 맥락으로 분석할 수 있다. 현재 반유대주의라는 단어는 인과관계를 재확립하려는, 즉 이스라엘의 순수에 의문을 제기하는 모든 불경한 시도에 비난의 화살을 돌리는데 오용되고 있다(모든 경우가 이에 해당하는 것은 아니다. '진정한' 반유대주의는 실제로 존재하기 때문이다).

어쨌든, 머리부터 썩는다는 것은 무엇보다 사고의 작동이 (지켜야 할 것이 너무나 소중한) 이해관계에 의해 타락하는 것이다. 사고의 타락은 공개 토론의 쇠퇴, 더 나아가 실추로 이어진다. 썩은 생선이 아탈 프랑스 총리의 입을 언급된 우연이 아니다. 공개 토론의 부재는 파시스트화 과정의 가장 전형적인 산물 중 하나이기 때문이다. 급진화된 부르주아의 지지를 등에 업은 마크롱주의는 프랑스를 파시스트스화하고 있다. 파시스트화 과정은 거짓말, 발언의 조직적인 왜곡, 공공연한 허위정보, 심지어 노골적인 조작의 영향력 확산으로 드러난다. 모든 부르주아 미디어가 적어도 초기에는 응당 이에 동참했다. 토론의 방향을 강요하는 방식으로 공개 토론을 장악하는 것 역시 파시스트화 과정의 일부다.

하지만 세상의 모든 부정, 상징적 타협, 협박, 검열은 가자지구에서 밀려오는 현실의 파도를 막지 못할 것이다. 맹목적 지지 진영은 무엇에 연대하며, 연대의 대가는 무엇인가? 이들은 지배를 재확인하는 것에 집착하느라 더 이상 보지 못하는 것이 분명하다. 하지만 이성을 완전히 상실하지 않고 충격 속에서 지켜보고 있는 이들의 눈에는 이스라엘 정부가 끝없는 이념적 타락에 빠져 생물학적 인종본질주의와 메시아 종말론 사이에서 방황

하고 있는 것이 보인다. 종말론적 정치 계획은 필연적으로 대량 학살을 수반한다는 것은 10월 7일 이전에도 우리가 알고 있던 사실이다.

진보 정치학자 일란 파페가 주장했듯이 정착촌 건설을 통한 식민지화의 속성은 점령당한 민족을 완전히 제거하는 것이다. 즉, 추방이나 지금 우리가 보고 있는 대량 학살을 통해 팔레스타인 민족을 완전히 제거하는 것이다. 역사에 기록된 다른 사례와 마찬가지로 이번 사태에서도 상대에 대한 비인간화 시각은 팔레스타인 민족을 대대적으로 제거하는 행위를 정당화하고 허용하는 탁월한 수단으로 활용될 것이다.

이스라엘의 공식적인 발표에서 그 증거가 넘쳐난다. 잔혹 행위를 자랑스럽게 뽐내고 가학적인 환희에 취한 수많은 SNS 게시물도 마찬가지다. 순수의 가면이 벗겨졌을 때 드러나는 광경은 늘 그렇듯 보기 좋은 광경은 아니다.

이러한 소멸의 광경에서 눈길을 끄는 부분이 있다. 바로 이스라엘의 가자지구 공동묘지 파괴다. 이스라엘의 팔레스타인 완전 박멸 계획을 가장 잘 드러내는 부분이기 때문이다. 역설적이게도 이스라엘은 이 계획을 스피노자의 '추방문'(4) 문구를 연상시키는 상징적 소멸 수준까지 발전시켰다. 유대인들은 스피노자를 추방하며 "그의 이름이 이 세상에서 영원히 지워지길" 바랐다. 하지만 이들은 그때도 성공하지 못했고 이번 역시 성공하지 못할 것이다.

> "스스로를 서구라고 부르며 문명의 독점권을
> 주장하고 자신에게 유리한 원칙으로 포장된
> 폭력과 약탈을 일삼은 집단에게
> 상징적 심판의 시간이 곧 닥칠 것이다."

이러한 모든 요소를 요약하면 하나의 그림이 완성된다. 그것은 도덕적 자살의 그림이다. 유대인 대학살 이후 유대인 기표(記標) 중심으로 구축된, 결코 무너지지 않을 것처럼 보였던 상징적 자본, 즉 이노센스가 이처럼 급속도로 낭비되는 것을 본 적이 없다.

하지만 모든 이들에게, 특히 스스로를 서구라고 부

르며 문명의 독점권을 주장하고 자신에게 유리한 원칙으로 포장된 폭력과 약탈을 일삼은 집단에게 상징적 심판의 시간이 곧 닥칠 것이다. 이미 가라앉고 있던 서구의 도덕성은 이제 바닥을 치고 있다. 몰락을 앞두고 있지만 이를 깨닫지 못한 채 현 상태를 그대로 유지할 수 있다고 믿는 것은 지배자의 오만함이다. 소극적인 태도로 일관하고, 공범으로 가담하고, 심지어 모든 사람의 눈앞에서 벌어지는 엄청난 범죄를 부인하는 사람들은 더 이상 아무것도 주장할 수 없다. 전 세계가 가자지구의 죽음을 지켜보고 있다. 전 세계가 가자지구를 지켜보는 서구를 지켜보고 있다. 그 어떤 것도 이 눈길을 피할 수 없다.

지금 이 순간 우리는 독일을 떠올리지 않을 수 없다. 이스라엘에 대한 독일의 맹목적 지지는 정신착란에 가까울 정도로 무서운 수준에 다다라 '국가이성'(Raison d'Etat: 국가의 생존 강화라고 하는 큰 목적을 위해서는 권력이 법·도덕·종교보다도 우위에 서야 한다는 것-역주)이 됐을 정도다. 한 네티즌은 "정말이지, 대량 학살에 관한 한 독일은 항상 역사의 잘못된 편에 선다"라고 비아냥거렸다. '우리' 프랑스가 독일보다 훨씬 더 낫다고 확신할 수는 없지만 모두가 역사의 전환점에 서 있다는 사실은 분명하다. 그리고 서구가 가자지구에서 마주하게 될 것이 바로 역사다. 만약 그것이 쇠퇴와 몰락의 역사라면 가자지구에서 세상이 뒤집혔다고 말할 수 있는 날이 곧 올 것이다. **LD**

글·프레데리크 로르동 Frédéric Lordon
철학자, 경제학자

번역·김은희
번역위원

(1) Sandra Lucbert, 대화
(2) Id.
(3) Pierre Goldman, 『Souvenirs obscurs d'un Juif polonais né en France 프랑스에서 태어난 폴란드 유대인의 어두운 기억』, Paris, Seuil, 1975. Cédric Kahn, <Le procès Goldman 더 골드만 케이스> (2023).
(4) 스피노자는 유대인 사회에서 추방당했다.

만일 팔레스타인인처럼 된다면…

이스라엘이 가자지구 공격을 개시한 후 4달 동안 마젠 커바이는 거의 매일 전쟁을 그림으로 그려냈다. 학살 단계 그리고 작가의 불안한 마음의 흐름대로 이미지와 단어들을 포스터처럼 구성했다.

기욤 바루 ▮〈르몽드 디플로마티크〉기자

2023년 10월 5일, 슬로베니아의 수도 류블랴나에서 마젠 커바이는 '2008년 이래 사망한 가자지구 어린이들을 추모하는' 벽화를 그렸다. "나는 이곳이 향후 폭탄으로 사망할 어린이들을 추모하는 장소가 될 거라 믿어 의심치 않았다. 그러나 그 미래가 이렇게 빨리 올 줄은, 이처럼 처참할 줄은 몰랐다."라고 며칠 후 인스타그램에 작품 사진과 글을 올렸다.

2006년 이스라엘이 베이루트를 폭격했을 때 그리고 2008년~2009년 가자전쟁 기간 동안, 레바논 아티스트 마젠 커바이는 전쟁과 죽음을 매일 그렸다. 2015년 커바이는 가족과 함께 베를린으로 이주했다. 팔레스타인 지원이 쉽지 않은 망명 이후에도, 그는 그림그리기를 계속했다. 그렇게 멀어진 거리만큼의 '현실감 상실'이라는 감정을 이번 시리즈 안에 표현했다.

현재의 학살 규모로 인해 그는 새로운 표현 규칙을 택한 것 같다. 노출도 그림도 없고, 그의 특기인 비극적이면서도 웃긴 그래픽도 없다. 텍스트를 가장 중시하며, 순화된 이미지는 최소화하고, 대부분 그래픽으로 표현했다. 거의 모두 같은 크기로 늘 흑백으로 표현했다. 상징과 아이콘으로 만들어진 포스터는 온라인에 게시했다.

그림, 음악, 최근에는 영화까지 쉴 새 없이 달려온 마젠 커바이는 2024년을 안식년으로 삼으려 했다. 그러나 전쟁으로 이 계획은 백지화됐다. "악순환을 종결시키기에 완벽한 작품 같았던 〈팔레스타인인처럼〉 시리즈의 마지막 그림을 그린 후, 나는 부족함을 깨달았다. 나는 이 시리즈를 더 그릴 수 있을지 모르겠다."라고 그는

"나크바 2.0" (2023년 11월 12일)

"안녕! 나는 W.C.N.S.F야.(*)"
(*) Wounded Child NO Surviving Family
생존 가족이 한 명도 없는, 부상당한 어린이
(2023년 10월 19일) (1)

고백했다. 그는 추가로 더 그리지 않았다.

　표기된 날짜는 인스타그램에 게시한 날짜임. Ⓓ

글·기욤 바루 Guillaume Barou

번역·김영란
번역위원

---

(1) "Laure Ghorayeb, 당신에게 영감을 받은 이 그림을 당신께 헌정합니다." 그녀는 작가
　의 어머니로 예술가였으며, 2023년 초 사망했다.

케이팝, 데카당스, 스펙터클의 사회

목수정 █ 작가, 파리 거주

'**대**체 왜들 이러지?'

민희진 VS 방시혁 간에 벌어진 경영권 갈등 사태를 바라보며 처음 가졌던 질문이다.

여기서 '왜들'이라는 복수형의 의문사가 함축하는 주어는 링 위에 오른 두 저명한 케이팝 기획자들이 아니라, 그들 간에 벌어진 분쟁을 바라보며 연일 열띤 관전평을 내놓는 대중들이다. 자신들의 내부 갈등에서 유리한 고지를 점령하기 위해 여론전을 벌이는 두 당사자가 있을 수 있다 해도, 싸움을 흥미진진하게 관전하는 것을 넘어, 마치 제일인 양 온 나라가 달려들어 열정적으로 논쟁에 뛰어드는 모습은 그 자체로 평범하지 않은 하나의 현상이었다.

누군가를 향해 엄중히 책임을 물어야 할 공적 분노를 자극하는 사안도 아니고, 만인의 사랑을 한몸에 받는 스타의 생사가 걸린 문제도, 대다수 사람의 먹고사는 일에 영향을 끼칠 정치적 사안은 더더욱 아니다.

김민기식 표현대로라면 사람을 키워내 무대에 세우는 역할을 하는 무대 '뒷 것'들의 흔히 벌어지는 알력 다툼, 지분 싸움이다. 스펙터클을 만들어 내는 주체들이 스스로 스펙터클의 주인공이 되어버린 사실도 기이하지만, 이들 간의 경영권 다툼이 대중에게 이만한 열정을 불러일으키는 흥미진진한 구경거리였는지 반문하지 않을 수 없다.

방시혁이 다 가지든, 민희진이 일부 나눠 가지든, 그것이 일반 대중에게 어떤 의미가 있길래 모두들 이렇게 진지하실까? 아주 낯선 현상만은 아니다. SM, YG, JYP 트로이카가 케이팝 삼두마차이던 시절부터, 사람들은 이 사장, 양 사장, 박 사장의 경영 스타일을 논하며 훈수 두기를 즐기는, 마치 동업자 같은 태도가 사회에 만연했던 것이 사실이다. 여기엔, 전 세계에서 성과를 올리고 있는 '케이팝' 현상에 대한 뿌듯함, 그들 모두 대한민국의 소중한 자산인 케이팝의 주역들이란 데서 오는 훈훈한 호감이 작동해왔다.

이런 바탕 위에, 오늘의 사태를 부풀리는 데엔 언론의 몫이 지대했다. 호떡집에 불이라도 난 양, 아니, 남북 정상이 서로 아찔한 설전이라도 벌이고 있는 양, 언론은 지상 최대 이슈로 이들의 갈등을 다뤘다. 지엄하신 그들의 물주들이 언플을 원했고, 언론은 그들의 역할, 즉, 물주들이 원하시는 대로 여론을 끌고 갔을 뿐이다. 대중은 언론이 바람 잡는 대로 따라갈 수밖에 없(게 되었)다. 권력은 언제나 대중을 사로잡을 스펙터클을 제공하고, 대중은 자신의 삶을 사는 대신 스펙터클의 구경꾼으로 살아간다는, 기 드보르가 말한 '스펙터클의 사회'가 수학 공식처럼 한 치의 오차도 없이 작동하는 곳이 한국 사회라는 데 우리의 (자각되지 못한) 비극이 있다.

트루먼 쇼, 그 병적인 '현장'

적극적 언플이 불러일으킨 한바탕의 웅성거림이 지나가자, 초록빛 티셔츠를 걸치고, 야구 모자를 눌러쓴 40대 여인의 모습이 나라 안 모든 신문 지면을 장식했다. 유사 이래 가장 뜨거운 기자회견이었다고 이구동성으로 호들갑을 떠는 기자들의 목소리가 곳곳에서 들려왔다.

언론은 대체 왜 이들의 싸움이 우리에게 이토록 중요한 문제인지 누군가 의문을 가질 새라, "시가 총액 10조 원에 육박하는 하이브", "1천억 매출 기록한 어도어의 민희진", "뉴진스 멤버당 52억 원씩 지급된 배당금" 등, 천문학적 숫자들을 꽝꽝 박은 기사들을 틈틈이 뿌려 주었다.

바로 거기에 우리가 모두 마땅히 혈전에 나선 두 사

람을 주목해야 할 이유가 있다는 듯했다. 스포츠 일간지 3개가 나란히 가판대에 놓이던 시절, 프로야구 시즌이 끝나면, '5억', '8억', 하는 숫자로 선수들의 연봉 협상이 진행되고 있음을 알리며 여전히 프로야구라는 자장 속에 대중을 붙잡아 놓으려 했던 언론의 행태를 떠올리게 한다.

그렇게 세간의 이목을 집중시킨 민희진의 격정 기자회견이 드러내 준 케이팝 산업의 현장은 한마디로 '병적'이다. 그렇다. 나는 억울함을 호소하는 그녀가 가리키는 손가락 끝을 본 것이 아니라, 울먹이며 손가락을 치켜들고 있는 그녀와 그 앞에서 구름같이 모여 플래시를 터트리는 기자들, 문어발식 레이블을 거느린 대규모 공장이 된 하이브란 이름의 정글, 이 모든 것이 함께 빚어내고 있는 아픈 세상을 보았다.

십대 초반의 소년 소녀들을 데려다, 수년간 노래와 춤, 외국어를 가르치고, 적절히 외모를 다듬은 후, 장사가 될 만한 팀으로 '믹싱'하고, 10대들을 사로잡을 캐릭터를 정교히 설정하여, 다년간 익혀온 방식대로 팬덤을 조성하는 시스템을 완성한 그들은 그 공장을 가동하는 과정에서 함께 공장의 일부가 된 것일까.

그녀를 "담그려 한다"는 "개저씨들"도, 자신이 런칭한 그룹의 소녀들을 "내 새끼들"로 지칭하는 그녀 자신도, 썩 건강한 사람들로 보이지 않았다. 아직 다 자라지 않은 아이들, 표현하고 싶은 인생의 희로애락을 거의 맛보지 못했지만, 스타가 되고 싶은 꿈은 가지고 있던 아이들을 시장의 요구에 맞게 '조련'하고, '카피'하고, '믹싱'하고, '튜닝'해서 먹히는 상품으로 만들어 내는 일에 이들은 아무런 거리낌이 없다.

물론 거리낌 같은 것이 있을 수 없다. 그들은 5천만이 응원하는 자랑스런 케이팝 업계의 역군들이기에. 자본주의 사회에선 누구든 자신이 가진 적절한 것을 상품화하여 그것을 팔며 살아간다. 아이폰 같은 전자기기일 수도 있고, 재능이나 미모일 수도 있다.

그러나 팔고자 하는 대상이 사람일 때, 특히 그들이 어린아이들일 때, 우린 좀 더 조심스러워야 하며, 아이들을 상품으로 만드는 과정에서 지켜야 할 최소한의 기본적 원칙을 몇몇 '재능 있는' 기획자들의 양심과 재간에 온전히 맡겨 두어서는 곤란하다. 그것이 소위 문명사회가 가져야 할 기본적 사회 윤리다. 케이팝에 대해 한국 사회가 치열히 논쟁해야 할 대목이 있다면 바로 이런 점들일 것이다.

얼마 전, 우리는 "날마다 트루먼쇼 같은 삶을 살아야 했다", "데뷔 후 24년 동안, 인생을 즐기지 못했다"고 털어놓는 가수 보아의 고백을 들을 수 있었다. 아직 업계를 떠나지 않은 상태, 그러나 2025년 계약이 만료되면 은퇴를 생각한다는 그녀가 조심스럽게 꺼내 놓은 한마디는 영광 뒤에 가려져 있던 고통의 시간을 짐작게 했다.

2000년에 13살의 나이로 대일본 수출 상품으로 기획되어 세상에 나온 후, 케이팝 여제로 군림해 왔던 그녀다. 이수만의 SM은 그녀를 일본 시장에서 잘 팔리는 상품으로 만드는 데 성공했고, 언론은 혼자서 기업 수준의 매출을 내는 보아의 활약을 종종 전해주었다. 대한민국은 보아의 노래가 어떤 것인지도 잘 알지 못하는 상태에서 외화 벌이와 국위 선양에 이바지 하고 있는 보아를, 그녀를 탄생시킨 SM을 응원했다. 그 대가로 13살짜리 소녀가 〈트루먼 쇼〉 같은 삶을 매일 살아내야 한다는 사실이 어떤 것인지에 대해선, 아무도 알고자 하지 않았다.

"착취에 동참하고 싶지 않아요."

몇 해 전, 한 언론사의 요청으로 프랑스에서 케이팝의 현주소를 취재한 적이 있다.

케이팝 열성 팬으로 알려진 소녀들과 그의 부모들을 수소문해 만났고, 케이팝 댄스 학교 설립자, 차이나타운에 있는 케이팝 굿즈 판매 업소 등을 두루 취재했다.

BTS의 팬이었다는 한 소녀는 BTS가 데뷔 후 7년 동안 한 번도 휴가를 가본 적이 없다는 이야기를 듣고, 그들을 더 이상 좋아하지 않게 되었다고 했다. 팬 노릇을 하는 자신이 가수들에 대한 기획사의 착취에 동참한다고 느꼈기 때문이다. 대신 마마무의 노래를 듣는다고 했다. 마마무 멤버들은 각자 자신들의 자유로운 세계를 간직한 그룹으로 보였기 때문이라고 했다.

중학교 시절 내내 BTS의 한 멤버를 좋아한 딸을 둔 엄마는 딸이 고등학교에 올라가자 팬질을 그만두었다고

털어놓았다. 당시 아이는 아침 식사 때부터, 식탁 위에 해당 가수가 생중계하는 유튜브를 틀어 놓고, 하루를 시작했다. 사이버상에 존재하는 딸의 남자친구처럼, 그 가수는 3년간 그 가족과 일상을 함께 했다고 한다. 아이는 그 가수가 먹는 것을 먹고자 한인 마트에 갔고, 그가 거닌 길을 걷고자 한국에 가길 원했으며, 한국어도 배우고자 했다.

엄마인 그녀는 딸의 열정을 이해했으나, 아빠는 딸의 태도를 받아들이지 못해, 불화를 일으키기도 했다. 그러나 딸이 고등학교에 올라가 남자친구를 사귀게 되면서, BTS에 대한 팬심은 어린 시절 추억의 한 장면이 되어버렸다고 했다. 딸과 함께 중학교 시절 케이팝 팬 동호회 활동을 하던 친구들도 모두 비슷한 과정을 걸었다고 전했다. 현실의 연인을 갖기에 수줍은 나이의 소녀들에게 BTS는 언제나 다정한 눈빛을 보내주는 사이버상의 남친 대용으로 역할해 왔던 것 같다고 소녀의 엄마는 해석했다.

또 다른 아이는, 케이팝은 듣는 음악이 아니라 영상을 통해 '보는 음악'에 가까우며, 진정으로 음악을 좋아하게 되면서, 듣는 음악 쪽으로 옮겨갔고, 케이팝과는 서서히 멀어지게 되었다고 말해주었다. 불과 2년 전, 딸의 요청으로 그 아이가 쓴 팬 레터를 한국어로 번역해주는 수고를 했고, 내가 번역해준 한글을 그대로 제 손으로 옮겨 적은 정성을 보고 감탄했던 터라, 그 사이 마음이 식어버린 아이의 태도에 놀라지 않을 수 없었다.

우연히 한국 식당에서 BTS 음악이 틀어져 있는 것을 듣고 들어왔다는 두 명의 20대 여성 팬들을 만나기도 했다. 각각 프랑스 해외령인 아이티와 항구 도시 마르세유에서 어린 시절을 보내고, 파리로 유학 와 대학을 나오고 직장인으로 자리 잡은 두 사람은, BTS의 팬이라는 이유로 친해졌고, 그들은 BTS의 음악을 함께 들으며 한국 맛집을 드나드는 것이 두 사람의 스트레스 해소법이라 했다.

케이팝이라는 키워드로 만나본 사람들을 통해, 케이팝이 어떻게 프랑스 청소년들 속에 파고들었고, 어떻게 소비되며, 어떻게 몸집을 키워갔는지 볼 수 있었다. 다수의 한국인이 상상하는 바와 달리, 케이팝은 전 세계가 환호하는 음악이 아니라, 많은 나라의 10대 소녀 중 일부가 열정적으로 좋아하는 음악이다.

어른들 중에서 케이팝의 존재를 아는 사람은, 자녀 중 케이팝 팬이 있는 경우, 어린 시절 케이팝을 좋아

했던 경우다. 케이팝에 빠져 비싼 비용을 치르며 팬으로 살아갔던 소녀들 대부분은 3~4년 후, 그 어린 날의 열정에서 빠져나오고, 자신을 사로잡았던 세계의 모순들을 냉정하게 보게 된다. 〈르몽드〉, 〈BBC〉 등 몇몇 외신들이 지적했던 "음악을 수출품으로 만든 제작사의 기획으로 길러진 소년과 소녀들", "케이팝의 성공신화 이면에는 장기간의 불평등한 전속계약 등 '그림자' 존재" 등의 관점은 왜곡된 서구 주류 언론의 삐딱한 시선이 아니라, 팬을 자처했던 소녀들에게도 명백히 보이는 현실이었다.

노래 대신 팬덤과 매출을 남긴 '케이팝'

케이팝은 문자 그대로 한국의 대중음악을 지칭하는 말일 터이나, 주지하다시피 실상은 특정 세대를 겨냥한 수출용 아이돌 댄스그룹이다. 자신의 우상에 몰입된 청소년들의 시간과 열정, 돈으로 이 산업은 굴러간다. 팬덤을 유지하기 위해 가수들은 철저하게 계산된 공식에 따라 웃고 움직이고 말하는, 일종의 사이보그가 되어야 한다.

한 아이돌 걸그룹 멤버가 감히 연애 중임을 공개적으로 인정했다가 봉변을 겪는 일이 최근 있었다. 팬들은 "내가 너를 위해 쓴 돈이 얼마인데, 감히 연애를 하느냐"며, 자신들의 우상에 대한 독점적 권리를 요구하는 사태가 발생했다. 며칠 뒤, 해당 가수는 사과문을 발표했고, 연인과의 결별을 알렸다.

지나가며 들으면 웃기는 얘기지만, 바로 이것이 이 시장, 이 산업이 움직이는 엄정한 공식이고, 팬들은 그 사실을 잘 알고 있다. 겉으로 드러나는 이러한 에피소드의 이면에, 케이팝의 첨병으로 발탁된 소년 소녀들이 감당해야 하는 인간적 고통을 사람들은 짐작만 할 뿐이다.

그러나 BTS의 폭발적 성공 이후, 케이팝을 비판적으로 말하는 것은 한국 사회에서 일종의 금기가 되어버렸고, 그 사이 커져 버린 시장, 높아진 매출은 업계 두 히어로 간의 갈등으로 분출됐다.

한국의 일반 대중음악과 구분되는, '케이팝'이란 장르가 생겨나고, 25년 가까운 세월 동안 많은 그룹들이 명멸해 왔지만, 극성스런 팬덤을 일으키며 거대한 매출을

기록하였을지언정, 다수의 한국인들 입에 오르내리는 노래를 남기진 않았다.

한국엔 독특한 색깔을 지닌 영화가 존재하듯, 케이팝 이외에도 거대한 대중음악 장르가 존재하고, 뛰어난 실력의 가수들, 아름다운 노래들이 많다는 사실을 이곳 사람들에게 설명하고 싶은 나의 입장은 난감하다. '그래? 당신이 말하는 그 한국 대중음악은 케이팝과 어떻게 다른가? 그렇다면 왜 한국은 왜 칼군무를 추는 보이그룹, 걸그룹만을 일률적으로 해외 시장에 내놓는 것인가?'에 대해 딱히 해줄 말이 없다.

다만 케이팝으로 분류되지 않는 대중음악들이 어떻게 다른지는 말할 수 있다. 그것은 음악을 짝사랑해오던 사람이 기타 하나 들고 골방에서 고군분투해온 세월을 지나 마침내 세상에 나와, 자신이 하고 싶은 음악을, 자신의 색깔로 전하는 음악이다. 산울림이, 조용필이, 김광석이 그리고 비틀즈와 퀸이 그러했듯이, 우리가 아는 세상의 많은 가수들이 거쳐온 그 길을 따라 가수가 된 사람들의 음악이다.

기획사는 그들의 활동이 꽃피울 수 있도록 지원하지만, 그들을 분해하고 해체하고, 조율하여 특정 세대의 욕망에 걸맞은 상품으로 재조립하는 공정을 강제하진 않는다. 처음부터 업계의 공식에 의해 제조된 아이돌 댄스그룹에 예술가의 영혼이 온전히 담기기 힘들고, 그렇게 만들어진 음악이 사람의 마음을 움직이기는, 더구나 세대 전체를 아우르며, 시대의 감수성을 전하는 음악으로 남기는 힘든 법이다. 케이팝이 팬덤과 매출을 남겼을지언정 정작 〈노래〉를 남기진 못한 것에 대한 이유도 거기에 있을 터이다.

데카당스를 증명하는 두 개의 장면

1982년 중학교 1학년 수학 시간, 수학 선생님은 뜬금없이 〈상록수〉라는 노래를 우리에게 가르쳐 주셨다. 누가 지은 노래인지, 왜 우리가 수학 시간에 이 노래를 부르는지 알 길이 없었지만, 우린 그 노래를 매시간 합창한 후 수업을 시작했다. 1983년 중학교 2학년 미술 시간,

그림을 그리는 동안, 선생님은 돌아가며 아이들에게 노래를 부르게 했고, 한 아이가 〈아침이슬〉이라는 노래를 불렀다. 선생님은 이 노래를 부른 아이에게 가사를 칠판에 적고, 노래를 다른 아이들에게 가르치게 했다.

1987년 고3 때, 반 아이가 가져온 녹음 테이프를 통해 〈친구〉라는 노래를 들었다. 친구의 죽음을 목격한 한 고교생이 지은 노래라 했다. 그토록 단조로우면서도 그토록 아름답고, 슬픈 노래를 일찍이 들어보지 못했다. 1988년 대학에 들어가 만난 두툼한 노래책에서 난 내가 청소년기에 만난 잊을 수 없는 노래들을 만든 사람이 〈김민기〉라는 한 사람이라는 것을 비로소 알았다. 그 책에 수록된 노래의 90%가 바로 그 사람이 작곡 작사한 노래들이었다. 광화문에서, 시청 앞에서, 수십만 군중이 운집하여 역사의 후퇴를 온몸으로 막으려 할 때마다, 힘겹게 한 걸음 더 앞으로 내딛으려 할 때마다, 그의 노래들은 소환되었고, 모두가 뱃속에서부터 배우고 나온 것처럼 자연스럽게 〈아침이슬〉을 불러왔다. 혁명도, 투쟁도, 진보도 말하지 않는 그의 노래들은 광장에 선 사람들의 가슴에 처연한 위로와 용기를 전했다.

이 많은 노래를 탄생시키고, 숱한 대중 예술계의 스타들을 키워낸 김민기는 경영난으로 반평생을 바쳐온 〈학전〉 소극장의 문을 닫았고, 지금 조용히 병마와 싸운다. 한 방송사가 그의 삶을 조명했고, 사람들은 그의 쓸쓸한 운명을 단지 안타까워할 뿐이다.

조 단위를 넘나드는 케이팝 산업체의 주인공들이 대한민국의 모든 매체를 동원해 더 많은 지분을 갖기 위해 혈전을 벌이고, 이 땅의 모든 미디어가 그 허무한 싸움을 생중계하며 만인의 참전을 유도하고 있는 바로 그 시간에 벌어진 일이다.

"스펙터클은 역사와 기억을 마비시키고 역사를 유기하는 현재의 사회 조직이다." 1967년에 나온 기 드보르의 저서 『스펙터클의 사회』는, 오늘 한국 사회를 관통하는 현실을 예견한다. 자본이 모든 가치를 독식해 버린 한국 사회. 우리 모두가 광장에 서서 목놓아 부르던 노래의 창작자는 가난과 병마 속에서 사라져가는데 아무도 그것을 붙잡으려 하지 않고, 우리를 자신들이 벌이는 스

펙터클의 열렬한 '구경꾼'으로 세워온 사람들은 자신들이 벌이는 투전의 관객으로까지 대중을 동원한다. 그리고 대중은 열렬히 그들의 '구경꾼'이 되고자 한다. 이 두 개의 대조적 장면은 우리 사회의 데카당스를 선명하게 보여준다.

끔찍한 입시 제도를 만들어 아이들을 들들 볶고, 그것도 모자라 입시 학원이라는 괴물 제도를 탄생시킨 한국 사회는 세상에 없던, 아이돌 제조 산업이라는 한국형 산업체를 건설해서 춤추고 노래하기를 꿈꾸는 아이들을 아이돌 스타로 제조해 내는 공장을 만들어 거대한 부를 축적하고, 거기서 생성된 조 단위의 부(富) 속에서 타락해 가고 있다. 누구도, 학교 밖의 길을 선택한 그 아이들의 행보가 덜 고통스러운 것이 되도록 하는 데 관심을 기울이지 않는다. 그런 사회에서 아이들이 태어나기를 거부하는 것은 우리 사회를 여전히 관통하고 있는 유일한 순리다. 🆔

글·목수정
파리에 거주하며, 칼럼 기고와 책 저술, 번역을 하고 있다. 2023년 최근 저작으로 『파리에서 만난 말들』, 역서로는 『마법은 없었다』(알렉상드라 앙리옹-코드 저)가 있다.

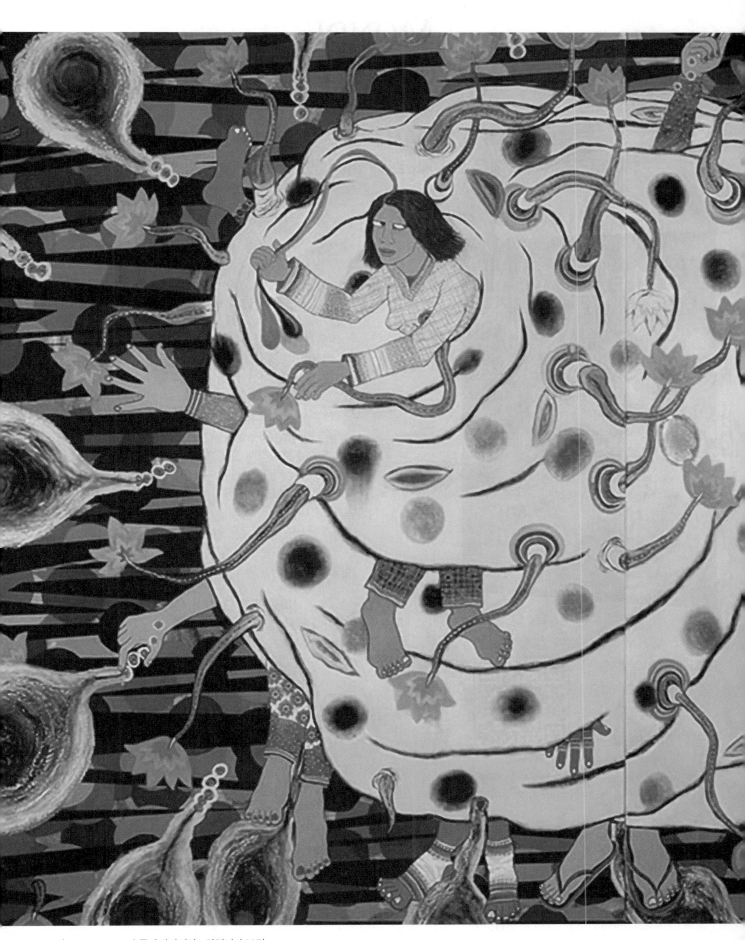

<지구 3>, 2021 - 드흐루비 아카리야 _ 관련기사 22면

DOSSIER

인도,
권력의 이면

서구의 착각, "인도는 중국이 아니다!"

성장, 인구통계, 국제적 영향력을 두고 볼 때 인도의 앞날은 밝아 보인다. 하지만 담합으로 얼룩진 '세계 최대 민주주의 국가'는 과연 그렇게 민주적일까? 인도 농민들이 4년 전 참여했던 투쟁을 재개한 가운데 인도 경제 지표는 왜 기대에 미치지 못할까? 서구 국가들이 인도가 중국을 능가하리라고 희망을 거는 한, 이 점은 인도의 뛰어난 카드가 될 것이다.

르노 랑베르 ▮ 〈르몽드 디플로마티크〉 프랑스어판 기자

중국이 미국 본토에서 반대파들을 암살할 계획을 세우고 있다는 사실을 미국이 알게 된다면, 그로 인한 외교적 파장이 없을 것이라고 상상이나 할 수 있을까.

얼마 전 인도가 연루된 사건이 그렇다. 지난해 11월 미국 법무부 장관은 미국과 캐나다에서 시크교 반대파 인사를 제거하려는 인도 비밀기관 작전이 있었다고 폭로했다. 이를 알게 된 바이든 미 대통령은 어떤 반응을 보였을까? 그저 1월 26일 인도공화국의 날 축하 행사에 함께하자는 나렌드라 모디 총리의 초청을 거절했을 뿐, 공개적으로 그 이유를 상세하게 밝히지 않았다. 인도는 이후 '자유 국가' 서열상 아래에 있는 에마뉘엘 마크롱 프랑스 대통령을 초청했다. 마크롱 대통령은 기꺼이 인도 측 초청을 수락했으며 서구의 불만은 오래가지 않을 것이라 안심시켰다.

북반구 국가들이 자신들의 우선권을 강제하기 위해 사용하는 '규칙에 기반한 국제 질서'는 놀라울 정도로 유연하다는 것이 드러났다. 일부 국가는 다른 국가였다면 상상하기도 어려울 정도의 자유를 누리고 있다. 아시아의 강국인 인도는 사실 엄청난 지정학적 이점을 갖고 있다. 바로 중국이 아니라는

사실이다. 중국과 대립하고 있는 상황에서 미국은 인도가 경제적·외교적으로 중국의 부상을 견제해 줄 것이라 기대하고 있다. 그 점 때문에 서구가 이해심을 발휘하고 있다.

모디 총리는 2002년에 구자라트주에서 발생한 무슬림 대학살 사건 때문에 오랫동안 미국과 유럽에서 비자 발급을 거부당했다. 당시 구자라트주 총리였던 모디 총리는 경찰에게 힌두교 군중들을 저지하지 말라고 했고, 힌두교 지상주의자들에게 자극받은 군중들은 이슬람교도들에게 폭력을 자행했다. 이 사건으로 무슬림 공동체에서 2,000명이 넘는 사망자가 발생했고, 수천 명이 강제 이주를 당했다. 모디 총리가 그 후 고수하게 될 정책이 힌두 민족주의를 이끄는 '민족의용단(RSS, 힌두교 민족주의 우파 단체-역주)'의 정책이라는 사실을 예고한 사건이었다.[1]

"힌두교는 자부심을 되찾았다"

2014년 연방정부의 수장이 된 모디 총리는 전례가 없을 정도로 권력을 중앙집권화시켰다. 인도 교과서에서 찰스 다윈 이론을 삭제하고, 공적인 영역에서 주요 비정부기구들(국제앰네스티, 그린피스, 옥스팜 등)을

(1) Ingrid Therwath, 'La pieuvre de l'Internationale hindoue 전 세계에 마수를 뻗치는 힌두 근본주의', 〈르몽드 디플로마티크〉 프랑스어판, 2023년 2월호, 한국어판, 2023년 3월호.

배제했다. 중국 시진핑 주석에게 아첨하기 위해 고안됐다고 해도 될 정도로 개인숭배도 강하게 내세웠다. 언론인 소피 랑그랭과 기욤 드라크루아는 "모디 총리에게는 '나모(NaMo)'라는 스마트폰 앱이 있는데, 이 앱에는 총리의 행동을 찬성할 때마다 점수를 얻는 게임이 포함돼 있다"라고 보도했다.(2) 모디 총리는 판사, 지식인, 내부고발자 등 자신을 반대하는 기미가 보이는 모든 이들의 입에 재갈을 물렸다. 무엇보다도 이슬람교도들을 배척하는 정책을 추진했다.

모디 총리는 변하지 않았고, 서구에는 주류 질서를 옹호하는 서구 언론인들 가운데 인도 전문가가 있다. 프란츠올리비에 지스베르는 모디 총리가 한 말에 빗대어 인도는 "단지 가장 큰 민주주의 국가가 아니라 민주주의의 어머니다"라고 말했다. 모디 총리의 '집권' 아래 "힌두교는 색과 자부심을 되찾았다. 유럽과 미국 지식인들은 힌두교 혐오증을 가지고 있어도 '피해자들'의 종교인 이슬람교에 대해서는 반감이 덜한 경우가 많다"고 전했다. 지스베르는 "이슬람교도들의 운명이 파키스탄 내 (…) 소수 민족인 힌두교도들의 운명보다 훨씬 낫다"라고 강조했다.(3) 안타깝게도 이는 거짓이다. "파키스탄 내 힌두교도들의 상황은 위태롭다. 하지만 그들은 집단폭행을 당하지도 않고 투옥되지도 않으며 불도저에 가옥이 헐리지도 않는다"라고 로랑 가이예 연구원은 단언했다.

하지만 위 사실은 중요치 않다. 인도는 중국이 아니기 때문이다. 이제 서구는 과거 배척받던 이와 함께 하기를 원하고 있다. 2023년 6월 미국은 모디 총리를 초청해서 미국 의회에서 연설을 부탁했다. 그 같은 연설 기회는 드물고 영광스러운 자리였다. 한 달 뒤 모디 총리는 마크롱 대통령과 함께 7월

14일 프랑스 혁명기념일 퍼레이드에 참여했고, 루브르 박물관에서 귀빈 만찬을 가졌으며 레지옹 도뇌르 훈장(Ordre National de la Légion d'honneur)을 받았다. 모두 과거 문제는 잊은 듯했다.

러시아산 원유와 무기 수입에 공들여

하지만 인도는 특별히 믿을 만한 동맹국이 아니다. 먼저 인도가 미국과 가까워진 것은 소련 해체 이후다. 미국과 호주, 일본이 참여한 외교 및 군사 협의체인 4자안보대화(Quad, 쿼드)에 인도도 참여하고 있다. 2017년 5월 인도는 일본과 함께 인도 서부와 동아프리카를 잇는 '아시아-아프리카 경제성장 회랑(AAGC)'을 추진하기로 발표했다. '자유의 길'이라 명명된 해당 프로젝트는 중국의 일대일로에 대응하기 위해 구상됐다. 에마뉘엘 렝코 연구원은 "중국이 좋지 않은 의도로 지켜보는(거기에는 충분한 이유가 있는)" 일련의 조치라고 지적했다.(4)

또한 인도는 브라질, 중국, 러시아, 남아프리카공화국과 함께 '브릭스(BRICS, 신흥경제 5개국 모임)' 창립 회원국이며 상하이협력기구(SCO) 회원국이기도 하다. 두 기구 모두 미국의 지배를 받는 국제 질서에 저항하는 '글로벌 사우스'(특히 중국과 러시아)를 상징하는 조직이다. 인도는 러시아의 우크라이나 침공을 비난하지도 않았고, 유럽과 미국의 대러시아 제재에도 찬물을 끼얹었다. 유럽과 미국의 조치로 인해 러시아산 유가가 하락하자 인도는 이를 틈 타 러시아산 원유를 대량 수입해서는 비싼 가격에 되팔았다. 그것도 러시아산 원유를 직접적으로 수입할 수 없는 유럽 국가들에게 판매했다.

인도의 최대 무기 공급국인 러시아는 이

(2) Sophie Landrin et Guillaume Delacroix, 『Dans la tête de Narendra Modi 나렌드라 모디의 머릿 속』, Solin/Actes Sud, Arles, 2024.

(3) Franz-Olivier Giesbert, 'Narendra Modi, l'homme qui "modifie" l'Inde 나렌드라 모디, 인도를 '바꾼' 남자', <La Revue des deux mondes>, Paris, 2023년 11월. 지스베르의 말은 모두 이 기사에서 인용됐음.

(4) Emmanuel Lincot, 'Inde/Chine : le match du siècle 인도/중국: 세기의 대결', <La Revue des deux mondes>, 2023년 11월.

제 인도의 최대 원유 공급국이 됐다. 2023년을 기준으로 아시아 국가에 판매하는 '원유' 비중은 러시아 연방 예산 수입의 15%를 차지했다. 인도의 수브라마냠 자이샨카르 외교부 장관은 지난 2월 17일 뮌헨안보회의(안보 문제를 논의하기 위한 국제회의)에서 서방 '협력국'으로부터 해당 사안에 관한 질문을 받고 다음과 같이 답변했다. "제가 카드를 여러 개 갖고 있을 만큼 영리한 사람이었다면 여러분들은 저에게 비난이 아닌 감탄을 하셨을 겁니다."(5) 인도에 대한 보복 조치는 전혀 없었다. 인도는 중국이 아니기 때문이다.

자이샨카르 장관은 2020년 출간된 책에서 자신의 외교정책을 '인도의 가치와 신념'을 지킬 수 있는 '다층적 제휴' 형태의 외교정책이라고 소개했다.(6) 하지만 인도의 변화무쌍한 외교정책은 두 가지 판단 기준으로 설명될 수 있다. 첫째는 인도가 민간 영역에서 창출하는 확실한 수익이고, 둘째는 국제무대에서 인도가 행사하는 영향력이다. 국제무대에서 모디 총리는 '글로벌 노스'와 '글로벌 사우스' 간 새로운 권력 관계의 부상을 장려하면서 중국과 경쟁하려고 하고 있다. 조안 린 연구원은 "꿩 먹고 알 먹고"라며 현 상황을 간결하게 표현했다.(7)

인도가 변치 않는 분야가 있으니, 그것은 바로 이스라엘에 대한 지지다. 2023년 10월 27일 인도는 유엔총회에서 가자지구에서 인도주의적 휴전을 촉구하는 표결 때 기권했다. 자이샨카르 장관은 "우리 또한 테러리즘의 피해자다"라며 자국의 입장을 정당화했다.(8) 한 달 뒤 열린 브릭스 긴급 정상회의에서 인도는 가자지구에서의 이스라엘의 만행을 규탄하기를 거부한 유일한 국가였다. 오랫동안 팔레스타인에게 지지를 보냈으나 노선을 바꾼 것이다.

이스라엘과 유사한 '인종적 민주주의' 추진

1992년 인도와 이스라엘 양국 간 외교 관계가 수립된 이래 함께 '이슬람 테러리즘'에 맞선다는 핑계로 양국은 전략적인 파트너십을 구축했다. 2000년대 중반 인도는 이스라엘 무기 산업의 최대 고객이 됐다. 양국 간 동

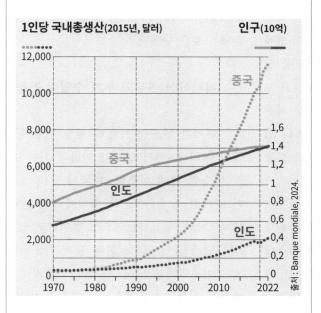

압도적인 수치

1인당 국내총생산(2015년, 달러)　　인구(10억)

출처 : Banque mondiale, 2024.

인도 인구: 14억 1,700만 명

대도시 뭄바이(봄베이)의 인구: 2,170만 명

농촌 인구 비율: 64%

기대수명: 67세

국내총생산(GDP): 3조 4,200억 달러(약 3조 1,460억 유로)

구매력 기준 국가 순위: 3위

비공식 부문 경제활동: 경제활동인구의 80%

평균 급여(최고치) 우타르 프라데시 주: 월 2만 730루피(약 230유로)

평균 임금(최저치), 시킴 주: 월 1만 5,130루피(약 168유로)

인도 최고 부호 무케시 암바니의 재산: 1,175억 달러(약 1,080억 유로), 세계 9위

인도에서 사용되는 언어 및 방언 수: 780개 (22개의 공식 언어 포함)

문자 체계 수: 25개(공식 문자 14개 포함)

출처: 세계은행, NEXT IAS, 〈포브스〉, 국제연합, PLSI 보고서 LD

(5) Emmanuel Derville, 'Entre New Delhi et Moscou, une alliance scellée par le pétrole 인도와 러시아 간 석유로 맺어진 동맹', <Le Figaro>, Paris, 2024년 2월 23일.

(6) Subrahmanyam Jaishankar, 『The India Way. Strategies for an Uncertain World』, HarperCollins, London, 2020.

(7) Joanne Lin, 'India and multi-alignment : Having one's cake and eating it too', 2023년 2월 21일, https://asialink.unimelb.edu.au

(8) 'Narendra Modi has shifted India from the Palestinians to Israel', <The Economiste>, London, 2023년 11월 2일.

(9) Christophe Jaffrelot, 『L'Inde de Modi. National-populisme et démocratie ethnique 모디의 인도. 민족주의-포퓰리즘과 인종적 민주주의』, Fayard, Paris, 2019.

(10) 상동.

(11) Akash Bhattacharya, 'A disastrous friendship : The dangerous political economy of India's support for Israel', <Liberation>, New Delhi, 2023년 12월 23일.

맹은 모디 총리 당선 후 더 공고해졌다. 인도 경찰력 훈련, 이스라엘 스파이웨어 프로그램 '페가수스' 이용에 이어 최근에는 (더 이상 이스라엘이 원치 않는) 저임금 팔레스타인 노동자를 대체하기 위해 인도 노동자를 이스라엘에 파견하는 협약도 체결됐다.

이들 양국 간 동맹의 뿌리는 훨씬 깊다. 모디 총리가 내세우는 정치 프로젝트는 이스라엘이 만들어 낸 것과 유사한 형태의 '인종적 민주주의'를 촉진하는 것을 목표로 한다.(9) 인도에서 카스트 제도를 반대하는 목소리는 1980년대 들어 점차 커지면서 1990년부터 정계에 압력을 행사하기 시작했는데, 그 반대의 목소리를 억누르는 것이 '인종적 민주주의'의 목적이다. 힌두교의 통합을 선언하면서 카스트 제도에 대한 적대감을 넘어서겠다는 민족주의 운동이 급부상하게 된 것도 이때였다.(10)

위와 같이 브라만교(고대 인도에서 베다 경전을 근거로 성립된 종교로 브라만 계급을 중심으로 한다-역주)의 질서를 보호하기 위해 보수주의적인 혁명이 전개되는 가운데 모디 총리는 이스라엘의 여러 정책을 모방했다. 공산주의 활동가인 아카시 바타차랴는 "시민들 간에 불평등을 야기하는 법률, 힌두교도와 이슬람교도 간 인구 비율을 조종하기 위한 시도, 불도저식 사법 정의는 이스라엘에서 모두 그 전례를 찾을 수 있다"라고 분석했다.(11)

다른 국가에서 추진되는 위와 같은 정책을 두고 북반구 국가에서는 반감을 표할 것이다. 이는 단순히 이스라엘이나 인도만의 이야기가 아니다. 이와 관련해 언론인 프란츠올리비에 지스베르는 "비판의 목소리가 있다는 것은 정신착란에 사로잡힌 이들이 우리나라 대학과 언론을 좌지우지하고 이슬람 극좌 사

상을 전파하고 있다는 증거"라고 평가했다. 다시 말하지만 인도는 중국이 아니다! ㏐

크리티크M 8호
『날개를 단 웹툰적 상상력』
권 당 정가 16,500원

글·르노 랑베르 Renaud Lambert
<르몽드 디플로마티크> 프랑스어판 기자. 저서에 『Les nouveaux chiens de garde 새로운 경계견』(공저, 2011)이 있다.

번역·이연주
번역위원

모디 집권 10년이 남긴 짙은 그림자

인도가 민주주의 국가라고?

인도에서 10년 동안 집권한 나렌드라 모디 총리는 헌법을 기초한 건국의 아버지들이 구상한 위대한 민주주의와의 결별을 시도하고 있다. 민주주의에 종교적 차별이 가미되거나, 소위 적법성을 빌려 모든 국가 제도를 좀먹는 권위주의 시스템이 난무하는 현상은 이러한 변화를 여실히 보여준다.

크리스토프 자프를로 ▌국제연구센터(CERI) 연구책임자

2014년 나렌드라 모디 인도 총리가 선거를 승리로 이끈 밑바탕에는 포퓰리즘과 힌두트와(Hindutva·힌두 근본주의 혹은 인도사회 전반의 정체성을 힌두교로 정립하자는 정신 – 역주)의 결합이라는 독특한 현상이 깔려있다. 특히 힌두민족주의의 모태는 바로 1925년 조직된 준군사적 성격의 우파 민족주의 단체인 민족의용단(RSS-Rashtiya Swayamsevak Sangh)이다. 이 단체는 힌두교 젊은이들을 육체적, 정신적으로 단단히 무장시킴으로써 힌두교인들을 위협하는 무슬림에 강력보복하고 저항하는 것을 소명으로 삼았다.

모디는 어린 시절 RSS에 가입해 평생을 이 조직에 투신(심지어 아내와도 떨어져 살았고, 다른 직업도 가지지 않았다)했다. 그는 차근차근 경력을 쌓아 2001년 고향인 구자라트주의 주지사 자리에까지 올랐다. 이어 이듬해에는 2,000여 명의 희생자를 낳은 반(反)이슬람 폭동 사태를 주도했다. 이 종교 분열 전술은 2002년 12월 모디가 지방선거에서

<바다아래의 스모그>, 2023 - 드흐루비 아카리야

승리할 수 있는 기반이 됐다. 모디는 2007년과 2012년에도 비슷한 성과를 올리며, 자신의 당인 바라티야 자

나타 당(인도국민당, BJP) 내에서 유력 주자로 떠올라 마침내 2014년 총리에 당선됐다.

거수기로 전락한 인도 의회

하지만 모디 총리는 집단 결속을 위해 RSS에 과잉 의존하는 관행에서 벗어나고자 했다. 대신 그는 대중 앞에 직접 나서 민중과 소통하는 자신만의 방식을 시도했다. 특정 활동가 조직에 의지하기보다는 몸소 유세 현장을 찾아 수려한 연설 솜씨를 뽐냈다. 한편 그는 자체적으로 텔레비전 방송국을 만드는가 하면, 소셜미디어를 적극적으로 활용했으며, 각종 혁명적 기술의 활용을 즐겼다. 대표적인 예가 같은 시간에 여러 장소에서 동시에 집회를 열 수 있게 해주는 홀로그램 기술이었다. 게다가 그는 자신의 초상화가 새겨진 마스크를 지지자들에게 배포해 일체감을 강화하기도 했다. 이처럼 모디는 민중을 구현(그는 지배계급의 여느 엘리트 출신보다 훨씬 더 소탈한 모습을 연출해 보였다)하는 자신의 이미지로 공적 공간을 가득 채웠다. 하지만 여기서 민중이란 어디까지나 다수 힌두교인들에 국한됐다. 반면 무슬림은 힌두교도의 표적으로 삼았다.

2019년과 2014년에 인도 북부와 서부를 휩쓴 인도국민당 돌풍에 힘입어, 이른바 '모디트와'(극우 민족주의 이념인 힌두트와와 모디 총리 개인의 팬덤화 현상을 결합한 단어) 현상이 선거판에서 큰 위세를 떨쳤다. 덕분에 모디 총리는 RSS나 수많은 소속 의원들이 모디에게 큰 빚을 지고 있는 인도국민당을 상대로 자신의 의견을 관철할 수 있는 힘을 누렸다. 이제 정부는 오로지 모디 총리에 충실한 신도들로만 구성됐고, 의회는 일종의 거수기로 전락했다.

모디, 인도 대법원마저 장악

정부와 의회 외에 다른 국가기관이라고 해서 이러한 현상을 꿋꿋이 버텨낼 재간은 없었다. 대표적인 예가 그동안 사법권 독립의 산실로 여겨지던 인도 대법원이었다. 2014년 여름 모디 총리는 대법원 판사의 임명 방식을 손보겠다며 헌법 개정을 시도했다. 같은 판사 동료들의 손에 대법원 판사가 선출되는 기존의 방식은 모든 정치권 지배 계급들에게는 눈엣가시였다. 이에 모디 정부는 헌법 개정을 통해 5인으로 구성된 위원회가 판사 선출을 담당하게 했다. 물론 대법원은 이러한 방식이 위헌이라는 판결을 내렸다. 하지만 끝내 모디 총리는 목적을 달성해낼 수 있었다. 모디 정부는 선출된 재판관들 중 마음에 들지 않는 인사의 임명을 거부한 것이다. 결국 대법원은 한 걸음 물러나 정권의 입맛에 맞는 후보만 제안할 수밖에 없었다. 이러한 비민주적 행태는 사회 일반 조직에서도 나타났다. 대표적인 예가 대학이다. 그동안 인도의 대학은 창의력과 눈부신 지성의 산실로 명성이 높았다. 하지만 어느새 국립대학은 힌두민족주의 운동의 일원이나 지지자 중에서 임명된 학장들의 횡포로 몸살을 앓고 있다. 사립대학 재단(대부분 재계 출신)도 똑같은 압력에 시달리고 있다. 그리고 그 여파는 대학교수들에게까지 고스란히 전가되고 있다. 사실상, 대학들의 어떤 구성원도 권력에서 자유롭지 못한 셈이다.

세무 조사와 경찰 수사로 야당 탄압

한편 야당을 죽이기 위해서 수많은 수법이 동원되고 있다. 가장 흔한 방식이 세무 조사나 경찰 수사다. 야당인 의회당(좌파 정당)이나 여러 지역 정당 소속 인사들을 협박하기 위해 갖가지 구실이 동원된다. 이러한 목적은 야당세력의 분열을 꾀하고 그들이 본래의 진영을 떠나 인도국민당에 합류하도록 만드는 것이다. 합류를 수용하면 장관직이나 한직을 꿰찰 기회가 주어진다. 반면 당근을 거부한 야당 인사에게는 채찍질이 가해진다. 대개는 징역형에 이를 만한 형사 기소나 소속 정당의 계좌 동결과 같은 수법이 동원된다.

모디 정부의 권위주의적 행태에도 불구하고, 인도는 여전히 정치책임자를 임명하는 방식으로 선거를 활용한다. 오늘날 인도와 비슷한 이력을 보이는 다른 나라들도 역시 마찬가지다. 대표적인 예가 레제프 타이이프 에르

도안이 집권한 튀르키예, 빅토르 오르반이 이끄는 헝가리다. 모디 총리는 선거를 치렀을 때 두 가지 주요한 장점을 누릴 수 있었다.

첫째, 선거를 통해 많은 서구 매체들이 이야기하듯, 인도가 '세계에서 가장 큰' 민주주의 국가임(세계에서 유권자 수가 가장 많음)을 자처할 수 있게 해주었다. 둘째, 선거는 모든 포퓰리스트의 경우가 그러하듯, 모디에게도 적법성을 부여해주었다. 국민에게 위임받은 권한은 그가 다른 권력 기구들을 제압할 수 있는 힘이 되어주었다. 가령 사법 기구가 어찌 국민의 권력을 '구현'하는 자에 맞설 수 있겠는가? 요컨대 적법성은 합법성에 우선한다. 즉, 선거를 통해 권력을 위임 받은 자가 사법기구의 합법성을 장악하기 마련이다.

뿐만 아니라 모디 총리는 선거에서 발생할 수 있는 위험성도 미리 철저히 계산에 넣었다. 일단, 오늘날 선거 절차를 규제하는 기관은 과거의 권위를 잃어버린 지 오래다. 과거 역대 총리들을 괴롭혀온 선거관리위원회는 어느새 고위 공직자들이 야권 정치인들과 똑같은 압력에 시달리게 된 뒤로는 한결 고분고분해졌다. 가령 종교 논리를 동원한 선거 운동을 했다는 이유로 인도국민당의 지도자에게 벌금을 물리는 건 상상도 할 수 없는 일이다. 분명 그것이 불법 행위임은 자명하지만.

금융 권력과 신흥재벌도 모디 지원

더욱이 모디 총리는 선거 운동에 필요한 자금을 마련하기 위해 굴지의 금융 권력을 동원하였다. 2019년 인도국민당은 거의 30억 유로에 가까운 선거 자금을 쏟아부었는데 이는 다른 모든 정당의 선거 자금을 전부 합한 액수에 이른다. 이런 막대한 자금을 모집하기 위해 모디 정부는 2017년 기부자의 익명성을 보장해주는 일명 '선거 채권'(electoral bonds)이라고 불리는 제도를 도입하기 위한 법을 통과시켰다. 2024년 대법원은 이 제도가 위헌이라고 판결(2015년 이후로는 좀처럼 찾아보기 드문, 정권에 적대적인 유일한 판결)을 내렸지만, 그 효력을 과신하기는 힘들어 보인다. 사실상 인디아스테이트

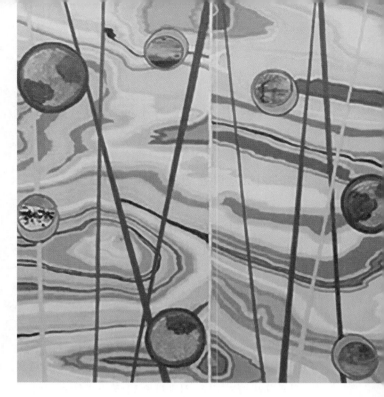

은행(후원금이 이체된 기관)이 기부자의 이름을 밝히기 위해서는 오랜 시간이 필요하다고 요구했기 때문이다. 하지만 어쨌거나 이 시스템이 사라지더라도, 인도국민당은 다른 민간 후원 경로를 통해서도 충분히 자금을 모집할 수 있다. 게다가 정부는 공공분야를 상대로도 상당한 선거 자금을 갹출할 능력이 있다.

민간부문의 경우에는 신흥재벌의 위상을 누리는 재계 거물들로부터 자금을 모집한다. 그들은 수많은 이권을 대가로 기꺼이 권력을 돕는 자금줄 노릇을 한다. 때로는 그들이 대거 장악한 언론매체를 통해서도 권력을 지원한다. 2022년 마지막까지 모디 총리와 대립각을 세우기를 주저하지 않았던 최후의 매체, 〈뉴델리 텔레비전'(NDTV)〉도 끝내 고탐 아다니(아다니 그룹 창업자 - 역주)의 손에 넘어갔다. 어느새 방송국이 주인의 목소리를 대변하는 매체로 전락하자, 명성 높은 기자들은 서둘러 방송국을 떠났다. 한편 수많은 TV 방송과 미디어그룹들도 정부의 압박이 가해짐과 동시에 자체 검열의 늪에 빠져들었다. 대학 학장이나 여권 지도자들을 괴롭히던 세무 조사나 경찰 수사를 피하기 위해서였다.

경찰 노릇을 자처하는 모디 수호자들

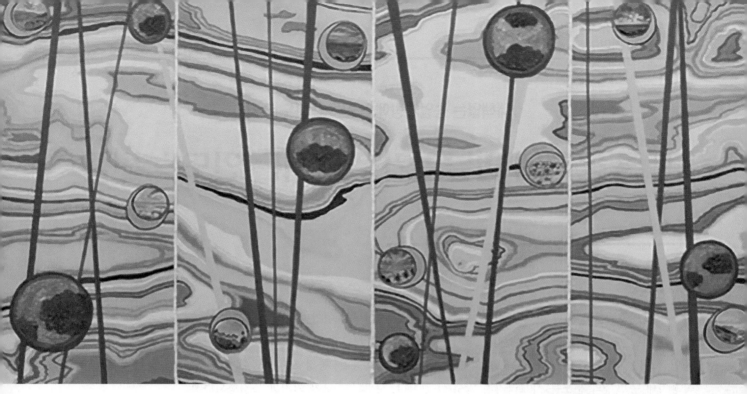

<내가 좋아하는 장소, 그 이전과 이후>, 2023 - 드흐루비 아카리야

인도의 권력 시스템은 RSS 내에서 양성된 규율 잡힌 활동가 조직에 널리 의존하고 있다. 그들의 주요한 임무는 현장에서 일종의 문화 경찰 노릇을 하는 것이다. 이 '파수꾼들'이 겨냥하는 주된 표적은 무슬림이다. 가령 '러브 지하드'(무슬림 남성이 힌두교 여성을 유혹해 결혼을 전제로 개종을 종용하는 전략) 근절을 모토로, 대학 캠퍼스나 길거리에서 젊은 힌두교 여성들과 어울려 다니는 무슬림을 감시하거나, 이슬람 신도를 힌두교로 (재)개종시키는 일을 한다. 그런가 하면 무슬림이 여러 공동체가 거주하는 혼합지구에 정착하는 것을 방해하며, 무슬림 거주지의 '게토'화를 확산하는 역할을 한다. 또한 도축장으로 소(힌두교가 신성시하는 동물)를 운반 중인 것으로 의심되는 차량을 인도 북부 지대 고속도로로 통행하지 못하게 막는 일도 한다. 때로는 이러한 활동의 일환으로 매우 폭력적인 집단 린치를 가하고, 해당 장면을 촬영해 소셜미디어를 통해 전파하기도 한다.

힌두민족주의 운동의 규제를 받는 이 활동가들은 오늘날 인도국민당으로 대변되는 국가 체제와 손발을 맞추어 협력하고 있다. 국민 스스로 자신의 생명과 재산을 지키는 자경주의는 국가에 매우 특별한 사회적 깊이를 부여한다. 단순히 행정부의 차원을 넘어서, 활동가들에 의해 (문화) 질서가 유지되는 것이다. 이들은 유니폼만 입지 않았을 뿐이지, 결국 유니폼을 입은 자들과 똑같은 역할을 한다.

이와 같은 공적 영역의 변화를 고려한다면, 결국 정권교체가 실현되더라도 그것이 얼마나 실질적 영향을 미칠 수 있을지 의심스럽다. 물론 야권이 선거에 승리한다면, 인도국민당이 통과시킨 각종 법들을 다시 손볼 수 있을 것이다. 하지만 힌두교 수호자를 자처한 이들이 앞으로도 계속 길거리에서 경찰 노릇을 하는 사태를 어찌 막을 수 있을까? 다수 힌두교인들이 인도국민당의 교리를 열렬히 신봉하는 한, 결국 적법성이 합법성에 우선하는 작금의 현실은 지속될 것이다. ⒧ⅅ

글·크리스토프 자프롤로 Christophe Jaffrelot
시앙스포와 프랑스국립과학연구센터(CNRS) 산하기구인 국제연구센터(CERI)의 연구책임자. 주요 저서로는 『모디의 인도. 민족주의-포퓰리즘과 인종민주주의(L'Inde de Modi. National-populisme et démocratie ethnique』(Fayard, Paris, 2019)와 『Modi's India. Hindu Nationalism and the Rise of Ethnique Democracy 모디의 인도. 힌두민족주의와 인종민주주의의 대두』(Princeton University Press, 2001)가 있다.

번역·허보미
번역위원

대책없는 농업개방에 농민들의 분노 폭발

드론 공격에 연날리기로 맞서는 인도 농민들

코므 바스탱 ▮기자

3년 전, 농업 분야 개방 반대 시위를 했던 펀자브 농민들이 시위를 재개했다. 당시 농민 시위는 성공적이었음에도, 인도의 밀 곡창지대 농민들의 분노는 사그라지지 않고 있다.

드론의 공격에 연으로 대항한다. 시위대에 최루탄을 투하하는 드론을 연으로 막는다. 수천 명의 농민들이 목숨을 걸고, 도시 입구에 바리케이드를 친 거대한 경찰 조직력과 대치한다. 시위대의 결의와 기지를 보여준 이 장면은 2월 중순, 수도 뉴델리의 인근에서 벌어진 일이다. 2020~2021년 인도를 집어삼켰던 농민 시위대가 귀환했다. 근대화 이후 인도에서 이토록 큰 규모의 시위가 일어난 적은 없었다.(1) 농민 시위는 나렌드라 모디 총리의 선거 운동에 눈엣가시 같은 존재이다.

4년 전, 펀자브 농민들은 농업 분야 개방에 반대하여 봉기했다. 쌀과 밀의 최저가 보장을 요구하는 시위에 전국의 농민들이 합류했다. 모디 총리의 인도국민당(BJP)의 보루라고 할 수 있는 우타르 프라데시 주, 하리아나 주 농민들도 시위대에 합류했다. 농민들은 뉴델리를 평화적이지만 집요하게 포위했다. 겨울의 추위도, 코로나 바이러스도, 경찰의 곤봉도 그들이 가는 길을 막지 못했다. 시위대의 물결은 조금씩 수도를 점령하며, 식품 공급과 조직을 담당하는 '자치 공화국'으로 가는 입구를 열었다.

계층과 계급을 넘어, 부유하거나 가난한 지주들, 가족농들, 농장 노동자들이 전부 집결했다. 시위의 규모가 커지고 조직화되면서 새로운 요구사항이 추가되었다. 밀과 쌀 이외의 다른 작물에도 최저가 보장제를 확대하는 것이다. 오랜 기간 농민들이 요구해 온 곡물 최저가 보장제는 2014년 모디 후보가 처음 총리로 당선될 당시의 선거공약이었다. 시위대는 또 자신들을 기소하지 않을 것과 과도한 부채에 시달리는 농민에 대한 지원 대책을 요구했다.

"시위, 이것만이 정부를 움직이게 하는 유일한 방법"

강력한 대응으로 유명하고, 패배를 인정할 줄 모르는 모디 총리이지만, 2021년 말 그는 끝내 고개를 숙였다. 그는 거대한 시위대의 결집이 흩어지리라는 기대 속에, 농업 분야의 개방 계획을 중단했다. 모디의 도박대로, 11월 한 달 동안 농민들은 고향으로 돌아갔다. 그러나 모디 총리는 농업 개혁 법안을 철회했다. 그렇지만 재 속에서는 여전히 불꽃이 은은히 타고 있었다. 시위대의 관점에서 보면, 2024년은 농민 시위의 제2막인 셈이다.

(1) Joël Cabalion, Delphine Thivet, 'Révolte sans précédent des paysans indiens 인도 농민들의 전례 없는 시위', <르몽드 디플로마티크>, 2021년 2월

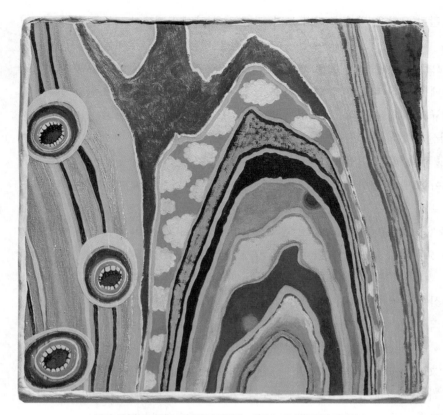

<광산, 한때 그곳에는 푸른색이 있었다>, 2023 - 드흐루비 아카리야

모디 총리에게 시위는 재선의 골칫거리이다. 그는 시위대의 수도 점거를 막기 위해 모든 수단을 동원했다. 그래서 펀자브와 하리아나 주 사이의 경계선에 시위가 집중되었다. 이곳은 '폭도들'에게서 뉴델리를 방어하는 성벽인 셈이다. 그러나 총리는 경찰이 너무 폭력적으로 진압하도록 허용하지는 않았다. 인도의 정치계에서는 농업계 인물을 정중히 대한다. 게다가 인도국민당(BJP)의 지지자도 아니고, 야당 지지자도 아닌 유권자들이 총리를 몰아낼 구실을 찾도록 만드는 것을 피할 필요가 있다. 정부는 '스트롱맨'이라는 그의 이미지를 포기하지 않으면서, 균형을 유지하며 대응해야 한다.

따라서 정부는 시위대에 대한 여론의 신뢰를 추락시키기 위해, 먼저 펀자브의 농민들을 독립주의자 혹은 테러리스트로 만들려 했다. 사실 시위대 대부분은 힌두교도가 아니라 시크교도이다. 그러나 수십 년 전부터 자치권이나 독립을 주장하고 있는 시크교도들은 극소수에 불과하다. 이 계략은 통하지 않았다.

중상모략을 당하고, 1명이 사망하고, 13명이 부상당하고, 수백 명이 체포되었음에도, 시위는 계속되고 있다. 3월 초, 시위대가 펀자브의 철로를 가로막자 십여 편의 기차 운행이 중단되었다. "우리도 기차 선로 위에 앉아 있고 싶지는 않다. 하지만 정부가 우리의 요구에 대

해서 눈을 감고 있기 때문에, 이것만이 정부를 듣게 만드는 유일한 방법이다"라고 펀자브 농민노동자투쟁위원회(punjab Kisan Mazdoor Sangharsh)의 사르완 싱 팬더 사무총장은 설명했다.

"농민들의 상황은 임계점에 도달했다"

2021년 농업개혁은 유보되었지만, 펀자브 농민들의 분노는 진정되지 않았다. 대규모 경작지가 있는 펀자브 농민들의 형편은 다른 지역보다 조금 낫다. 이러한 상황 또한 정부가 약속한 농업 모델의 경제적, 환경적 난관을 보여준다. 지난해 9월, 농민노동자(Kisan Marzoor)조합의 칸와르 달립 회장의 요구로 암리차르 시 인근 철로 봉쇄가 재개되었다. 터번과 긴 수염으로 유명한 시크교도 농민 백여 명은 뉴델리까지 기차 선로 위에 걸터앉아, 양탄자와 국기를 펼쳐놓았다.

"농민들의 상황은 임계점에 도달했다. 펀자브 농민들은 지하수층을 고갈시키는 쌀과 밀 경작에 묶여 있다"라고 칸와르 달립 회장은 설명했다. 그는 2021년에 시작된 전투는 끝나지 않았으며, 자신의 요구를 정부가 무시하는 걸 보니, 문 앞에서 가로막힌 계획들을 창문으로 다시 도입하려 할 수 있다고 말했다. "우리가 감시를 늦추면, 다른 형태로 우회해서 개방을 재시도할까 걱정된다. 그리고 쌀과 밀 이외의 다른 작물에도 최저

가 보장을 확대해야 한다. 그래야만 고갈된 토양을 재생시킬 수 있다.”

인도 정부는 1960년대 두 개의 강으로 둘러싸인, 매우 편편하고 비옥한 펀자브의 토지 위에 다량의 비료와 농약을 사용하며 개량 종자를 심는 대규모 계획을 시작했다. 그 유명한 '녹색 혁명'은 곡물 생산을 활성화했다. 덕분에 인도는 1980년대부터 곡물 수출국이 될 수 있었다. 그러나 그 후 토양이 고갈되면서 이 모델은 수명을 다했다. 펀자브 농업 대학의 연구에 따르면, 1998~2018년 사이 인도의 저수량은 매해 1m씩 줄어들었다고 한다. 그래서 푸른 금인 물을 찾기 위해서는 30미터가 넘도록 깊이 땅을 파야만 한다.

“밀의 계절은 끝났다. 나는 쌀을 심을 예정이다”라고 푸룬 싱은 설명했다. 그는 파키스탄 국경 인근에서 15헥타르 규모의 농지를 경작하고 있다. “헥타르 당, 420유로어치의 비료와 농약을 사야 한다. 그러면 3000kg를 수확하고, 약 750유로를 번다. 그런데 거기에 기계 유지비, 토지 임대료, 아이들 학비 등 다른 추가 비용도 많이 든다. 우리는 겨우 먹고 살기는 하지만 통장은 텅 비어있다” 수확한 농산물은 가격마저 불안정하다.

이렇게 불안정한 재정 균형은 아주 작은 돌발 상황에도 깨진다. 일례로 작년 여름 펀자브 남부 지방에 홍수가 일어나자 재정 균형이 깨졌다. 가난한 농민들은 다음 계절에 쓸 종자와 화학제품을 사기 위해 대출을 받아야만 한다. 누적된 대출로 인해 최악의 상황으로 치달을 수 있다.

농부 발루르 싱은 “5년 전, 나는 대출을 갚기 위해서 토지 1헥타르를 팔아야 했다. 수확은 나아지지 않았다. 우리는 토지를 저당 잡혔고, 곧 압류될 것이다. 나처럼 수많은 농민이 빚을 지고 있다”라고 말했다. 지난 20년간 자살한 농민이 최소 9,000명에 이른다. 그리고 88%의 농민은 심각한 빚에 시달리고 있다.

뉴델리 점거에 나선 시위대

인도 곡창지대의 광활한 녹색 벌판을 가로질러 달

리다 보면, 가끔 진한 연기가 뺵뻭이 하늘로 올라가는 것이 볼 수 있다. 짚을 태운 연기이다. 벼농사에서 밀 농사로 바꿀 때, 농민들은 짚을 태운다. 이러한 농법은 심각한 대기 오염을 유발한다. 농부들이 최소한의 안전장치도 없이 밭에 농약을 뿌리는 모습도 볼 수 있다. 많은 전문가들은 비소 같은 화학물질이 암 유발의 주범이라고 지적했다.

건강에 대한 타격, 과도한 부채, 환경 훼손 등. 농민들은 생산성 제일주의를 중단해야 할 필요성에 공감하고 있다. 농업유산임무(Kheti Virasat Mission)같은 NGO 단체들의 주도로 펀자브에서는 친환경 농업으로의 변화가 조금 생겼다.

농업유산임무(Kheti Virasat Mission)의 우멘드라 더트 회장은 “어디서 재배하나? 어떤 종자를 사야 하나? 어떤 성분을 뿌려야 하나? 이익을 창출하는 시장이 모든 걸 결정한다”라며 한숨을 내쉬었다. 그는 “종자 중심의 농업에서 토양 중심의 농업으로 바뀌어야 하고, 조와 같은 새로운 곡류를 도입해야 한다”라고 말했다.

가장 가난한 노동자와 지주들을 위한 키르티 카잔(Kirti Kazan) 조합의 라진더 싱 대변인은 농업 문제를 정치 문제로 만들고, 국가 차원에서 다루게 만드는 것 이외에는 다른 해결책이 없다고 강조했다. “그렇지 않으면 농업의 변화는 매우 힘들 것이다. 친환경 농업으로 전환하거나 생산 작물을 다양화하면, 여러 해 동안 생산량이 줄어들 수밖에 없다. 모델을 바꾸기 위해서는 재정 지원이 뒷받침되어야 한다”라고 단언했다.

2024년 2월, 그는 뉴델리를 점거하기 위해서 조합과 함께 시위대에 합류했다. **ld**

글·코므 바스탱 Côme Bastin
기자. 인도에 주재하며 <Radio France Internationale>, <Mediapart>, <Ouest-France> 등에 환경, 보건, 정치 관련 기사를 게재하고 있다.

번역·김영란
번역위원

총리와 절친되면 재벌되는 인도기업들

인도를 대표하는 여러 부자들은 '인도식으로' 성공했다기보다는 '모디식으로' 편의를 제공받아 부를 이룬 듯하다.

카미유 오브레 █기자

나렌드라 모디 총리는 2014년 총선에서 승리한 다음 날, 개인용 제트기에 몸을 실었다. 인도 최고 부자 중 한 명인 가우탐 아다니 회장의 제트기였다. 기체 한 면에는 사프란과 흰색, 녹색으로, 반대쪽에는 아다니 그룹의 여러 계열사를 상징하는 색들로 꾸며져 있었다. 전 세계 거의 어디에서나 권력과 재력이 함께함을 볼 수 있다고 해도 이처럼 견고할 수 있을까? 20년 전부터 이어진 - 힌두교 우월주의와 천문학적인 부를 각각 대표하는 - 두 사람의 연대는 꽤나 친밀해 보인다. 두 사람의 연대는 자본주의와 정치가 인도 역사상 유례없는 규모로 공모해 성공을 거뒀음을 보여주는 증표다.

아다니는 18세에 학위 없이 구자라트 주를 떠나 (뭄바이의 옛 이름인) 봄베이 시로 갔다. 그는 먼저 다이아몬드 산업 현장에서 일하며 보석 선별 작업을 했다. 1년 뒤에는 집으로 돌아가 형제가 식품용 랩 회사 설립하는 것을 도왔다. 그들의 사업은 해외에서 원자재를 구입해야 할 만큼 성장했다. 1988년 두 형제는 아다니 엑스포츠(Adani Exports)를 설립해 식품 저장, 에너지 생산, 시멘트 제조, 철강업 등으로 사업 영역을 확장했다. 10년 뒤 아다니는 아랍에미리트 바닷가에 자신의 제국을 세우는 데 주춧돌이 되는 문드라 항구라는 민간 항구를 건설했다. 이곳은 약 3,600헥타르에 달하며 숲과 방목장으로 구성돼 있다.

모디 총리와 아다니 회장의 관계는 2002년 구자라트 주에서 학살이 벌어진 다음 날 시작됐다. 당시 힌두교 광신도들에게 살해당한 피해자는 2천 명에 달했는데 대부분은 무슬림이었다. 이 일에는 당시 구자라트 주지사

였던 나렌드라 모디도 동조했다. 이에 인도 산업 연맹에 소속된 몇몇이 모디 주지사의 사임을 요구했다. 그런가 하면 어떤 이들은 모디를 지지하기로 하고 '부활하는 구자라트 그룹(Resurgent Group of Gujarat, RGG)'이라는 새로운 단체를 설립했다. 당시 이제 막 마흔이 된 아다니는 그 단체의 대표가 됐다.

21년 전 모디 주지사에게 투자한 아다니

아다니는 그 후 2003년 후원회 '빛나는 구자라트(Vibrant Gujarat)'의 첫 회동에서 자신의 야망을 드러냈다. 모디 당시 주지사에게 150억 루피(약 1억 6,700만 유로)를 투자하겠다고 약속한 것이다. 이는 아다니가 도약하는 첫 번째 계기가 됐다. 문드라 항구는 규모가 점점 커져 인도에서 가장 큰 개인 항구가 됐다. 계약서 초판을 자세히 검토한 〈포브스 인디아〉에 따르면 임대료는 "보통 1㎡당 1센트(가장 비싼 경우 45센트)인데 아다니 회장은 타 기업에 임대료로 1㎡당 11달러를 받고 재임대했다."(1)

구자라트에는 모디 주지사가 취임하기 전에도 인도 전체에서 기업인들에게 가장 호의적인 정치인들은 이미 있었다. 그런데도 모디 주지사는 임기(2001~2014년) 동안 이들에게 주는 혜택을 더욱 늘렸다. 그는 농지를 밀어내고 세금, 환경 규정, 노동법 미적용 특별 지구를 체계적으로 조성해 기업인들에게 제공했다. 절차 없이 제멋대로 하는 것이 규범이 됐다. 2008년 농민들의 집단행동으로 인해 라탄 타타라는 대기업 회장이 서벵골주에

(1) Cité par Christophe Jaffrelot, 'Le capitalisme de connivence en Inde sous Narendra Modi 나렌드라 모디가 총리로 있는 인도에서 벌어지는 정치와 자본주의의 공모 관계', Les Études du CERI, no 237, Paris, septembre 2018.

(2) 상동

(3) Ashish Gupta et Prashant Kumar, <rapport 'House of debt 빚으로 지은 집' 보고서>, Credit Suisse, Zurich, 2 août 2012.

(4) Discours de Raghuram Rajan, 'Third Dr. Verghese Kurien memorial lecture on Indian economic and financial development 인도의 경제 및 금융 발전에 대한 버기스 쿠리엔 박사의 세 번째 기념 강의', Institute of Rural Management Anand (IRMA), 25 novembre 2014, www.irma.ac.in

(5) Jairus Banaji, 'Indian big business 인도의 거대한 사업', Phenomenal World, 20 décembre 2022, www.phenomenalworld.org

(6) Aseema Sinha et Andrew Wyatt, 'The spectral presence of business in India's 2019 election 2019년 인도 선거에 존재하는 사업의 스펙트럼', Studies in Indian Politics, vol. 7, no 2, New Delhi, décembre 2019.

공장 짓기를 포기하자 모디 주지사가 곧바로 그에게 바로 이용할 수 있는 땅을 제공했다. '수와가탐'(환영합니다를 의미), 이 한 단어가 담긴 문자가 허가서였다. 타타 회장은 감사를 표하며 "나렌드라 모디는 마주하는 데 전혀 어렵지 않고 상당히 편한 사람이며 성격이 원만하고 유쾌할 뿐 아니라 능력 있는 사람이다"라고 밝혔다.(2)

당시 이미 구자라트에서는 공적 자금을 향응 제공에 사용하는 경우가 다른 곳보다 더 많았다. 인도 연방 회계 감사원(CAG)은 2013년 주 정부가 아다니 그룹에 비정상적으로 비싼 가격에 전기를 산 것으로 보인다고 발표했다. 모디 총리는 몇 년 만에 대규모 프로젝트를 기반으로 한 국가 모델을 구상했다. 중소기업의 손해는 안중에도 없었다. 마지막 공적 자금은 같은 편에게 제공하는 세제 혜택에 사용됐고 엄청난 사회적 비용이 투입됐다.

1990년대 인도에서는 정치 엘리트와 경제 엘리트의 관계가 전반적으로 큰 변화를 겪었다. 거대한 사업가 가문들은 수십 년간 이어져 온 국가 주도 자본주의로 인해 계획 경제의 영향을 받았다. 그런데 인도가 1947년 독립한 이후 국가가 개입하지 않는 다른 경제 형태가 부상했다. 공공 기관과 사기업 간 동반자 관계는 2000년대부터 그 수가 특히 많아졌는데, 이는 물밑에서 큰돈이 오감으로써 정치 엘리트들에 대한 기업가들의 영향력이 점차 커져갔음을 보여줬다.

인도 기업 대부분(무케시 암바니와 아닐 암바니 형제가 회장으로 있는 릴라이언스 그룹뿐 아니라 인도 내 이동통신사 1위 기업 바르티 엔터프라이즈, 두 철강 기업 진달 스틸 앤 파워와 베단타)은 이동통신, 부동산, 에너지 자원 등 굵직한 분야에

서 계약에 대해 협상하면서, 권력자가 임명한 사람이 은행장인 여러 공공 은행이 순순히 승인한 대출 한도를 이용하여 빠르게 큰 이익을 얻었다. 스위스 은행 크레디트 스위스가 2012년 발표한 보고서 〈빚으로 지은 집(House of debt)〉을 보면 인도의 여러 은행이 대기업 십여 곳에 빌려준 대출금이 2008년부터 2012년까지 폭발적으로 늘어났는데도 은행들이 자체적으로 보유한 빚이 5배 증가했다.(3) 2014년에 당시 인도 중앙은행장이었던 라구람 라잔은 "너무 많은 기업이 상당한 자금을 대출받았는데 그들은 지원받을 신성한 권리를 주장한 반면 변제는 거부했다"라며 어려움을 토로했다. 또한 "자신들의 기업이 죽지 않게끔 은행이 필요한 조치를 취할 때까지 기업 파산을 들먹이며 위협했다"라고 말했다.(4) 마르크스주의 역사가 자이러스 바나지는 "자본주의와 정치가 공모했을 때 생겨난 사각지대에서 발생한 자본의 부채를 공공 은행이 책임지는 이런 관리 시스템은 명명백백히 밝혀져야 한다"라고 지적했다.(5)

"'돈가방 정치'를 하기가 쉬웠다"

한편 의회에는 점점 더 많은 기업가들이 자리를 차지했다. 상업이나 산업에 몸담은 의원이 록 사브하(하원)에 차지하는 비중이 1998년에는 14.5%였으나 현재는 28.4%에 달한다. 아시마 신하 연구원은 "기업인이자 정치인인 이 사람들은 자신들의 경제적 이득에 도움되는 일에 정치인으로서 법률 제정의 역할을 담당한다"라고 밝혔다.(6) 예를 들면 '맥주 재벌' 비자이 말리아는 하원의원으로서 여러 위원회에 참석해 2005년 킹피셔 항공을 설립했다. (그 후 킹피셔 항공은 파산했다.)

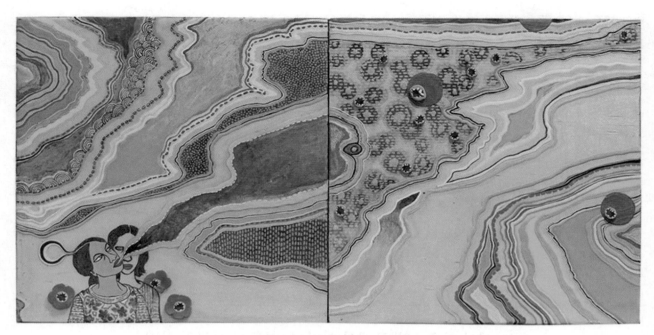

<광산-숨>, 2023 - 드흐루비 아카리야

공공 보조금이 없을 때는 기업들이 정당과 선거 운동에도 자금을 지원했다. (인도 독립 이후 오랜 기간 의회를 장악했던) 국민회의파의 경우 재계에 있는 친구들이 도와줬다. 1960년대 말 하원의원 40여 명의 당선을 금전적으로 지원한 것이다. 인도에는 자국민이든 심지어 외국인이든 익명으로 기부할 수 있는 '선거 채권'이라는 제도가 있었는데 이 제도 덕분에, 스탠리 A. 코샤넥 교수의 표현을 빌리자면, 이런 '돈가방 정치'를 하기가 쉬웠다.(7) '선거 채권'에 대해 인도 대법원에서 위헌 판결이 난 지는 얼마 되지 않았다.

아무도 후원 자금의 규모를 알 수 없다 해도 아다니 회장이 2024년 모디 총리의 선거에 상당량의 자금을 지원했음을 의심할 사람은 아무도 없다. 그가 과거 모디 총리를 지원해서 엄청난 성공을 거뒀는데 이번 선거에서 주저할 이유가 어디 있겠는가? 모디 총리는 자신의 두 번째 임기를 시작하기 몇 달 전인 2019년 2월 아다니 그룹이 6개 공항 운영

(7) Stanley A. Kochanek, 『Business and Politics in India 인도의 사업과 정치』, University of California Press, Berkeley, 1974.

권 입찰 경쟁에 참여할 수 없게 했던 규제를 수정했다. 그러자 25개 기업보다 더 유리한 조건을 제시한 아다니는 공항 부지 전체를 사들였다. 그리고 2022년 말 아다니 회장은 그 보답으로 뉴델리 텔레비전(NDTV)이라는 방송사를 인수했다. 뉴델리 텔레비전은 모디 총리에 비판적인 입장을 고수했던 몇 안 되는 언론사였다. 아다니 그룹이 뉴델리 텔레비전을 인수하자 방송에서 모디 총리를 다루는 태도가 즉각 달라졌다.

대기업과 공직자의 야합

2019년 아다니는 프랑스의 베르나르 아르노 루이비통모에헤네시 회장을 제치고, 일론 머스크 테슬라 최고경영자와 제프 베이조스 아마존 창업자에 이어 전 세계 부자 3위에 올랐다. 동양인으로는 사상 최초로 이 자리에 선 것이다. 그렇지만 영광의 순간은 짧았다. 2023년 1월 미국의 공매도 전문기업 힌

덴버그가 아다니 그룹이 자사 주가 시세를 조작하고 주식의 가치를 인위적으로 부풀리기 위해 해외에 설립한 자회사들을 이용했다고 폭로한 것이다.

아다니 그룹의 시가 총액은 1,000억 달러 가까이 증발했다. 그러자 당시 어떤 이들은 아다니 제국의 추락을 기대했다. 그러나 상황은 그렇게 흘러가지 않았다. 이 사건으로 인해 오히려 권력자가 자기 사람을 보호하기 위해 얼마나 효율적으로 영향력을 행사하는지가 드러났다. 힌덴버그의 보고서가 발표된 뒤 진행된 연설에서 모디 총리는 익히 알려진 대로 방어적 발언을 했다. 그는 외국에서 촉발된 마녀사냥을 규탄하는 14억 인도 국민들의 능력을 믿는다고 밝혔다. 아다니에 대한 말은 한마디도 없었다.

작가 아룬다티 로이는 "분명 모디 총리는 이 일이 유권자들과는 관계가 없다고 생각한다. 유권자 중 수천 명은 실업 상태이고 극심한 가난에서 삶을 연명하니 천억 달러가 의미하는 바를 상상할 수 없으리라고 생각하는 것이다"라고 꼬집었다.(8) 라훌 간디 야당 대표는 힌덴버그의 폭로 다음 달 자신이 의회에서 제명됐다며 이는 "가우탐 아다니 회장의 금융 스캔들에 대해 자신이 던질 질문으로부터 나렌드라 총리를 보호"하기 위함이라고 밝혔다.(9) 의회 진상 조사 위원회 설립도 거부됐다.

'아시아 부호 1위' 무케시 암바니, 인도식 성공의 상징

한 억만장자가 어떻게 재산을 모았는지 물으니 이렇게 대답했다. "어렸을 때, 어느 날 빵 하나를 구웠습니다. 반으로 나눠서 하나를 팔고 그 돈으로 두 개를 더 구웠어요. 이번에는 한 개를 통째로 팔 수 있었고, 그렇게 번 돈으로 네 개를 더 구웠지요. 아버지가 재산을 물려주시기 전까지 그렇게 장사했습니다."

이 억만장자는 바로 아시아 부호 1위인 무케시 암바니다. 단지 무케시는 한 번도 빵을 팔아본 적이 없을 뿐이다. 그는 아버지 디루바이 암바니에게 360억 유로 이상의 재산을 상속받기 전까지 아버지가 설립한 릴라이언스 인더스트리(Reliance Industries)에서 근무했다. 물론 디루바이는 자수성가했다. 그는 가난하게 태어나 석유공장 펌프공의 보조가 됐고, 석유, 보건, 건설, 유통, 미디어 및 통신 분야에 진출해 인도에서 손꼽히는 대기업을 이룩했다. 그러나 디루바이의 '사업 감각'은 무엇보다 1991년 이후 경제 변화를 효과적으로 활용한 덕분이다. 자유주의적 근대화의 형태로 시작된 사업은 민간 기업이 국부를 착취하는 결과를 낳았다.

저널리스트 제임스 크랩트리는 "통신이나 광산업 등의 분야에서 수십억 달러 상당의 자산이 사실상 정권과 가까운 사람들에게 넘어갔다"라며 "주요 대기업은 엄청난 뇌물을 주며 토지를 취득하고 환경 규제를 우회하고 공공 공사 입찰을 따냈다"라고 설명했다.(1) 뇌물 스캔들은 끊이지 않았다. 디루바이는 한 번도 수사 선상에 오르지 않았다. 다른 나라와 마찬가지로 인도에서도 선거 운동 비용이 점점 상승하고 있고, 정치 자금 지원은 여전히 특별한 혜택을 누리기 위해 검증된 방법이다.

1991년 이전에는 미국 잡지 〈포브스〉가 발표한 억만장자 명단에 인도인은 단 두 명에 불과했다. 2002년에는 무케시를 포함해 5명이 됐다. 15년이 지난 후, 그 수는 20배 이상 증가했다. 〈포브스〉에 따르면 2023년 무케시의 재산은 760억 유로에 달했다. 무케시는 베르사유 궁전의 3분의 2 크기인 대지에 27층짜리 개인 소유 건물에 살고 있다. 이 건물의 건설비는 거의 10억 유로로 추산된다. 주차빌딩의 여섯 개 층에는 차량을 150대를 주차할 수 있고, 직원 수는 수백 명에 이르며, 빌딩 옥상에는 헬리콥터 착륙장이 3개나 있다. 반면, 인도에서는 인구의 60%가 연수입 1,100유로 미만으로 생활하고 있다.

라탄 타타는 2011년 〈더 타임스〉에서 "무엇이 한 사람을 이렇게까지 하게 만드는지 궁금하다"라며 "바로 이런 일이 혁명으로 이어진다"라고 했다. **LD**

글·르노 랑베르 Renaud Lambert
〈르몽드 디플로마티크〉 기자

번역·서희정
번역위원

(1) James Crabtree, 『The Billionaire Raj. A Journey Through India's New Gilded Age』, Tim Duggan Books, New York, 2018.

(8) Arundhati Roy, 'Modi's model is at last revealed for what it is : violent Hindu nationalism underwritten by big business 모디의 국가 모델이 무엇인지 결국 드러났다. 그것은 대기업이 동의한 폭력적인 힌두 국가주의이다', <The Guardian>, Londres, 18 février 2023.

(9) Barnabé Binctin et Guillaume Vénétitay, 'Gautam Adani : magnat du charbon et faux ami écolo de Total en Inde 가우탐 아다니 : 인도에서 석탄산업의 거물이자 에너지 기업 토탈의 허울뿐인 친환경주의 친구', Observatoire des multinationales, Paris, 13 juillet 2023.

(10) Ayush Joshi et Paranjoy Guha Thakurta, 'Are law-enforcement agencies assisting Adani Group takeovers ? 법 집행 기관들은 아다니 그룹의 기업 인수를 돕고 있나?', 22 septembre 2023, www.paranjoy.in

그렇지만 대법원은 전문가 그룹을 임명했다. 전문가 그룹에 속한 6명 중 3명은 이해 충돌 관계에 있었다. 이 전문가 그룹은 "해당 사항에 대해 주가 조작이라는 명확한 증거 없음"이라는 결론을 내렸다고 해서 그리 놀랍진 않다(인도 일간지 데칸 헤럴드 2023년 9월 18일 자 기사).

이제 부패 감찰 기관들은 아다니 그룹과 경제적으로 경쟁 관계에 있는 기업들을 표적에 둔다는 의심을 받는다. 기자이자 내부 고발자인 파란조이 구하 타쿠르타는 "이것은 우연이 아니라 시스템이다"라고 주장했다. 그는 동료 기자인 아유스 호시와 최근 '2023년 여름, 기업 매입 과정에서 일어난 일'이라는 기사를 썼다. 인도의 3대 시멘트 제조업체 슈리 시멘트가 경쟁사인 상이 인더스트리 인수에 관심을 보인지 두 달 만에 여러 감찰 기관이 상이 인더스트리의 사무실 및 공장 24곳을 압수수색 했고, 상이 인더스트리가

28억 달러에 달하는 조세를 회피했다고 기소한 것이다. 7월이 되자 슈리 시멘트는 매입 의사를 철회했다. 3주 뒤 상이 인더스트리는 암부자 시멘트에 인수됐다. 암부자 시멘트의 소유주는 아다니 그룹이다.(10) LD

글·카미유 오브레 Camille Auvray
인도에서 활동하는 언론인으로, 자본과 권력의 유착관계에 관한 글을 주로 쓰고 있다.

번역·김은혜
번역위원

이스라엘의 왜곡, 간섭, 검열

볼테르도 놀랄 이스라엘의 거짓말 실력

이스라엘은 온갖 분야의 선전가를 광범위하게 포섭해서 자신을 스스로 적대국인 아랍의 희생자로 내세우고 자국의 이익을 옹호하면서, 자국의 스토리를 강요하고 자국을 비판하는 이들을 침묵시키고 있다. 이스라엘이 수많은 서구 언론의 동정을 사고 있는 만큼 이스라엘의 전략은 더욱더 효과를 거두고 있다.

알랭 그레쉬 ▌온라인 뉴스 〈오리앙 21(Orient XXI)〉 편집장

" **수** 치를 모르는 사람."
우리는 2024년 새해 뉴스를 보고 있다가 저 말이 딱 들어맞는 사람을 발견했다. 로켓이 칠흑 같은 밤하늘에 하얗게 궤적을 남긴 날, 그 남자는 분노를 감추지 못하고 있었다.

"이스라엘이 왜 하마스를 제거해야 하는지 묻는 이들이 있다면 답은 이렇습니다. 하마스의 테러리스트들은 새해가 되는 바로 그 순간, 이스라엘 마을에 무차별 폭격을 가했습니다. 이스라엘은 그 같은 위협의 싹을 단번에 제거해야 합니다!"

이스라엘 측 사상자는 없었지만, 12월 31일과 1월 1~2일 가자지구에 쉴 새 없이 포탄이 쏟아졌고 매일 100명, 200명, 300명의 사망자가 발생했다. 일주일이 지나자 팔레스타인의 사상자 수는 22만 명을 웃돌았다. 30%가 어린아이였다. 며칠 전에는 새해 선물 대신 이스라엘 측 폭격으로 마가지 난민캠프에서 100명이 사망했지만, 관계자는 침묵했다.

프랑스에서 태어난 이스라엘군 예비역 대령 올리비에 라포비츠는 프랑스 출신 유대인의 이스라엘 이민을 돕는 단체인 '이스라엘을 위한 유대인 기구(JAFI, The Jewish Agency for Israel)' 대표를 역임했으며 10월 7일부터 이스라엘군의 프랑스어권 대변인을 맡고 있다. 라포비츠 대령은 이미 예전 가자지구 전쟁 당시에도 같은

임무를 수행한 바 있다. 아비그도르 리버만이 창당한 보수우파 정당인 이스라엘 베이테이누당에 2015년에 합류했는데, 당시 이스라엘 외무부 장관이었던 리버만은 이스라엘에 거주하는 팔레스타인 주민 일부를 이스라엘 밖으로 '이주'시키는 계획을 검토하고 있었다. 참고로 해당 계획은 국제법에 따르면 범죄에 해당한다. 그는 극우파에 속하지만, 그렇다고 해도 프랑스 정계나 언론계와 우호적인 관계를 이어가는 데 걸림돌이 되지 않는다.

이스라엘군의 프랑스어 대변인, 서방 언론계 인맥으로 진실 왜곡

라포비츠 대령은 텔레비전이나 라디오에 출연해서 질문받기를 두려워하지 않고 거침이 없다. 배우자인 록산 루아라포비츠의 인맥도 한껏 이용한다. 그녀는 프랑스산업연맹(Medef)의 집행위원회 위원이자 스튜디오팩트 미디어 그룹(StudioFact Media Group, 프랑스 텔레비지옹, 프랑스의회채널(LCP), 벨기에 프랑스어 공동체 방송(RTBF)과 협력 관계를 맺고 있음) 회장이기도 하다. 가장 놀라운 것은 그녀가 남편이 대변인을 맡고 있는 이스라엘 측 입장을 대변하기 위해 작년 가을에 공영방송 〈프랑스2〉 채널의 '추가 조사(Complément d'enquête)'라는 프로그램에서 〈하마스: 피와 무기〉

(2023년 10월 24일)라는 다큐멘터리를 제작했다는 점이다.

　기자인 자크마리 부르제는 자신의 블로그에서 위와 같은 사실을 폭로했지만 좁은 파리 언론계에 아무런 파장도 불러일으키지 못했다.(1) 2022년 〈르파리지앵〉은 스튜디오팩트 지분의 30%를 보유하게 됐다. 아크리메드(프랑스 언론 감시 시민단체-역주)는 가자지구에 관련된 〈르파리지앵〉의 취재가 균형감각을 완전히 잃었다고 지적했다.

　"10월 8일부터 12월 20일까지 '폭격'이라는 단어는 74개의 '1면'에 단 한 번도 등장하지 않았다. 반면 중동전쟁은 18개 헤드라인과 19개 큰 표제(삽입광고나 배너광고)를 장식했다." 아크리메드에 따르면 〈르파리지앵〉이 "전달한 관점은 이스라엘 정부가 가자지구를 어떻게 인식하고 있는지를 알리고, 그 시각을 다른 세계에 전달하는 것, 단 하나였다. 두 달이 넘도록 〈르파리지앵〉의 1면에는 팔레스타인 주민의 얼굴이 나오지 않았다. 단 한 번도."(2)

밀가루 대학살의 진실을 끝내 외면

　오래전 볼테르는 "거짓말은 해를 끼칠 때만 악이다. 거짓말이 선한 일을 한다면 그것은 매우 큰 덕이다. (…) 악마처럼 거짓을 말하라. 부끄러워하지 말고 가끔이 아

<여론 조작의 도구들>, 2018 - 자클린느 벤자니

니라 과감하게 언제나 거짓을 말하라. 친구여, 거짓을 말하라, 언젠가 보답을 받을 것이다"라고 말했다.

볼테르의 말은 아마 전 세계 군 지도부에게 만트라(신비한 힘을 가진 단어나 말)와 같을 것이다. 하지만 이스라엘은 볼테르의 말을 소위 민주국가라는 국가에서 찾아보기 어려운 예술의 경지로까지 끌어올려 적용했다. 스스로 정당성과 정의의 본보기며 '선을 위해' 거짓말을 한다는 확신에 차 있었다. 서구 지도부와 언론들은 이스라엘이 진실을 말한다고 생각했지만, 다른 국가들의 경우 그러한 이점을 가지지 못했다.

라포비츠 대령은 상대방으로부터 반박당하는 일은 거의 없을 것이라 확신하며 뻔뻔스럽게 거짓말을 쏟아냈고, 임산부의 배가 갈렸다거나 어린아이가 우리에 갇혔다는 이야기를 반복했다.(3) 그는 2월 29일 가자지구에서 식량 배급을 받기 위해 달려가는 주민들에게 이스라엘군이 총격을 가해 100명이 넘게 사망한 밀가루 대학살에 대한 증거를 두고도 사실을 부인했다. 거짓말을 했다는 사실이 확인된 상황에서도 여전히 그의 말을 반박하는 이는 거의 없고, 수많은 프랑스 언론은 그의 말에 귀를 기울이고 있다. 어떻게 그런 일이 가능한 걸까?

라포비츠 대령이 가진 비장의 무기는 베르나르 앙리레비라는 별난 스승이다.

"이스라엘과 이웃 국가들 사이에 국제 위기가 발생할 때마다 베르나르 앙리레비(BHL)는 나와 함께 하며 현장에 모습을 드러냈다."(4)

"세상에서 가장 도덕적인 군대"라는 궤변

베르나르 앙리레비는 탱크 포탑이나 이스라엘군 사령부에서 가자지구 전쟁을 취재했던 사람으로, 항상 군에서 '탑승'시키는 인물이다. 그런데도 그는 어떠한 범죄도, 국제법 위반 행위도 본 적이 없다고 말했다. 그는 자신이 생각하는 바를 정당화하기 위해 "세상에서 가장 도덕적인 군대"라는 결정적인 논거를 댔다. 1960년 10월 7일에 피에르 쇼뉘, 앙리 드 몽프레, 로제 니미에, 쥘 로맹, 앙투안 블롱댕, 로랑 도르젤레스, 장 폴랑 외에도 알제리 주둔 프

랑스군을 옹호하는 유명인들이 〈르피가로〉에 기고한 기사에 등장했던 것과 동일한 수사학이자 궤변이었다.

그들이 알제리민족해방전선(FLN)과 그들에게 동조하는 프랑스인들을 규탄하며 썼던 표현을 보면 현재 팔레스타인 상황에도 (적절하게 변형하여) 쓸 수 있을 것 같다. "프랑스가 조국의 독립을 위해 궐기한 알제리와 전쟁을 한다고 말하거나 글을 쓰는 것은 사기다. 알제리에서 일어난 전쟁은 무장한 지도자들과 외국으로부터 재정지원을 받은 자들에게 조종당한 소수의 과격한 테러리스트와 인종차별주의자들이 일으킨 분쟁에 프랑스가 어쩔 수 없이 휘말린 것뿐이다."

이스라엘은 항상 뛰어난 '선전' 능력을 보였다. 스스로 아랍 적대국들의 희생양으로 포장하고 '가짜 뉴스'를 퍼트리고는 부분적으로 되돌릴 수 없는 결과를 낳은 후에야 번복했다. 1967년 6월 5일 새벽, 독립 매체인 〈프랑스 수아르(France-Soir)〉는 이스라엘 측 제보에 따라 이집트가 이스라엘을 공격했다고 발표했다(실제로는 그 반대였다). 2022년 5월 11일, 팔레스타인 출신 기자 셰린 아부 아클레가 제닌 난민 캠프에서 살해당했을 때 이스라엘군은 아클레가 '테러리스트들'과의 총격전에 휘말렸고 아마도 '테러리스트' 손에 살해당했을 것이라 발표했다가 이후 이스라엘군이 아클레가 있는 쪽으로 다섯 발을 쏘았다지만 겨냥한 것은 아니었다고 발표했다.

이스라엘군 검열관의
사전승인이 있어야 하는 주제 8개

〈CNN〉의 조사를 포함해서 여러 차례 조사가 있었고, 아클레가 고의적으로 살해당했을 가능성이 매우 높다는 결론이 내려졌다. 해당 사건이 이례적으로 언론의 주목을 받은 것은 그녀가 미국인이고 유명인이라는 사실 때문이었을 것이다. 대부분 이스라엘 측 이야기를 반박하는 경우는 없고, 점령지에서 민간인이나 기자를 사망케 한 경우에는 완전 면책특권을 부여한다.

'언론인보호위원회(언론탄압과 언론인에 대한 폭력 등을 감시하는 비영리단체-역주)'에 따르면 이스라엘은

2023년 언론인을 가장 많이 투옥한 상위 10개 국가 안에 든다. 이란과 비슷한 수준인 셈이다.(5) 이스라엘은 각국에 꽤 뛰어난 역량을 가진 대사와 선전가들을 거느리고 있다. 그들은 현지 언어를 유창하게 구사하고 권력과 매체를 속속들이 잘 알고 있으며 이스라엘 측 메시지(거짓일 경우가 많음)를 전달한다. 이스라엘에게는 또 다른 무기가 있다. 이스라엘은 '서구' 국가라는 점에서 선험적으로 신뢰 자본을 누리고 있다. 〈CNN〉의 한 기자는 그와 같은 편견이 어떤 결과를 낳는지 다음과 같이 보도했다. "'전범'이나 '인종청소'라는 단어는 금기시돼 있다. 이스라엘이 가자지구에 포탄을 퍼부어도 '폭발'이라고 보도될 것이다. 이스라엘군이 책임을 인정하거나 부인하려고 개입할 때까지 그 '폭발'에는 누구도 책임을 지지 않는다. 이스라엘군과 이스라엘 정부 관리가 제공한 인용문이나 정보는 승인이 빨리 떨어지지만, 팔레스타인 측에서 제공하는 정보는 철저하고 매우 신중하게 검토되고 다뤄진다."(6)

이스라엘 사회에는 본질적으로 "우리에게는 정당성이 있고, 우리는 단지 우리를 몰살시키려는 못된 아랍인들에게서 살아남으려는 것뿐이다"라는 강력한 합의가 존재한다. 이스라엘 지도자들이 만들어 낸 두려움이라 해도, 우리는 이스라엘인들이 정말로 두려워하고 있다는 사실을 이해해야 한다. 전쟁이 일어나기 전에도 이스라엘 언론인 가운데 〈하레츠(Haaretz)〉나 〈+972 매거진(+972 Magazine)〉을 제외하고 서안지구를 방문해 본 사람은 거의 없었고, 교전이 일어났을 때도 가자지구를 방문했던 사람은 더더욱 드물었다.

이스라엘 언론인들은 그저 군에서 내보내는 공식 발표를 재생산했고, 말 그대로 점령지에서 무슨 일이 벌어지는지 보지 못했다. 마치 과거 본토에서 폭탄이 터지거나 프랑스 군인들이 사망했을 때를 제외하고는 알제리에서 무슨 일이 벌어지는지 몰랐던 많은 프랑스인들처럼 말이다. 다만 이스라엘인들은 팔레스타인들과 마을에서 함께 살고 소셜 네트워크나 TV를 통해 영상과 사진을 접할 수 있다는 점에서 차이가 있다. 하지만 이스라엘인들은 그것들이 자신과 상관없는 일이라고 판단했다. 지난 2월

이스라엘인의 70%가 가자지구 주민에 대한 인도주의적 원조에 반대 의사를 밝혔다는 사실만 봐도 알 수 있다.

마지막으로 다른 서구권 국가와 달리 이스라엘은 매우 엄격하게 검열을 시행하고 있다. 하지만 군대의 목표에 대해 전반적으로 찬동한다면 검열이 필수적이지 않다. 이스라엘의 학자인 세바스찬 벤 다니엘은 기사를 통해 군 통신담당자들이 끊임없이 군대를 찬양하고 군 대변인이 발표하는 내용을 문자 그대로 받아들이며 "모든 것이 더 나은 상황을 위한 것이라며 대중을 호도하고 있다"고 지적했다. 군 통신담당자들은 "(군) 대변인에게서 들은 말을 그대로 내보는 경우가 많다. 대변인의 이름도 삭제하고 메시지를 '뉴스'로 발표한다."(7)

온라인 잡지 〈더 인터셉트(The Intercept)〉는 2023년 12월 23일 이스라엘 언론을 위한 '철검 작전' 관련 지침을 보도했다. 하지만 우리가 알고 있는 한, 프랑스 매체는 이를 보도하지 않았다. 소위 민감한 문제, 특히 이스라엘군의 범죄와 관련된 모든 사항에 대한 검열은 영구적이기 때문에 특정 전쟁에 대해 위와 같은 명령이 발표된 것은 처음이었다.

"해당 지침에 따르면 이스라엘군 검열관의 사전 승인 없이 보도할 수 없는 주제가 8개 있다. 그 가운데에는 향후 당혹스러운 상황을 야기할 수 있는 이스라엘 측 무기 사용에 대한 폭로나 안보 내각 회의에 관한 논의사항, 가자지구에 억류된 이스라엘 인질 등 이스라엘에서 그리고 세계적으로 민감한 사항들이 있다. (…) 지침에 따르면 군사작전이나 이스라엘 첩보, 이스라엘 내 민감한 지역에 대한 로켓 공격, 사이버 공격, 군 고위급 인사의 전장 방문 등에 대한 세부사항도 보도가 금지돼 있다."(8)

서방 특파원들이 자주 베껴 쓰는 이스라엘 〈i24 뉴스〉

그리고 이스라엘에는 프랑스 매체의 협력자가 있다. 파트리크 드라이가 소유한 〈i24 뉴스〉 TV 채널이다. 이스라엘과 팔레스타인에 심각한 위기가 발생하면 매체들은 기자들을 무더기로 파견하지만, 그들은 그 지역을 제

대로 알지 못하고 히브리어도, 아랍어도 할 줄 모른다. 그러면 도대체 어디에서 정보를 얻겠는가? 〈i24 뉴스〉를 본다. 그래서 '하마스(Hamas)'를 지칭할 때 이스라엘식으로 '카마스(Khamas)'라고 발음하며 이스라엘 억양을 그대로 가져다 쓰는 경우가 생긴다(스페인어 호타(jota)를 조타로 발음하는 경우와 비슷하다). 〈BFM TV〉 또한 2024년 3월까지 드라이의 소유였기 때문에 여기에도 그의 입김이 미치고 있다. 프랑스 독립 매체 〈블라스트(Blast)〉는 2023년 11월 3일 내부 소식통을 통해 위와 같은 메커니즘을 보도했다.

"드라이가 2018년에 우리 회사를 완전히 인수했을 때 현지 특파원이 제공하던 중동 지역 취재가 〈i24 뉴스〉로 넘어갔다. (…) 절약을 위해서 내부 자원을 통합한다는 주장이 있었지만 편집 라인 문제가 제기됐다. 실제로 분쟁 초기에 우리는 〈i24 뉴스〉 측 전문가와 특파원들 사이에서 어려움을 겪었다. 간단하고 실용적이었지만 문제가 있었다."(9)

러시아가 우크라이나를 침공한 후 유럽 국가들은 러시아 〈RT〉 채널 방송을 금지했다. 유럽 국가들은 러시아의 침공에 대해 용납할 수 없는 외세 간섭이라며 비난했다. 하지만 이스라엘이야말로 유럽, 특히 프랑스 내 문제에 가장 많이 개입하는 국가일 것이다.(10) 하지만 1969년 1월 6일 정보부 장관이 그랬던 것과 달리, 프랑스 당국은 이를 걱정하지 않는 것 같다. 당시 프랑스는 이스라엘군에 더 이상 (미라주 전투기) 부품을 보내지 않기로 결정했다. 해당 문서를 작성한 사람은 샤를르 드골이었다.

"주목할 만한 점은 정보 관련 분야에 이스라엘의 영향력이 확실하게 느껴진다는 것이다." 개인이든 신문사든 위와 같은 간섭을 걱정한다면 그에 대한 설명은 하나밖에 없다. 당신은 반(反)유대주의자다. **lb**

글·알랭 그레쉬 Alain Gresh
온라인 뉴스 <오리앙 21(Orient XXI)> 편집장. 『Palestine, Un peuple qui ne veut pas mourir 팔레스타인, 죽고 싶지 않은 사람들』(2024) 저자. 동 기사는 해당 책에서 일부 발췌해서 편집했다.

번역·이연주
번역위원

(1) Jacques-Marie Bourget, 'Complément d'Enquête : le mari blanchit Israël et sa femme noircit le Hamas 추가 조사: 남편은 이스라엘을 세탁하고, 아내는 하마스를 검게 만든다', 2024년 2월 23일, https://blogs.mediapart.fr/jacques-marie-bourget

(2) Pauline Perrenot, 'D'Israël à Gaza (4) : à la Une du Parisien, la caricature du double standard 이스라엘에서 가자지구까지(4): <르파리지앵> 1면, 이중잣대 희화화', 2023년 12월 21일, www.acrimed.org

(3) Mathilde Cousin, 'Guerre Hamas-Israël : Des enfants israéliens en cage ? Prudence au sujet de cette vidéo 하마스-이스라엘 전쟁: 우리에 갇힌 이스라엘 아이들? 해당 영상을 향한 신중한 자세', 2023년 10월 10일, www.20minutes.fr

(4) Xavier de La Porte et Jade Lindgaard, 『Le nouveau B.A. BA du BHL Enquête sur le plus grand intellectuel français BHL에 대한 기초 지식. 가장 위대한 프랑스 사상가에 대한 조사』, La Découverte, Paris, 2011.

(5) 'Israël est l'un des pays qui emprisonnent le plus de journalistes au monde, alors que les incarcérations se poursuivent sans relâche dans le monde entier, selon le CPJ 언론인보호위원회에 따르면 이스라엘은 세계에서 언론인을 가장 많이 투옥한 국가 중 하나며, 전 세계적으로 언론인 투옥이 끊임없이 일어나고 있다', Comitee to Protect Journalists, 2024년 1월 18일, https://cpj.org

(6) Daniel Boguslaw, 'CNN runs gaza coverage past Jerusalem team operating under shadow of IDF censor', 2024년 1월 4일, https://theintercept.com

(7) Sebastian Ben Daniel, 'How Israeli journalists carry out PR for the army', 2024년 2월 19일, www.972mag.com

(8) Daniel Boguslaw et Ken Klippenstein, 'Exclusive : Israeli Military Censor Bans Reporting on These 8 Subjects', https://theintercept.com

(9) Yanis Mhamdi et Xavier Monnier, 'À BFM, la rédaction sonne l'alarme contre une couverture pro-israélienne <BFM> 편집진, 친이스라엘 보도에 경보를 울리다', 2023년 11월 3일, www.blast-info.fr

(10) <오리앙 XXI>는 2021년 1월부터 5월까지 진행한 장기 조사 결과를 발표했다. 장 스테른은 기사를 통해 조사 도중 직면했던 경제, 정치(특히 의회 관련), 문화 등 모든 차원에서의 간섭을 밝혔다. Jean Stern, 'France-Israël. Lobby or not lobby?', https://orientxxi.info

깊어지는 영국 정계와 여론의 갈등

영국 민심은 가자주민 동정, 정치권은 이스라엘 지지

2003년 조지 W. 부시 미 대통령과 토니 블레어 영국 총리가 주도하는 이라크 전쟁에 반대했던 대규모 시위가 일어난 이후 오랜만에, 지난해 11월 11일 런던에서 가자지구와 연대하자는 대규모 시위가 벌어졌다. 시위 주최자들에 따르면 무려 80만 명 이상이 이 시위에 참여했으며, 이스라엘 전쟁을 지지하는 보수당 정부와 노동당을 한목소리로 강력히 비난했다.

대니얼 핀 ▮기자, 〈뉴 레프트 리뷰〉 부편집장

이스라엘의 가자지구 공격이 시작된 이래로 영국 정계와 여론 간 갈등의 골은 점점 더 깊어지고 있다. 리시 수낵이 이끄는 영국 보수당과 키어 스타머의 노동당은 베냐민 네타냐후가 벌인 전쟁을 이스라엘의 방어권이라는 명분 아래 무조건적으로 지지하는 상황이다.

그러나 영국 국민은 이스라엘이 하마스를 몰아내겠다며 가자지구에 폭탄 세례를 퍼붓는 행위에 반대한다. 2023년 11월 유거브(YouGov)에서 실시한 여론조사에 따르면 응답자의 59%가 이스라엘이 전쟁을 멈추어야 한다고 답했으며 19%만이 전쟁을 계속하는 데 찬성했다. 올해 2월 실시된 조사에서는 응답자의 66%가 휴전을 원한다고 답했고 13%만이 전쟁에 찬성했다. 최근에는 여론의 56%가 이스라엘에 대한 무기 판매 금지를 원하고 있고, 17%만이 무기 판매를 계속해도 좋다고 여기는 것으로 나타났다.(1)

3월 말 영국 하원 외교위원회의 보수파 위원장인 얼리샤 컨스는 이스라엘이 국제 인권법을 위반한 정황을 기록한 영국 정부의 보고서가 존재한다는 사실을 폭로했다. 이에 따라 영국 정부는 이스라엘에 대한 무기 판매를 중단하기는 했지만, 이 문서를 공개하는 것은 거부했다. 그 후 4월 1일에 이스라엘의 미사일 폭격으로 가자지구

에서 구호 활동을 벌이던 국제 자선 단체 월드 센트럴 키친(World Central Kitchen)의 영국인 직원 3명과 동료 4명이 사망하는 사건이 발생했다. 그다음 날에, 퇴임한 대법관 3명을 포함해 600명 이상의 영국 법조계와 학계 인사들은 이스라엘에 대한 무기 판매의 불법성을 규탄했다.(2)

런던시 경찰청, 내무부 장관의 요구에 반대

6개월 전부터 영국에서는 팔레스타인을 지지하는 시위가 일어나고 있으며 그 규모는 영국 현대사에서 손에 꼽을 정도로 크다. 매주 그리고 매달, 런던과 영국 내 기타 도시에서는 휴전을 외치는 시위대가 거리를 점령하고 있다. 그중 가장 규모가 컸던 시위에는 수천 명에 달하는 인원이 모였다. 이에 수낵 정부는 시위대를 비판하면서 이들을 법적으로 처벌할 방안을 모색 중이다.

2023년 11월에 수엘라 브레이버만 영국 내무부 장관은 런던시 경찰청에, 이미 예정되어 있던 대규모 시위를 취소해줄 것을 요구했다. 그러나 런던시 경찰청이 내무부 장관의 이 같은 결정은 법적 근거가 없다고 반박하자, 브레이버만 장관은 시위대가 전쟁기념비를 훼손하려

한다는 주장을 펼쳤다. 브레이버만은 이러한 주장이 극우파를 자극하고, 극우파가 시위대를 공격할 것으로 예상했다. 내무부 장관은 이를 빌미로 향후에 있을 집회를 모두 금지시킬 생각이었다. 그러나 브레이버만 장관의 발언에 화가 난 시위대는 경찰을 공격했고, 그 결과 몇몇 경찰이 다치고 일부는 심각한 부상을 입었다.

계획이 실패로 돌아가자 수낵 총리는 브레이버만 장관의 사퇴를 요구했다. 그러나 정부와 우파 언론은 휴전을 외치는 시위대를 "증오의 행진"으로 비난하며 계속해서 공격을 이어갔다. 또한 "요르단강에서 지중해까지, 팔레스타인은 자유로울 것이다"라는 시위대의 슬로건은 반(反)유대주의라며 비판하기까지 했다. 유대인을 향한 적개심은 그 어디에도 보이지 않았는데도 말이다.

브레이버만은 내무부 장관이던 시절 경찰에게 이 구호를 "완전히 파괴된 이스라엘을 보겠다는 폭력적인 욕망의 표현"으로 봐줄 것을 요청했고, 치안을 유지한다는 명목으로 이러한 구호의 사용을 처벌해줄 것을 요구했다.(3) 적어도 한 사건에서는 경찰이 브레이버만의 의견을 받아들였다. 맨체스터에서 팔레스타인 출신의 한 젊은 여성이 인종차별주의적인 욕설을 했다는 이유로 체포됐다.(4)

보수당, 여론에 맞서 극단주의 들먹여

이스라엘의 지지자들은 "요르단강에서 지중해까지, 팔레스타인은 자유로울 것이다"라는 슬로건에 숨겨진 진짜 의미를 파악해야 한다고 주장한다. 이는 팔레스타인 해방 이후의 유대인 학살 또는 추방을 의미한다는 것이다. 이 슬로건의 의미가 인종 청소가 아니라 평등이라고 말하는 팔레스타인인들과 그 동료들은 영국 언론과의 접촉이 지속적으로 차단되고 있다.

또한 이스라엘의 지지자들은 "이스라엘의 방어권"과 "실재할 권리"를 언급한다. 그러나 첫 번째 권리는 이스라엘이 자기방어를 위해 합법적으로 어떠한 수단을 사용할 수 있는지를 명시하고 있지 않으며, 두 번째 권리는 팔레스타인이 이스라엘의 옆에 실재할 권리와 상충된다.

따라서 팔레스타인은 이를 당연히 자신을 향한 위협과 공격으로 인식하고, 이스라엘의 가자지구 공격을 지지하는 이들의 언행을 있는 그대로 받아들일 수밖에 없다.

3월 초에 런던 다우닝가 10번지 영국 총리 관저 앞에서 있었던 수낵 총리의 발언을 계기로, 팔레스타인과의 연대 시위에 대한 영국 정부의 대응 수위는 또 한 단계 높아졌다. 수낵 총리는 휴전을 외치는 시위가 "사회적 혼란과 극단주의자들의 범죄 행위를 충격적으로 증가시켰다"면서, 이는 "위협, 협박, 폭력 행위의 준비"로 이어지고 있다고 비판했다. 그러나 사실 시위는 평화롭고 질서정연하게 진행되었고, 비슷한 규모의 음악 축제나 스포츠 행사에서보다 체포된 사람의 수도 적었다.(5) 수낵 총리의 발언은 런던이 유대인 금지 구역이 되려고 한다고 근거도 없는 소문을 퍼뜨린 무책임한 기자들의 선동적인 주장에 기인한 것이었다.(6)

노동당, 지지자들과 다르게 휴전 반대

기술부 장관인 미셸 도넬런이 하마스 지지자로 지목한 두 명의 대학교수는 미셸 도넬런의 명예를 훼손한 혐의로 유죄 판결을 받았다.(7) 이에 캔터베리와 요크의 대주교가 "무슬림을 지나치게 겨냥하는" 접근법에 우려를 나타내자, 보수당 정부는 균형발전·주택부 장관인 마이클 고브에게 극단주의의 정의를 새롭게 수립하라는 임무를 부여했다. 신보수주의 우파를 대표하는 마이클 고브는 오래전부터 영국 내의 무슬림들이 자유민주주의를 위협하는 존재라고 확신해왔던 인물이다. 그의 주도 아래, 오늘날 영국 정부는 영국의 제도와 가치를 뒤흔드는 모든 시도를 극단주의로 여기게 됐다.(8)

팔레스타인과의 연대 시위에 대한 공격은, 오웰주의(전체주의, 감시, 억압 등을 동원한 시스템)를 표방하는 존 우드콕과 같은 정부 관련 인사의 각종 발언에서도 힘을 얻었다. '폭력과 정치적 혼란과 관련해 독립적으로 활동하는 고문관'인 우드콕은 최근에 주요 정당에게 "민주주의를 위협하는 집단에 대한 '무관용'"에 동의할 것을 제안했다. 그는 팔레스타인 연대 캠페인(PSC, Palestine

Solidarity Campaign)을 그 대표적인 집단으로 꼽았다.(9)

이에 토리당 의원인 미리엄 케이츠는 3월 4일 다음과 같이 우려를 표명했다. "'극단주의'적인 의견이 불법이라면, 그 '극단주의'를 정의한 당사자가 표현의 자유, 종교의 자유, 언론의 자유, 집회의 자유를 제한할 수 있다는 뜻이 되는데, 이것이야말로 독재주의로 가는 지름길이다."

우드콕은 본래 노동당 소속이었다가 2019년에 보수당에 입당했다. 그러나 당수인 키어 스타머를 포함해 노동당 의원의 많은 수가 가자지구 공격 반대 시위에 대한 적대감을 우드콕과 공유한다. 이스라엘이 공격을 개시한 초기에, 통상적으로 민간인에게 물과 전기의 공급을 끊는 행위는 전쟁 범죄로 간주됨에도, 스타머는 이스라엘이 가자지구 거주민들에게 물과 전기 공급을 끊을 권리가 있다고 주장했다. 그러나 세간에 비난이 들끓자 스타머는 자신이 이 문제를 잘못 이해했다면서 그러한 발언을 철회했다.(10)

그리고 스타머는 이와 비슷한 취지의 발언을 한 두 명의 노동당 의원에게 정직 처분을 내렸다. 노동당의 앤디 맥도널드 의원은 런던에서 있었던 시위에서 다음과 같이 말했다는 이유로 정직을 당했다. "우리는 멈추지 않을 것이다. 정의가 실현되지 않는 한, 그리고 요르단강에서 지중해까지, 이스라엘 국민과 팔레스타인 국민 모두가 자유와 평화 속에서 살날이 오지 않는 한."

또한 케이트 오사모 의원은 국제법원이 이미 이스라엘에 대한 남아프리카의 제소를 받아들였음에도, 가자지구 공격을 대학살이라고 지칭했다는 이유로 정직 처분을 받았다. 맥도널드 의원은 2월 말에 맨체스터 로치데일에서 치러진 보궐 선거에서 노동당이 참패하면서 의원직에 복귀했다. 이 선거에서 승리한 조지 갤러웨이는 노동당에서 제명된 뒤 독자적인 활동을 벌여오던 정치인으로, 이번 선거를 '키어 스타머를 지지하느냐, 이스라엘 전쟁을 지지하냐'의 대결 구도로 만들었다.

영국 외교의 신뢰도에 불명예스러운 상처

사실 갤러웨이의 승리는 격렬한 논쟁이 있은 후에 일어났다. 선거를 며칠 앞두고 스코틀랜드 국민당(SNP)은 하원에 휴전 발의서를 제출했다. 그러나 노동당은 "팔레스타인 국민에 대한 집단 징벌"과 "무고한

시민들의 학살"이라는 부분을 삭제하기를 원했다. 또한 휴전을 촉구하는 명백한 표현을, 벤냐민 네타냐후에게 전쟁을 계속할 수 있는 여지를 남겨두는 좀 더 완곡한 표현으로 수정하기를 바랐다. 노동당이 제안한 문구는 "이스라엘 국민은 2023년 10월 7일의 공포가 재현되지 않기를 바랄 권리가 있다"였다. 그러나 팔레스타인 국민이 10월 7일 이후(그리고 그 이전)의 공포가 재현되지 않기를 바랄 권리에 대해 노동당은 아무런 언급도 하지 않았다.

스타머는 하원의원들이 SNP의 동의서에 반대하기도 그렇고, 기권도 바라지 않았기 때문에, 린제이 호일 하원 의장에게 발의서를 표결에 부치기 전에, 노동당이 발의서를 수정해도 될지를 먼저 표결에 부치자고 했다. 이렇게 스타머가 하원 절차를 명백하게 위반하면서, 제3당은 영국 국민의 대다수가 바라는 휴전 찬성 입장을 선택했다.

그러나 노동당의 휴전 반대는 노동당 지지자들의 의견을 완전히 거스르는 것이다. 2월에 실시된 유거브의 조사에 따르면, 이전 총선에서 노동당에 투표한 유권자의 83%가 이스라엘이 군사적 공격을 중단하기를 바라는 것으로 나타났다. 그들 중 단 3%만이 작전을 계속하는 것에 찬성했다. 사실, 베냐민 네타냐후의 전쟁을 지지하겠다는 스타머의 고집은 반(反)유대주의 투쟁과 이스라엘 지지를 구분하지 않는 것에서 기인한다. 스타머는 예전부터 팔레스타인인들의 권리 수호와 유대인을 향한 적대감을 연관 지어 왔고, 이러한 이유로 그가 노동당 대표직에 취임한 2020년부터 노동당 내 좌파 성향 정치인들은 소외됐다. 그리고 이러한 노동당 내부의 갈등은 다음 총선 결과에 악영향을 미칠 수 있는 중요한 정치적 문제다.

끊이지 않는 폭력과 끔찍한 전쟁 범죄가 팔레스타인 민간인을 고통 속으로 몰아넣고 있지만, 영국의 2대 정당은 이스라엘 지지에 있어서 확고부동한 입장을 유지하고 있다. 보수당 상원 의원인 니컬러스 솜즈와 노동당 소속의 런던 시장 사디크 칸과 같은 주요 정치인들이 영국 정부에 자국산 무기를 이스라엘에 팔지 말도록 촉구하고 있음에도, 수낵 총리와 스타머는 이스라엘 전쟁을 지지해야 한다는 주장을 오늘날까지도 고수하고 있다.

설사 이러한 입장이 향후 몇 주 내에 변한다 해도, 그들은 이미 자신의 명성과 영국의 외교적 신뢰도에 돌이킬 수 없는 상처를 입었다. **ⅅ**

글·대니얼 핀 Daniel Finn
기자, <뉴 레프트 리뷰> 부편집장. 저서에 『One Man's Terrorist: A Political History of the IRA』(2019)가 있다.

영불 번역·니콜라 비에이스카즈 Nicolas Vieillescazes

불한 번역·김소연
번역위원

(1) Patrick Wintour, Majority of voters in UK back banning arms sales to Israel, poll finds, <The Guardian>, 런던, 2024년 4월 3일. Cf. Matthew Smith, Israel-Palestine: fundamental attitudes to the conflict among Western Europeans, 2023년 12월 20일 & « British attitudes to the Israel-Gaza conflict: February 2024 update, 2024년 2월 15일, https://yougov.co.uk

(2) Alex Barton, Former supreme court judges say UK arming Israel breaches international law, <The Telegraph>, 런던, 2024년 4월 4일.

(3) Rajeev Syal and Aubrey Allegretti, Waving Palestinian flag may be a criminal offence, Braverman tells police, <The Guardian>, 2023년 10월 10일.

(4) Haroon Siddique, Police accused of stifling protest after Manchester arrest over Palestine chant, <The Guardian>, 2024년 3월 21일.

(5) Nandini Naira Archer, Arrest rate at "openly criminal" Palestine protests is lower than Glastonbury, 2024년 2월 7일, www.opendemocracy.net

(6) Ben Reiff, A "no-go zone" for Jews? The making of a moral panic in London, 2024년 3월 13일, www.972mag.com

(7) Poppy Wood, Donelan asked to explain secret dossier on academics after libel case, 2024년 3월 8일, https://inews.co.uk

(8) Nadeem Badshah, Archbishops of Canterbury and York warn against new extremism definition, <The Guardian>, 2024년 3월 12일. Cf. Peter Oborne, UK extremism: Michael Gove is turning British Muslims into an enemy within, www.middleeasteye.net, 2024년 3월 19일.

(9) Elizabeth Short, Profoundly anti-democratic and repressive, <The Morning Star>, 런던, 2024년 3월 12일. https://morningstaronline.co.uk/article/profoundly-anti-democratic-and-repressive

(10) Alexandra Rogers, Sir Keir Starmer seeks to clarify Gaza remarks following backlash from Labour councillors, 2023년 10월 20일, https://news.sky.com

이스라엘-이란 전쟁 시작되나

가자지구에서 이스라엘의 폭격과 교전이 이어지고 인도주의적 상황이 악화되는 가운데, 이스라엘과 이란 정부는 파괴적인 결과를 초래할 가능성이 있는 새로운 갈등을 막 피해간 참이다. 그러나 이 두 적대 세력의 대결 논리는 그 무엇으로도 종식시킬 수 없을 것 같다.

아크람 벨카이드 ▌〈르몽드 디플로마티크〉기자

'**보**복은 하되 심각한 피해는 주지 않는다.' 이란과 이스라엘이 며칠간 강도 높은 지역 분쟁으로 악화될까 우려했던 소규모 접전을 봉합하기 위해 택한 노선이다. 세 차례 공격은 4월 1일 시리아 다마스쿠스 주재 이란대사관 별관(총영사관) 폭격으로 시작됐다. 이스라엘의 이 공격으로 테헤란의 지역 동맹에 군사 및 병참 지원을 담당하는 이란 혁명수비대 대원 여러 명이 목숨을 잃었다. 그로부터 약 2주 뒤인 4월 13일에서 14일 밤, 이란은 무인기(드론)와 미사일 300기를 동원해 '진실의 약속(True Promise)' 작전을 개시했다.

이스라엘 대공방어 팀은 미국, 프랑스, 영국의 지원을 받아 이란의 무인기와 미사일 대부분을 격추시켰다. 이란의 보복 계획은 사실 공격 개시 몇 시간 전에 예고된 것이었다. 이란 외교부는 실제로 미국에, 결과적으로는 이스라엘에 면밀히 경고를 보냈다. 이란의 이 작전은 도심이나 경제 중심지를 겨냥한 것이 아니었다. 따라서 이란 측은 민간인 피해자가 나오기를 원치 않았으며 "상황이 종료됐다"고 밝혔다.

마슈레크를 불사를 위험

이후 전 세계는, 〈알자지라〉의 한 평론가의 말을 빌리자면 "공격에 대한 재보복"(4월 16일)을 불안한 마음으로 기다렸다. 이 재보복은 4월 18일 금요일 새벽, 이스라엘이 이란의 이스파한 인근 공군기지에 가한 드론 공습 형태로 발생했다. 이번 공격은 이란 우라늄 농축 프로그램의 핵심인 나탄즈 핵 시설이 위치한 지역을 목표로 삼았는데, 이 지역에 심각한 물질적 피해가 없었다는 점에서 매우 상징적인 공격이었다. 전직 프랑스군 장교이자 작가인 기욤 앙셀은 "긴장 완화를 위한 보복"이었다고 논평했다.(1) 그러나 사태는 여기서 멈추지 않을 수도 있다.

이스라엘군은 1948년부터 이웃 국가들과 일곱 차례 전투를 벌였고, 2006년 레바논과의 전투가 마지막이었다.(2) 이제 이스라엘군은 사실상 여덟 번째 분쟁의 기로에 있으며, 이번에는 이란과 맞서게 될 것이다. 이 예고된 갈등은 2000년대 말, 당시 이란 핵개발 프로그램에 참여한 이란 과학자 및 이란혁명수비대(IRCG) 대원의 암살로부터 시작되었다. 이란혁명수비대는 시리아에서 바샤르 알아사드 정권을, 레바논에서 헤즈볼라 무장정파를 지원하기 위해 배치된 상태였다. 4월에 벌어진 세 번의 단발적 공격 양상에서 드러나듯이, 이 소리 없는 대립은 언제든 예기치 않은 방향으로 흘러 마슈레크(Machrek, 마그레브에 대응하는 용어로 이라크, 시리아, 레바논, 요르단, 이스라엘, 팔레스타인, 쿠웨이트 등을 아우르는 지역-역주)와 그 너머를 불사를 위험이 있다.

현재 가자지구 전쟁의 진행 양상에 따라, 베냐민 네타냐후 이스라엘 총리가 어떻게 이란과의 적대 관계를 강화하고 분쟁을 일반화할 위험을 감수하게 될지 보여준다면 이 사태의 윤곽을 대략 파악할 수 있을 것이다. 이 두 지역 강대국 간의 현상 유지를 위해 애쓰고 있는 미국으로서는 대단히 유감스러운 상황이 아닐 수 없다.

지난해 10월 7일 '알아사크 홍수' 작전 당시 하마스가 자행한 학살(사망자 1,160명, 부상자 7,500명)과 납치(250명)에 대해 이스라엘 정부는 조직적 파괴로 대응했다. 팔레스타인 영토 내 주거지의 70% 이상이 폐허로 변했다.(3) 4월 22일 가자지구 보건부가 제공한 보고서에 따르면, 가자지구 내 실종자를 제외한 사망자는 3만 4,000명, 부상자는 7,500명으로 집계됐다. 이곳 민간인들은 때로 인공지능 프로그램을 이용한 폭격을 밤낮으로 받았다.(4) 또한 저격수와 드론의 무차별 공격 표적이 되었고, 남쪽으로 강제 이동하여 이집트 국경으로 내몰렸다.

텔아비브(이스라엘 정부)의 봉쇄로 거의 모든 병원이 파괴돼 인도적 지원이 끊기면서 이곳 민간인들은 고통 속에 살고 있다. 1월 31일 기자회견에서 세계보건기구(WHO) 보건위기 프로그램 사무차장 마이클 라이언은 "굶주림으로 죽어가고 위기에 내몰린" 사람들에게 닥칠 '대규모 재앙'에 대해 언급했다.

이 상황에서 이 전쟁의 주요 외교적 성과 중 하나는 팔레스타인 문제를 다시 전면에 부각시킨 것이다. 2020년 아브라함 협약(미국의 중재로 아랍권과 이스라엘이 관계를 정상화시키는 협약-역주)이 체결되고, 아랍에미리트, 바레인, 모로코, 수단 및 사우디아라비아와 이스라엘 간 관계가 정상화된 이후, 서구사회 외교부는 이 문제를 소홀히 하는 경향이 있었다.

그동안 평화협정의 대가로 팔레스타인 땅을 되돌려 달라고 요구했던 아랍 국가들의 압력이 사라지면서, 팔레스타인 국가 선포는 덜 시급한 문제가 되었다. 가자지구 전쟁은 그런 논리가 얼마나 부질없는 것인지 보여줬다. 물론 어떤 관련 국가도 이 관계 정상화를 문제 삼지 않았다. 리야드(사우디 정부)는 텔아비브와 공식적으로

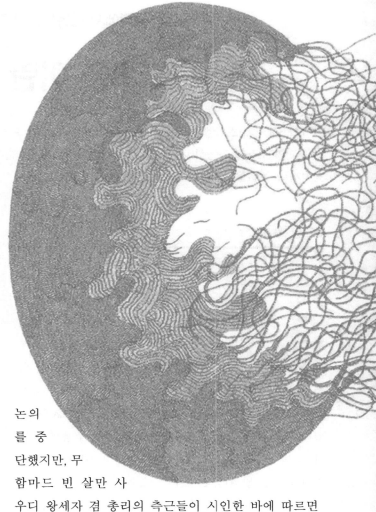

논의를 중단했지만, 무함마드 빈 살만 사우디 왕세자 겸 총리의 측근들이 시인한 바에 따르면(〈MBS〉) 그것은 일시적 중단일 뿐이다.(5)

그러나 이제 전 세계는 곤경에 처한 팔레스타인 주민들에게 다시 관심을 보이고 있고, 이스라엘은 이 상황을 감당해야 한다. 이스라엘이 가자지구에서 저지른 전쟁범죄에 항의하는 시위가 세계 각지에서 벌어지고, 이와 더불어 법적·외교적 차원에서 격렬한 투쟁이 이어지고 있다. 지난해 12월 29일, 남아프리카공화국은 여러 비(非)서구 국가들의 지지를 받아 유엔(UN) 산하 국제사법재판소(ICJ)에 가자지구 주민을 보호하기 위한 예방조치를 취하도록 촉구하는 절차에 들어갔다. 프리토리아(남아공 정부)는 "75년간의 아파르트헤이트, 교전 상태에서 56년간의 팔레스타인 영토 점령, 16년간의 가자지구 봉쇄 등 이스라엘이 팔레스타인인에게 저지른 행위를 보다 광범위한 맥락에서" 검토하라는 탄원서를 제출했다.

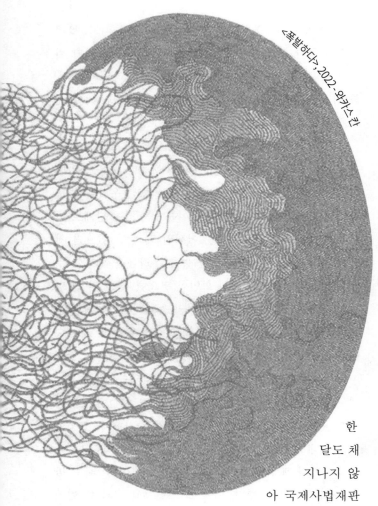

〈폭발하다〉, 2022 - 위키스칸

스타인 국가를 인정할 준비가 되어 있다고 밝혔다.

이 문제는 국제기구 내에서 또다시 주요 의제로 떠올랐다. 이와 관련해 워싱턴의 고립이 심화되고 있음을 의식한 유엔 주재 미국 차석 대사 로버트 우드는 서둘러 입장을 밝혔다. 즉 거부권은 "팔레스타인 국가(존속)에 대한 반대"를 의미하는 게 아니며, 팔레스타인 국가는 "양 진영 간 협상"을 통해 인정될 것이라는 입장이다. 따라서 팔레스타인 국민은 이른바 '두 국가 해법'에 완강하게 반대하는 이스라엘 정계 전체가 생각을 바꿀 때까지 기다려야 한다.(6)

주적 이란에 강력히 맞서려는 네타냐후

국제사회는 팔레스타인을 인정하라고 이스라엘을 압박한다. 특히 텔아비브가 가자 주민 일부를 시나이반도로 추방하려는 계획을 실행하기로 결정한다면 자칫 법적 소송에 휘말릴 수 있다. 그렇다면 하마스 소탕과 인질 구출이라는 군사적 목표 중 어느 하나도 이루지 못한 상황에서, 네타냐후는 어떤 전략을 세울 수 있을까? 이 질문에 대한 답은 몇 마디로 요약할 수 있다. 전쟁 영역을 확장하는 것이다. 미국 정부가 기여한 이란 정부와의 긴장 완화가 사실로 드러나더라도, 이란-이스라엘이 대치 수준의 한계에 도달한 것은 분명하다.

사실 이란이 이스라엘 영토를 직접 겨냥한 것은 이번이 처음이다. 이제 이란혁명수비대가 과거처럼 시리아 내에서 텔아비브가 행한 자신들에 대한 공격 등에 보복하지 않고 넘어갈 거라는 보장은 없다. 이스라엘의 다마스쿠스 주재 이란 영사관 공격 이후 다수의 서구 전문가들은 이란이 대응에 나서지 않을 것으로 예상했다.

수년간 이란은 자국 과학자나 관료들이 제거 당한 상황에서도 보복 없이 견뎌오지 않았는가? 2020년 11월, 국방부 차관이자 국방혁신 및 연구기구(S.P.N.D) 수장이며 이란 핵개발의 '아버지'로 불리는 모센 파크리자데가 위성 제어 로봇 기관총에 의해 암살당했다. 그러나 이란 정부는 '무자비한 보복' 위협을 실행에 옮기지 않았다.(7)

한 달도 채 지나지 않아 국제사법재판소는 이스라엘에 가자지구 내에서 발생할 수 있는 모든 학살 행위를 막고 인도적 접근을 허용하라는 명령을 내렸다. 이 결정으로 이스라엘 주요 지도자들의 기소 가능성이 열렸다. 그뿐 아니라 올해 4월 19일 이스라엘 TV 방송 〈채널 12〉는 이 지도자들이 헤이그 국제형사재판소(ICC)가 가자지구 내 국제법 위반 혐의로 네타냐후 총리와 군·정계 인사들에게 체포영장을 발부할 것이라고 우려한다는 보도를 내보냈다.

유엔 안전보장이사회는 "팔레스타인 국가를 유엔 회원국으로 인정할 것"을 총회에 요청하는 알제리 결의안을 검토했다(4월 18일). 미국이 거부권을 행사했으나, 프랑스를 포함한 12개국이 찬성했고 영국과 스위스는 기권했다. 이스라엘과 그 지지 세력이 강한 유감을 표명했으나, 스페인, 아일랜드, 몰타, 슬로베니아 등 여러 유럽 국가들은 중동의 지속적인 평화와 안정을 위해 팔레

그러나 이번에 이란은 발 빠르게 대응했고, 특히 이란 군대가 이스라엘에 피해를 줄 수 있는 능력을 보여주었다. 물론 공격에 사용된 폭탄 300기는 거의 무력화됐다. 그러나 이스라엘과 지원 세력의 방어 모드 분석을 바탕으로, 테헤란(이란 정부)이 훨씬 빠르고 정교한 탄도 무기를 사용해 예고 없이 공격을 개시한다면 곧 어떤 일이 벌어질까? 4월 20일, 이란 외무장관 호세인 아미르 압돌라히안은 "이스라엘이 군사행동을 단행한다면 우리 측 대응은 즉각적이고 최대 수준이 될 것"이라고 밝혔다.

이런 가능성이 점점 고조되는 가운데, 이란과 싸우려는 네타냐후의 강박적 의지 역시 더 이상 간과해서는 안 된다. 총리로서는 국가 차원의 단결을 요구하고 조기 총선 가능성을 낮춰줄(조기 총선을 치른다면 지지율이 추락한 그는 반드시 패배할 것이다) 전시 상황을 유지하여 국내에서 법적 소송을 피해갈 조치를 강구하는 것만이 문제가 아니다.(8) 이란을 표적으로 삼는 것은 가자지구에서 벌어진 학살 행위로부터 국제사회의 관심을 돌리고, 팔레스타인 국가 수립을 위한 외교적 계획을 무산시키기 위한 것만은 아니다. 네타냐후는 이란을 이스라엘의 주적, 즉 이라크의 사담 후세인 정권이 몰락한 뒤 이스라엘 존속을 위협하는 유일한 군사력으로 간주한다.

2012년 9월 27일, 유엔 연설에서 그는 도화선이 그려진 그림을 들고나와 이란 정부의 핵폭탄 보유가 임박했다고 주장했다. "이란이 현재 진행 중인 우라늄 농축 속도로 본다면 내년 봄, 늦어도 여름에는 최종 단계로 넘어갈 수 있을 겁니다. 몇 달, 어쩌면 몇 주만 있으면 첫 번째 핵폭탄에 필요한 충분한 농축 우라늄을 확보할 수 있을 겁니다." 그러나 사실 확인이 필요했다. 몇 달 전 당시 이스라엘 국방장관 에후드 바라크와 이스라엘 방위군 총참모장 베니 간츠가 이란이 폭탄을 보유할 의도나 수단이 없다고 공개적으로 확인했기 때문이다.(9)

몇 주 뒤, 이 핵 의제 관련 합의(2015년 7월, 이스라엘 정부에 매우 유감스러운 방향으로 결정됨)에 도달하기 위한 미국-이란 간 협상 정보가 증가했다. 그동안 네타냐후는 예루살렘 연설에서 "필요하다면" 이란 핵 시설을 공격할 "준비가 되어 있다"고 말했다. 이후 2015년 3월 그의 네 번째 임기를 가능하게 해줄 선거 유세에서, 그는 "팔레스타인 국가도, 이란 핵도 없다"는 구호를 반복해서 외쳤다.

이란의 고조된 위협, 이스라엘 핵시설 공습 언급

이러한 이스라엘-이란 전쟁 가능성이 중동과 걸프 지역의 세력 관계를 재편하고 있다. 석유 군주국들에게 테헤란에 대한 텔아비브의 적대감은 축복이자 위협이다. 아부다비(아랍에미리트 정부)는 물론 사우디아라비아 역시, 이 지역에서 미국이 발을 뺄 상

금붕어, 2022 - 와카스 칸

황을 이스라엘이 바로잡아줄 것으로 기대한다. 사우디와 이란이 중국의 중재를 통해 쌍방 간 긴장 완화에 합의했음에도 불신은 여전하다.(10)

사우디 왕국 모스크에서는 여전히 시아파를 배교자로 간주한다. 2010년 압둘라 국왕은 버락 오바마 전 대통령에게 "뱀의 머리를 자르라"고 요청했다. 즉 이란 핵 프로그램을 파괴하라는 말이다. 사우디와 아랍에미리트 지도자들은 테헤란이 이라크 침공과 2003년 정권 교체에서 분명히 교훈을 얻었을 것이라고 말한다.

석유 군주국들은 전쟁이 가져올 즉각적인 여파를 우려한다. 특히 두바이나 카타르는 석유 및 가스, 에너지, 담수화 시설이 직접적인 영향을 받을 수 있기 때문에 민감한 우려를 표한다. 자력 방어가 불가능한 이들 군주국은 1990년 쿠웨이트가 이라크 후세인에게 겪었던 공포를 떠올리며 잔뜩 몸을 사리는 모양새다. 그러므로 이들에게 이상적인 상황은 이스라엘이 홀로 이 성가신 일을 처리하게 내버려두는 것이다. 한편 사우디와 아랍에미리트는 4월 13일 공격 당시 이스라엘 방어에서 되도록 자신들의 역할을 최소화했다.

이란 측에서는 핵 프로그램의 군사적 성격을 한결같이 부인해왔고, 폭탄 제조는 오로지 신의 힘만이 인류를 완전히 파괴할 수 있다고 보는 이슬람 계율에 위배된다고 주장하기도 했다. 외견상으로 볼때, 이란의 이스라엘에 대한 대응과 관련, 마흐무드 아흐마디네자드 전 이란 대통령이 이스라엘을 "살아남지 못할 인공 생명체"(11)라고 표현했던 시대는 요원해 보인다.

그러나 4월 18일 목요일, 혁명수비대 핵안보부 부장 아마드 하그탈라브 장군은 이란이 신무기를 써서 핵교리를 수정할 수 있다고 선언함으로써 이스라엘에 경고했다. "시온주의 정권이 우리의 핵발전소와 시설에 조치를 취하고자 한다면 반드시 우리의 대응에 맞서야 할 것이다. 반격 시 이스라엘 정권의 핵 시설은 선진 무기의 목표물이 될 것이다."

이 발언은 미국의 역할을 복잡하게 만드는 동시에, 네타냐후의 호전적 태도에 힘을 실어줄 것이다. 2015년 합의 저지의 진원지였던 도널드 트럼프가 백악관에 다시 입성한다면 워싱턴은 실제로 어떤 태도를 취하게 될까? 트럼프는 조국인 미국을 또 다른 전쟁으로 몰아넣는 데 회의적이지만, 그럼에도 그는 이스라엘 총리에게 자유를 주고, 그에게 지속적인 무기 공급을 보장해줄 수 있을 것이다.

어느 쪽이든 네타냐후에게는 레바논 헤즈볼라에 맞서 전면전을 벌이겠다고 위협하는 대안이 있다. 3월 말 이스라엘군은 2023년 7월 이후 "약 4,500개의 헤즈볼라 표적"을 공격했고, "헤즈볼라 대원 300명 이상"을 살해했다고 발표했다. 매일 교전이 벌어지는 상황에서 지금까지 헤즈볼라와 이스라엘은 확전을 피하기 위해 주의를 기울였으나, 여기서도 혼란이 임박했다. 공격 자제를 택했던 2006년과 달리, 이번에는 이란이 자신의 동맹국을 돕지 않을 거라는 말은 나오지 않는다. **LD**

글·아크람 벨카이드 Akram Belkaïd
<르몽드 디플로마티크> 기자

번역·조민영
번역위원

(1) 'Explosions en Iran : "Israël a mené une riposte de désescalade" 이란 폭격: "이스라엘이 긴장완화를 위한 보복을 감행하다", 〈France 24〉, 2024년 4월 19일.

(2) Tania-Farah Saab, 타니아-파라 사브 'Un conflit de trentetrois jours 33일간의 분쟁', in 'Liban. 1920~2020, un siècle de tumulte 레바논. 1920~2020, 격동의 세기', 〈마니에르드 부아르〉 174호, 2020년 12월~2021년 1월.

(3) Vinciane Joly, 'Guerre à Gaza : qu'est-ce que le "domicide" dont Israël est accusé ? 가자 전쟁: 이스라엘이 비난받는 "거주지 파괴" 행위는 무엇인가?', 〈La Croix〉, Paris, 2024년 1월 10일.

(4) Yuval Abraham, '"Lavender": The AI machine directing Israel's bombing spree in Gaza', 〈+972 Magazine〉, 2024년 4월 3일, www.972mag.com

(5) Hasni Abidi et Angélique Mounier-Kuhn, 'Riyad - Tel-Aviv, coup de frein à la normalisation 제동 걸린 사우디-이스라엘 관계정상화', 〈르몽드 디플로마티크〉, 프랑스어판 2023년 11월호, 한국어판 2023년 12월호.

(6) 'Netanyahu se vante d'avoir empêché "depuis des décennies" un État palestinien 네타냐후, 팔레스타인 국가를 "수십 년간" 저지했다고 과시하다', 〈The Times of Israel〉, 2024년 2월 20일.

(7) Ronen Bergman & Farnaz Fassihi, 'The hightech killing of a nuclear scientist', 〈The New York Times〉, 2021년 9월 19일.

(8) 'Israël : de plus en plus de voix s'élèvent pour réclamer des élections anticipées 이스라엘: 조기 총선을 요구하는 목소리가 점점 거세진다', 〈Radio France Internationale〉, 2024년 4월 4일.

(9) Jeffrey Heller & Maayan Lubell, 'Israel's top general says Iran unlikely to make bomb', 〈Reuters〉, 2012년 4월 26일.

(10) Akram Belkaïd & Martine Bulard, 'Pékin, faiseur de paix 이란과 사우디 관계 회복을 주선한 중국의 셈법', 〈르몽드 디플로마티크〉, 프랑스어판 2023년 4월호, 한국어판 2023년 6월호.

(11) 'Iran-Israël, les meilleurs ennemis du monde 이란-이스라엘, 세계 최고의 적', 〈France 24〉, 2018년 5월 10일.

<줄지어 놓다>, 2023 - 라이크 고에츠 _ 관련기사 54면

MONDIAL

지구촌

EU법에 흔들리는 회원국들의 정체성

EU의 신자유주의 정책과 결별하려면…

지난 수년간 우파는 유럽인권재판소(ECHR)와 유럽연합사법재판소(CJEU)를 거세게 비판해왔다. 반면 좌파는 유럽공동체 판례가 프랑스의 공공 정책에 영향을 미친다는 점을 인정하지 않는다. 그러나 유럽에서 사회개혁 정책을 실행에 옮기려면 이런 현실과의 충돌은 불가피할 것이다.

오렐리앙 베르니에 ▮작가

1989년 6월 30일 파리 팔레루아얄 광장에서 과들루프 고지에(Gosier)의 시의원 라울 조르주 니콜로가 국사원(프랑스의 최고행정법원) 행정소송부에 행정소송 청구서를 제출했다. 이에 앞서 그해 6월 18일 프랑스 국민은 유럽의회 의원을 선출했다. 이 당시 니콜로는 유럽대륙에 거주하지 않는 해외 영토 유권자들이 해당 투표에 참여한 것이 부적절했다고 주장했다. 한 장짜리 문서에 담긴 이 주장에 재판관들은 무척 당혹스러워했다. 이 특이한 행정소송은 유럽 통합에 관한 가장 결정적인 판례를 만들었고, 역사의 흐름을 바꾼 중대하고도 정치적인 전환점이 됐다.(1)

1951년 유럽석탄철강공동체(ECSC) 조약에 따라 유럽사법재판소가 창설됐다. 유럽사법재판소는 회원국 간의 분쟁을 해결하는 역할을 하지만, 유럽연합법이 국내법보다 우위에 있지는 않다. 프랑스는 국제법 분야에서 1920년대부터 이른바 '마테르 원칙(파기원 재판관 마테르의 이름을 딴 신법 우선의 원칙)'에 따라 국내법 이후에 비준된 국제 조약에 한하여 우선권을 부여해왔다. 이것이 바로 법률 차단막 원칙(la loi écran)이다. 국제조약을 포함한 그 어떤 규범도 일반의지(장자크 루소가 저서『사회계약론』에서 제시한 개념으로 공동체 전체의 이익을 추구하는 집단적 의지를 일컫는다-역주)를 표현하는 법률을 거스를 수 없다. 헌법은 법령 체계의 최상위 규범이다.

제5공화국, 마테르 원칙 명문화하여 국내법 우선시

1954년 프랑스 의회가 유럽방위공동체(EDC)를 거부한 후 1957년에 체결된 로마 조약의 주된 목적은 자유무역 촉진이었다. 유럽경제공동체(EEC) 출범 이듬해인 1958년, 프랑스 제5공화국은 헌법 제55조에 마테르 원칙을 명문화했다. 이에 따라 이론적으로 프랑스 국내법은 로마 조약의 원칙에 우선할 수 있게 됐다. 이 접근법은 초국가적 법질서를 구축하려는 유럽위원회의 접근 방식과 배치된다. 유럽석탄철강공동체(ECSC)와 유럽경제공동체의 초대 집행위원장을 지낸 독일 기독민주당 출신 발터 할슈타인은 조약이 헌법과 같은 역할을 하는 법적 연방주의를 주장했는데, 이는 다음의 세 원칙에 기초했다.

첫째는 직접효력의 원칙으로, 가능한 한 회원국 의회가 별도의 입법 절차를 거치지 않고도 공동체의 규범이 적용되어야 한다. 둘째는 우위성의 원칙으로, 유럽연합법이 회원국의 국내법과 충돌하는 경우 유럽연합법이 항상 우선한다. 셋째는 통일성의 원칙으로, 유럽연합법은 모든 회원국에 같은 방식으로 적용되어야 하며, 그 해석은 유럽사법재판소에 맡긴다는 것이다.

1962년, 네덜란드 운송회사 판헨트엔로스(Van Gend en Loos)가 유럽경제공동체 조약 위반을 이유로 네덜란드 관세법에 대해 이의를 제기하자 네덜란드 법원은 선 이송 소송제도를 통해 유럽사법재판소에 판단을 요청했다. 1963년 2월 5일 판결에서 유럽사법재판소는 회원국 간의 새로운 관세 도입을 금지한 로마 조약 제12조가 회원국에 구속력이 있다고 결론 내렸다. 즉, 이 조항이 직접효력을 가지므로, 유럽연합 시민이라면 누구나 조약의 적용에 대해 법원의 판단을 구할 수 있어야 한다는 것이다.

1년 후, 이탈리아 시민 코스타(Costa)가 전력회사 에넬(Enel)의 국유화에 대해 이의를 제기한 사건에서, 유럽사법재판소는 한 걸음 더 나아갔다. 유럽사법재판소 재판관들은 "유럽경제공동체 조약이 일반적인 국제 조약과 다른 독자적인 법질서를 구축한다"라고 보았다. 유럽위원회의 입장을 지지하면서 "조약에 따른 권리가 그 공동체적 성격을 유지하는 한 그 어떠한 국내법도 유럽연합법을 거스르지 않는다"라고 판단한 것이다.

최고행정법원과 사법법원 사이에 드러난 판례법 모순

이런 판결에도 불구하고, 초국가주의자들은 정치권력(특히 샤를 드골 시기의 프랑스)뿐 아니라 사법부와도 계속해서 마찰을 빚었다. 프랑스 법체계에서는 세 개 기관이 상호 위계 없이 최고법원 역할을 한다. 행정 영역에서는 국사원이 행정기관과 국민 간의 분쟁을 다루고, 사법 영역에서는 파기원이 민사와 형사 등의 분쟁을 다루며, 헌법재판소는 법률의 합헌성을 심사한다. 그러나 이세 기관은 1960년대 샤를르 드골 프랑스 대통령이 추진한 국가 주권 우선 정책에는 제동을 걸지 않았다.

당시에는 유럽사법재판소의 판례를 따르는 국가 법원이 소수에 불과했다. 1967년부터 파리 항소법원은 유럽연합법에 대한 초국가적 관점에서 다수의 판결을 내렸다. 파리 항소법원 재판관 아돌프 투페는 유럽 공동체에 대한 신념을 감추지 않았다. 유럽 공동체를 지향했던 피에르앙리 테이장(전 기독교 민주당 의원)은 1965년 파리 법대에 유럽 공동체의 경제 및 법률 활동에 대한 연구만을 전담하는 최초의 대학 연구소를 개설했다.

그 후 몇 년간 여러 프랑스 지방 대학에 유럽연합 문헌 센터가 들어섰다. 이런 움직임은 프랑스 차세대 엘리트들이 유럽연합법의 우위를 받아들이는 밑바탕이 됐다. 테이장은 회고록에서 "유럽 공동체라는 대의를 지키는 데 있어 아마도 나는 의회 토론장보다 대학에서 더 유용한 역할을 했을 것"이라며 자부심을 드러내기도 했다.[2] 같은 시기에 국립행정학교(ENA)는 유럽사법재판소 재판관 앙리 마이라스가 담당하는 유럽 공동체 법학 과정을 신설했다.

1968년에 아돌프 투페가 파기원 재판관으로 임명되었다. 3년 후, 투페는 차석 검사로서 네덜란드의 판헨트엔로스(Van Gend en Loos) 무역회사 사건과 상당히 유사한 사건을 맡았다. 당시 자크 바브르(Jacques Vabre)라는 커피 회사는 로마 조약을 근거로 1966년에 입법부가 도입한 프랑스 관세법 조항에 이의를 제기했다. 투페는 평결에서 "유럽연합법의 우위를 인정하는 판결은 프랑스의 국경 너머에까지 영향을 미칠 것"이라며 재판부에 유럽연합법 우선권 적용을 촉구했다.[3] 1975년 5월 24일, 파기원은 법률 차단막 원칙을 포기하고 원고 승소 판결

(1) Patrick Frydman, 'Il y a 30 ans, l'arrêt Nicolo : petite histoire d'un grand'arrêt 30년 전, 니콜로 판결: 중대한 판결의 작은 역사』, 2019년 10월 14일 강연, www.conseil-etat.fr

(2) Pierre-Henri Teitgen, 『Faites entrer le témoin suivant. 1940-1958. De la résistance à la Ve Répub-lique 다음 증인을 부르세요. 1940~1958. 제2차 세계대전 시기의 레지스탕스 운동부터 제5공화국까지』, <Ouest-France>, Rennes, 1988.

(3) Karen J. Alter, 『Establishing the Supremacy of European Law: The Making of an International Rule of Law in Europe 유럽연합법의 우위 확립 과정: 유럽 내 국제적 법치주의 실현』, Oxford University Press, 2001.

을 내렸다.

이 판결은 법조계에서 큰 논란을 일으켰으며, 행정법원과 사법법원 사이의 모순을 드러냈다. 국사원과 헌법재판소는 '유럽연합법은 전통적인 국제법에 속한다'라는 입장을 고수했다. 법학 교수 자클린 뒤테이 드라로셰르는 최고행정법원과 사법법원 사이의 판례법 모순이 염려스러운 상황을 만들고 있다며 우려를 표했다. "만약 국사원이 유럽연합법에 반하는 판결을 내릴 것이 자명하다면, 여론의 압박을 받는 상황에서 의회는 유럽 공동체의 뜻에 어긋나는 법안을 제출하게 될 수 있습니다."(4)

미테랑 정권, 친 EU 인사들을 헌법재판소 요직에 임명

이런 우려는 기우에 그쳤다. 1981년 프랑수아 미테랑, 1982년 독일 헬무트 콜의 선거 승리는 오히려 유럽 통합의 재출발에 도움이 됐다. 프랑스 사회당은 유럽연합 통합에 더 우호적인 새로운 인사들을 헌법재판소 요직에 임명했다. 이들은 1986년 9월 3일 외국인의 프랑스 입국 및 체류 조건에 관한 결정에서 "국제조약의 적용을 감독하는 것은 각 국가 기관이 자신의 권한 범위 내에서 수행해야 한다"라고 결론지었다. 그리고 국사원에서 파기원의 판례를 따를 것을 암묵적으로 요구했다.

같은 해에 단일 유럽의정서(Single European Act, SEA)가 체결돼 1992년 12월 31일을 기점으로 단일 시장을 출범한다는 새로운 목표가 생겼다. 1987년 마르소 롱은 국사원 부의장이 되었고, 1988년 미셸 로카르 총리는 그에게 국내법, 국제법, 유럽연합법 간의 관계에 관한 연구를 요청했다. 로카르 총리는 연구 과제 요청서에서 "공동시장 완성을 위해서는 특히 국내법 체계를 유럽 공동체의 요구에 맞춰나가야 하며 노력을 확대해야 한다"라고 강조했다.

국사원은 본질적으로 국가주권 문제에 더욱 민감했기에 파기원이 이룬 성과를 행정부에서 적용하기를 오랫동안 꺼려왔지만, 더 이상 유럽 통합에 우호적인 정치 상황을 무시할 수 없게 되었다. 유럽연합법을 교육받은 신세대 고위 공무원과 변호사들이 대부분 유럽사법재판소의 원칙을 받아들였기 때문이다. 라울 조르주 니콜로가 제기한 이례적인 행정소송은 판례를 뒤집는 계기가 됐다. 판사들은 1977년 프랑스 선거법을 로마조약에 비추어 검토하였고, 그 선거법이 유럽연합 조약에 위배되지 않는다고 판단해 청구를 받아들일 수 없다는 결론을 내린 것이다.

1989년 10월 20일에 내려진 이 판결은 대대적인 관심을 받았다. 마르소 롱 국사원 부의장은 직접 유럽부 장관 에디트 크레송을 비롯한 여러 사람에게 이 판결문을 보냈다. 1989년 11월 13일, 미셸 로카르 총리는 서면으로 축하 인사를 보냈다. "유럽연합 이사회 의장국 프랑스의 주도로 단일 유럽연합법이 시행되는 이 시점에 매우 시의적절한 결정입니다. 이 역사적인 결정은 유럽 건설에 대한 프랑스의 불가역적인 헌신을 가장 확실하게 보여주는 사례일 것입니다."

파기원과 국사원은 판례를 변경했지만, 기존 법질서를 그대로 유지했고 규범 위계의 핵심적인 측면은 바꾸지 않았다. 프랑스 법관들에게는 헌법이 여전히 유럽연합법에 우선했다. 니콜로 판결 3년 후, 프랑스는 프랑을 단일 유럽 통화로 대체하는 마스트리히트 조약에 서명했다. 헌법위원회는 1992년 4월 9일 결정에서 비준을 위해 미묘한 구분

(4) Jacqueline Dutheil de la Rochère, 'L'application du droit communautaire en France 프랑스에서의 유럽 공동체 법 적용', <Revue générale de droit>, 제13권 2호, Ottawa, 1982.

을 두었다. 조약은 그 자체로 위헌이 되는 주권의 이양이 아니라 권한의 이양에 해당한다는 것이었다. 헌법재판관들은 이런 '자발적인 동의'에 의한 권리 이양을 구체화하려면 헌법을 개정해야 하며, 유럽연합에 관한 제15장을 추가해야 할 것이라고 덧붙였다.

유럽의회,
유럽연합법 우위의 원칙 재확인

이후 몇 년에 걸쳐 헌법재판소의 판례는 이 추가 조항의 결과를 명확히 보여줬다. 헌법재판소는 이제 '유럽연합 지침을 국내법에 반영하고 그 법을 준수해야 하는 헌법의 이중 요구'에 직면했다고 봤다. 헌법은 여전히 '국내 법질서에서 최상의 위상'을 차지하지만, 그 헌법 조항은 "유럽연합법이 프랑스 헌법적 정체성의 규칙이나 원칙에 어긋나는 경우에만" 우위를 점한다.(5)

2006년 8월 1일의 결정으로 '헌법적 정체성'이라는 개념이 도입된 지 18년이 지났지만 그 정의는 여전히 모호하기만 하다. 일부 법학자들은 이 명제에 해당하는 원칙을 들 때면 세속성을 언급한다. 그러나 프랑스 헌법 제1조에 언급된 공화국의 사회적 소명은 유럽연합이 부과한 자유화에 걸림돌이 된 적이 없다.

경제적 자유주의를 주장하는 정치 집단은 이런 프랑스 법원의 해석을 좋아한다. 프랑스 우파는 유럽연합법의 우선권을 점점 더 노골적으로 비판하고 있지만, 주로 안보, 이민, 환경 분야에서만 문제를 제기하는 것으로 보인다. 프랑스 우파가 내세우는 입장은 유럽연합법의 여러 측면을 회피하려 한 일부 동유럽 국가들(헝가리와 2023년 10월까지의 폴란드)의 입장과 맥을 같이한다. 이에

따라 유럽 의회는 2023년 결의안에서 유럽연합법 우위의 원칙을 재확인하기에 이르렀다.(6)

이런 법적 상황에서 좌파 진영은 다른 성격의 문제를 지적해야 한다. 유럽 공동시장의 매우 자유주의적인 조항들이 법적 구속력을 갖는 상황에서 어떻게 생태적, 사회적 변혁을 위한 공약을 총선에서 내세울 수 있을 것인가? 집권 후에는 해당 공약을 어떻게 이행할 수 있을 것인가? '불복하는 프랑스(LFI)'는 '유럽연합에 불복종'하는 전략을 제안했고, '프랑스 공산당(PCF)'은 '프랑스 국민의 민주적, 사회적, 경제적 이익에 반하는 규정을 적용하지 않는 방안'을 검토 중이다.(7) 이런 입장들은 정치적 의지를 보여주지만, 법적 근거는 빈약하다.

국사원, "행정법원은 EU법의
관점에서 국내법을 해석해야"

극좌파 정당인 '불복하는 프랑스'는 유럽연합이 때로는 자체 규정을 위반하기 때문에, 회원국도 유럽연합법을 위반할 수 있다는 논리를 폈다. 장뤼크 멜랑숑은 2022년 공약집 '공동의 미래(L'avenir en commun)'에서 지난 20년 동안 공공부문 적자 3%라는 '황금률'을 위반한 사례가 171건 있었고, 독일은 그중의 일곱 건을 위반했지만 아무런 제재도 받지 않았다고 지적했다. 그러니 이런 상황에서는 '불복종이 필요하고 합법적'이라고 주장했다.(8) 그러나 유럽연합이 과도한 적자를 눈감아줄 수 있다고 해서 회원국이 조약의 조항, 지침 또는 규정의 적용을 일방적으로 거부할 수 있다는 의미는 아니다. 게다가 프랑스에서는 국내 법원이라는 첫 번째 장애물을 넘어야 한다.

(5) 'Quel rapport à l'Europe fixe la Constitution ? 프랑스 헌법은 유럽연합과의 관계를 어떻게 규정하는가? ', www.conseil-constitutionnel.fr

(6) Cyrus Engerer et Yana Toom, 'Rapport sur la mise en œuvre du principe de la primauté du droit de l'Union 연합법의 우선 원칙의 이행에 관한 보고서', No. A9-0341/2023, 유럽 의회, 법률위원회 및 헌법 위원회, 2023년 11월 7일, www.europarl.europa.eu

(7) 프랑스 공산당 전국 회의 (Conférence nationale du PCF), 'Faire entendre la voix de la France pour une Europe de peuples libres, souverains et associés, 자유롭고 주권적이며 협력하는 국민의 유럽을 위해 프랑스의 목소리를 높이다', 2023년 10월 15일.

(8) 'Les plans de l'avenir en commun. Notre stratégie en Europe 공동의 미래를 위한 계획. 유럽연합에 관한 우리의 전략', https://melenchon2022.fr

가령 철도 운송이나 전력에 대한 공공 독점으로의 회귀와 자본 유출 방지와 과세를 위해 자본이동을 통제하는 상황을 생각해 볼 수 있을 것이다. 이런 조치는 특히 2007년 10월 23일의 철도 부문 자유화 지침, 1996년 12월 19일의 전력 부문 경쟁 도입 지침, 자본의 자유로운 이동에 대한 장벽을 금지하는 유럽연합 운영조약(TFEU) 제63조~제66조에 저촉된다.

1960년대에 유럽사법재판소는 초국가주의적인 태도를 보였고, 프랑스 최고법원들은 자국 법질서의 주권을 옹호했지만, 최근 법원은 이 문제에 마침표를 찍었다. 국사원은 웹사이트에 다음과 같은 설명을 내놓았다. "행정법원은 유럽연합법의 일반법원으로서 무엇보다도 유럽연합법의 관점에서 국내법을 해석해야 한다. (...) 따라서 법원은 유럽연합의 규범과 상충하는 법률의 적용을 배제해야 한다. 행정 행위가 유럽연합법에 어긋나는 입법 조항에 근거한다면, 그 행위는 법적 효력이 없기에 취소돼야 한다. 이 요건은 긴급심리 재판에도 적용된다."(9)

그 영향을 가늠하기 위해, 가상의 정치 시나리오를 생각해보자. 프랑스에서 어떤 정당 혹은 연합이 생태적, 사회적 변혁을 목표로 야심 찬 공약을 내걸고 집권에 성공한다. 정부는 여론의 지지와 상원과 하원에서의 압도적 다수를 확보해 선거 공약에 부합하는 법안을 통과시키고, 자본 통제 법안을 마련한다고 생각해보자. 이 법안은 일정 금액 이상, 특정 유형의 자금 흐름에 대해 행정 당국의 허가를 받도록 하는 내용을 담고 있다. 그러면 어떤 일이 벌어질까? 익명을 요청한 국사원 소속 두 명을 포함한 여러 법률가가 이 시나리오 내용을 검토해 보았더니 의견이 하나로 일치했다.

정부는 먼저 자본 통제 법안을 국사원에 보내 자문 의견을 구할 것이다. 부정적인 의견이 나오겠지만, 행정부는 그 의견을 무시하고 의회에 법안을 제출할 수 있다. 하원과 상원에서 법안이 통과되면, 60명의 하원의원이나 상원의원이 헌법 소원을 제기할 수 있다. 만약 헌법재판관들이 통상의 원칙을 따른다면, 프랑스의 국제 조약 준수 여부가 아니라 오직 합헌 여부만을 심사할 것이다.

예외적 상황에서 판례 변경이 일어나지 않는 한, 헌법재판소는 대통령의 자본 통제법 공포를 반대하지 않을 것이다.

법이 발효되기 위해 시행령(법령, 명령, 심지어 훈령 등)이 필요한 경우, 채택 후 2개월 이내에 제3자가 국사원에 이를 다툴 수 있다. 반면 별도의 시행 조치가 필요없다면, 해당 법으로 인해 피해를 봤다고 여기는 개인, 단체, 기업은 행정법원에 직접 제소할 수 있다. 이런 제소에 앞서 가처분 신청을 할 수도 있다. 가처분 재판관은 48시간 내에 재판하고, 위법 소지나 조약 위반 소지가 있다고 판단되면 본안 심리가 있을 때까지 집행을 정지시킬 수 있다.

이 법에 따라 불이익을 받는 자본 소유자는 누구든 법을 무효화 할 수 있고, 거의 즉각적인 집행 정지도 가능하다. 의회 승인을 받아 위임명령으로 통치할 때도 마찬가지다. 명령이 추진되면 행정법원이 유럽연합법 준수 여부를 심사한다. 유럽사법재판소에서 긴 소송을 할 필요는 없다. 단시일 안에 사안은 모두 국사원으로 넘어갈 테고, 국사원은 자본 통제가 불법이라 판단해 입법을 저지할 것이기 때문이다.

마지막 수단으로 정부가 이런 사법부의 결정들을 모두 무시하고 직접 행동에 나설 수 있을까? 그런 일이 일어나는 것은 원칙적으로나 현실적으로나 상상하기 어렵다. 법치주의에 어긋날 뿐 아니라 민주적이지 않으며 정치적으로도 위태로운 상황이 될 것이다. 다른 한편으로, 자본 통제는 정부 기관들이 관여해야 하지만 이 기관들은 판례에 따라 EU법을 어기는 조치는 할 수 없다. 법원의 결정을 거스르는 행동은 행정적이고 정치적인 혼란을 초래할 것이다.

그렇다면 그냥 포기하는 수밖에 없는가? 아니면 가능성이 아주 희박한 유럽 조약의 변화를 기다리거나 유럽 연합에서 완전히 탈퇴하는 방법을 택해야 할까? 선출된 정치권력이 유럽 위기를 초래할 각오를 하고 일방적 조처를 통해 대안을 모색할 수는 없을까? 마지막 선택지에는 가능성이 열려 있지만, 근본적인 변화가 전제되어야 한다. 법관들의 법 해석이나 법 자체의 변화가 필요하다.

(9) Conseil d'État 국사원, 'Le juge administratif et le droit de l'Union européenne 행정사법부와 유럽연합법', 주제별 보고서, 2022년 3월 10일, www.conseil-etat.fr

프랑스 의회, EU의 자유주의 정책과 결별하려면…

1970~1980년대 사례에서 보았듯이 판례는 시대 상황에 따라 달라진다. 프랑스 사회가 더 많은 공공 규제, 더 적은 자유주의 정책, 더 나은 부의 분배를 요구하고, 이런 요구를 이행할 준비가 된 의회를 구성한다면, 법관의 판단도 달라질 수 있다. 하지만 이런 작업은 범위가 막대할 것이고 오랜 시간이 걸릴 것이 분명하다. 반세기 넘게 구축된 판례법 체계 전체를 법안과 사건마다 재구성해야하기 때문이다.

만약 자유주의 정책과의 결별을 앞당기고 싶다면 프랑스 의회에는 또 다른 선택지가 있다. 유럽연합법에 여전히 우선하는 유일한 법인 프랑스 헌법을 개정하는 것이다. 2019년 국회 법사위원회의 전 부위원장 마리프랑수아즈 베슈텔(공화국 시민운동, MRC)은 이런 취지에서 '헌법에 공공 서비스를 명시할 것'을 제안했고, 그러려면 '국영 사업자의 공적 소유권'이 전제되어야 한다고 강조했다.(10)

1946년 제정된 프랑스 헌법 전문 제9항에는 "국가 공공 서비스 혹은 사실상 독점의 성격을 지니는 재산이나 기업은 모두 공동체의 소유가 되어야 한다"라고 이미 명시돼 있다. 하지만 이 조항은 너무 모호하여 민영화를 막는 데 효과적이지 못했다. 공공 서비스를 보다 명백하게 정의한다면 공공 서비스는 프랑스의 '헌법적 정체성'의 한 요소가 될 수 있다. 이렇게 되면 프랑스 법원은 판례를 뒤집게 될 것이며, 유럽연합 지침이나 조약을 들어 철도나 전력 부문의 공공 독점으로 회귀하는 법에 더 이상 반기를 들 수는 없을 것이다. 물론 이 헌법 개정은 공공 서비스

(10) Marie-Françoise Bechtel, 'Inscrire les services publics dans la Constitution 헌법에 공공 서비스를 명시할 것', <Marianne>, Paris, 2019년 6월 28일~7월 4일.

분야에만 영향을 미칠 수 있겠지만, 같은 논리에 따라 다른 국가적 예외 사항이 추가될 수도 있다.

다른 대안으로, 헌법을 개정이나 새로운 헌법을 채택해 특정 조건에 따라 법률 차단막 원칙을 재도입하는 방안도 고려해 볼 수 있다. 경제와 사회 영역 같은 특정 권한 범위나 특별한 정당성이 부여되는 국민투표 등이 그 조건이 될 수 있을 것이다. 그러면 프랑스는 국내법에 따라 합법적으로 자본을 통제하고, 사회 정의와 환경 정의를 폭넓게 지향하는 여러 가지 법을 제정할 수 있다. 유럽연합의 분노, 유럽사법재판소의 법적 조치, 비난이 뒤따르겠지만, 프랑스 내의 법적 장벽은 허물어질 것이다. 그리고 유럽연합과의 본격적인 힘겨루기가 시작될 것이다. ⓁⒹ

글·오렐리앙 베르니에 Aurélien Bernier
작가. 『La gauche radicale et ses tabous. Pourquoi le Front de gauche échoue face au Front national 급진 좌파와 금기 사항. 좌파 연합이 국민 전선에 패하는 이유』(Seuil, Paris, 2014)의 저자.

번역·이푸로라
번역위원

프랑스 신(新)빈곤층의 치솟는 분노지수

프랑스 정부는 긴축 조치를 추가로 발표했다. 하지만 정부 통계에 따르면 난방비, 식비, 자동차 유지비 등의 일상적인 지출을 감당하지 못하는 가정의 수는 점점 더 늘어나고 있다. 브르타뉴 지방을 취재하면서 특히 시골과 교외 지역이 이러한 상황으로 얼마나 큰 타격을 입고 있는지 확인해 볼 수 있었다.

마엘 마리에트 ▮〈르몽드 디플로마티크〉 특파원

2024년 1월 어느 추운 토요일 아침, 피니스테르주(州) 생레낭의 쇼핑센터에서 만난 크리스틴 플로슈는 대형 할인점 악시옹(Action)에 "두세 가지 물건"을 사러 가던 중이었다. 주차장에서 마주친 그녀는 휴대전화를 보여주며 말했다.

"EDF(프랑스전력공사) 애플리케이션으로 매일 전력 소비량을 확인하는데, 가만있자! 이런… 아직 이번 달 20일밖에 안 됐는데 벌써 지난달 한 달 치 요금이 되다니…"

프로슈는 화가 난 표정으로 휴대전화를 집어넣은 후 언 손을 비볐다.

"2월에 10% 또 인상한다고? 도대체 언제까지 계속 올릴 작정인가? 우리한테 에너지 절약을 운운하지만 실내 온도를 난방 제한 온도인 19℃보다 더 낮게 맞춰놓고 산 지가 언제부터인데! 19℃까지 난방할 돈이라도 있었으면 좋겠는데…"

"하루 세끼 챙겨 먹지 못하는 사람들 많아"

19℃는 누군가에게는 절약을, 다른 누군가에게는 사치를 상징하는 온도가 됐다. "2년 전까지만 해도 딸과 함께 살다가 지금은 혼자 지내고 있다. 그런데 전기요금은 두 배로 늘었다. 이게 정상이라고 생각하는가?" 플로슈는 난방 설정 온도를 더 낮추고, 스웨터를 더 여러 개 껴입고, 세탁기 돌리는 횟수를 더 줄일 것이다.

60대의 가정방문 요양보호사인 플로슈는 "머리를 잘 써야 한다"며 "가족이 함께 사는 집들은 어떻게 헤쳐나가는지 모르겠다"라고 말했다. 그녀가 돌보는 노인들의 경우 "방 한 칸만 난방을 하는 경우가 많다". 생레낭 이웃 마을의 고용지원센터 상담사 상드린 페르키는 다시 일자리를 찾아 나서는 노인의 수가 늘고 있다고 설명했다.

"어제만 해도 급등한 전기요금 고지서를 받아본 70대 부부가 일자리를 문의하러 왔다. 최저 노령연금(1,012유로) 수령자 중에는 식비를 최대한 줄여 더 이상 하루 세끼를 챙겨 먹지 못하는 사람들이 많다."게다가 "이곳 같은 시골에서는 주민 대부분이 난방이 잘되지 않는 노후 주택에 살고 있는데 보수를 할 여력이 없는 경우가 많아 에너지가 새는 집에서 그대로 살고 있다."

"모든 게 다 올랐다!" 빈곤층을 지원하는 비영리 단체 스쿠르 포퓔레르(Secours populaire) 브레스트 지점에서 식료품 꾸러미를 받기 위해 차례를 기다리던 60대의 연금수령자 조지안은 절망적인 목소리로 말했다. 아파트 임대료, 보험료, 전기 및 전화 요금을 내고 나면 조지안에게 남는 생활비는 거의 없다. 커다란 낡은 코트를 몸에 걸치고 모자를 눈썹까지 눌러쓴 채 목도리까지 치켜둘러 얼굴이 거의 보이지 않는 그녀는 "16살 때부터 판매직과 유지·보수직에서 일했다. 지금 내가 받는 연금은 최저 노령연금보다 적은 월 907유로다. 도움을 받지 않고서는 다른 방법이 없다. 불공평하다!"라고 하소연했다.

28개의 지점을 두고 있는 스쿠르 포퓔레르 피니스

<렌의 빌장 서민지구 케네디 광장>, 2018 - 마르탱 베르트랑

테르주(州) 지부의 바스티앙 카방 대표는 컴퓨터를 보며 구체적인 수치를 제시했다.

버티기 힘든 연금수령자, 근로 빈곤층, 가난한 대학생 늘어나

"올해 1월 1일 이후 브레스트 지점에 접수된 신규 지원 요청은 750건(한 건당 1~12인용 식료품 지원)에 달한다. 2023년, 스쿠르 포퓔레르 피니스테르주(州) 지부는 2022년 대비 27% 증가한 2만 6,239명을 지원했다."

지원 대상자 중에는 "지금까지는 어떻게든 버텨왔지만 더 이상은 힘든" 연금수령자, 한 부모 가정, 근로 빈곤층, 학생의 수가 점점 더 늘어나고 있다.

공대생 다비드도 이 경우에 해당한다. 스쿠르 포퓔레르의 유니폼인 파란색 조끼를 입은 한 자원봉사자가 상황별 수령 가능한 지원 물품 수량이 적힌 표를 들여다 봤다. 이 자원봉사자는 각종 상자와 병이 정리된 선반 앞을 지나며 다비드에게 "우유 두 팩을 받아갈 수 있다"고 설명했다. 그녀는 카트에 담도록 다비드에게 우유를 건네며 설명을 이어갔다.

"예전에는 1인당 3팩 미만으로 준 적이 없다. 하지만 기부받는 식료품은 점점 줄어들고, 지원 대상자는 점점 늘어나고 있다. 육류, 생선, 과일, 야채 등 필수 식자재뿐만 아니라 기호 식품까지 모두 구비하려 애쓰고 있지만 점점 더 빠듯하다. 조금씩이나마 모두에게 돌아가려면 수량을 줄이는 방법밖에 없다."

매월 점점 더 가벼워지는 장바구니를 들고 다비드는 2km 떨어진 대학 기숙사 원룸으로 돌아갔다. 스쿠르 포퓔레르에서 받아온 식료품은 일주일 안에 떨어질 것이다. 그러면 다비드는 다시 먹을 것을 구하기 위해 서(西)브르타뉴대학 과학기술학부 건물 1층에 있는 작은 사무실 앞에 줄을 설 것이다. 연대 식

료품점 아고라에(Agoraé)는 특정 사회적 기준에 맞는 학생들이 할인된 가격으로 식료품을 구매할 수 있는 곳이다. 약 400명의 학생들이 오후 4시 30분에서 6시 30분 사이 이곳에 몰려든다. 아고라에를 찾는 학생 수는 점점 증가하는 추세다. 아고라에 책임자 중 한 명인 마틸드 자우앵은 "일단 지금은 찾아오는 학생들을 다받고 있지만 물품 구비량이 빠듯해지기 시작했다. 몇 년 후에는 이용 학생 수를 제한해야 할지도 모른다"라고 우려했다. 코미디언 콜뤼슈가 설립한 마음의 식당(Restos du Coeur), 가톨릭교회에서 운영하는 스쿠르 카톨리크(Secour Catholique)와 같은 자선단체의 상황도 마찬가지다.

다시 스쿠르 포퓔레르의 상황을 살펴보자. 자원봉사자들은 오전 배급이 끝나면 오후 2시 30분 배급을 재개하기 전에 잠시 휴식시간을 갖는다. 오전 배급의 마지막 수령자인 뮈리엘은 남편이 기다리고 있는 주차장으로 카트를 밀고 가며 "지난해 11월 이후 오랜만에 다시 왔다"라고 변명하듯 말했다. 카트에 실린 식료품을 차 트렁크에 옮겨 담으며 그녀의 남편이 설명했다. "연휴 동안 지출이 많아서 지금 꽤나 힘든 상황이다. 우리는 세 자녀가 있다. 우리야 없이 살 수 있지만 아이들은… 게다가 아이들은 여전히 산타클로스가 있다고 믿고 있다…" 뮈리엘은 "우리 아이들이 다른 집 아이들과 다르다고 느끼지 않았으면 좋겠다"라고 덧붙였다. 취재 중 만난 많은 이들은 모두 "그저 남들과 다르지 않은" 삶을 꿈꾸었다.

조지안에게 남들과 다르지 않은 삶이란 손자들을 레스토랑에 데려가 생일을 축하해 줄 수 있는 것을 뜻한다. 그녀는 손자들의 이번 생일 점심때 브레스트의 서민지구 르쿠브랑스에 있는 레스토랑 '라캉토슈(La Cantoche)'에서 달걀 스크램블, 크림과 버섯 소스의 칠면조 에스칼로프, 초콜릿 케이크를 먹었다. 라캉토슈는 고객들의 소득에 맞춰 저렴한 가격에 단일 메뉴를 제공하는 연대 식당이다. 디저트가 나오자 조명이 어두워졌다. 다른 손님들도 생일축하 노래를 따라 불렀다. 손자들이 촛불을 끄자 박수가 터져 나왔다. 배불리 먹고 기분이 좋아진 손자들은 입안에 든 초콜릿 케이크를 삼키지도

않은 채 "할머니 고마워요!"라고 외쳤다.

자녀 수학여행비 낼 돈 없어 대출받기도

플로슈는 새해 전야 파티를 생략했다. 크리스마스를 형편에 과분할 정도로 "근사하게" 보냈기 때문이다.

"좀 과하게 기분을 냈지만 나만 그런 것은 아니었다. 형편에 넘치게 쇼핑카트를 끌고 가는 사람들을 많이 봤다. 그 사람들 모두 빚을 졌을 것이다. 하지만 스트레스 해소도 필요하다! 다른 사람들과 마찬가지로 나도 온통 돈 생각뿐이다. 매일 은행 잔고를 확인하며 월말에 너무 큰 적자가 나지 않도록 신경을 쓴다."

주(州)사회보장센터(CDAS) 소속 사회복지사 파트리크 G.는 "과도한 대출에 허덕이는 이들이 점점 더 늘고 있다. 이들은 대부분 매우 적은 금액일지라도 일정한 소득이 있는 경제활동자로 적극적 연대소득(RSA) 수령자가 아니다. RSA 수령자들은 대출을 받을 수 없기 때문이다." 이들은 파산을 면하기 위해 마치 곡예사처럼 끊임없이 소득과 지출의 균형을 맞추느라 고심한다. "이들은 매달 지출이 수입을 넘지 않도록 애를 쓴다. 예상치 못한 지출이 조금이라도 발생하면 마이너스를 기록한다."

예를 들어 가전제품이 고장 나거나 자녀가 수학여행을 못가 창피해하지 않도록 수학여행비를 내기 위해 소액 대출을 받는 경우 등을 말한다.

"가계 관리를 엄격하게 하는 이들이지만 이러한 상황이 반복되면 점차 나락에 빠질 수밖에 없다!"

솔렌이 좋은 예다. 자동차 타이밍 벨트가 망가진 이후 그녀의 삶은 완전히 곤두박질쳤다.

"나는 활동 보조인이다. 자동차가 없으면 일을 할 수 없다. 이 상황을 어떻게 헤쳐나가야 할지 막막하다." 그녀는 별거 후 홀로 두 아이를 키우느라 매장 매니저 일을 그만두고 근무 시간을 조정할 수 있는 자영업자를 선택했다.

"내야 할 요금이 산더미인데 3주라도 일을 못한다면…"

"하지만 차 때문에 일을 못 한후 오히려 더 바빠졌다. 정오가 되면 애들을 데리러 학교에 간다. 더 이상 학교 급식비를 낼 형편이 안 되기 때문이다. 예전에는 식료품 지원 덕분에 어느 정도 괜찮은 음식을 차릴 수 있었다. 그런 다음 애들을 학교에 다시 데려다줘야 하고 일주일에 3번은 딸을 정신과에 데려가야 한다. 딸이 지금 상황 때문에 힘들어하고 학교에 가기를 싫어하기 때문이다. 대중교통은 전혀 도움이 안 된다. (그녀가 살고 있는 바닷가 마을 플루달메조에서 30여 km 떨어진) 가장 가까운 대도시 브레스트에 가는 버스는 아침·저녁 등하교 시간에 맞춰 각각한 차례 운행할 뿐이다. 어떻게 하란 말인가?"

사회복지사 파트리크 G.도 같은 문제를 지적했다. "사람들은 지원금 수령자들이 일자리를 찾기 위해 노력하는 대신 두 손 놓고 있다고 비난

하지만 항상 바로 집 근처에 일자리가 있는 것은 아니다! 특히 농촌 지역에서는 정말 심각한 문제다. 차가 있어도 날이 갈수록 더 치솟는 비용을 감당해야 하고 차가 없으면 집에 갇혀 살아야 한다."

상드린 페르키는 버스가 다니지 않는 랑리보아레 마을의 고용지원센터 내 자신의 사무실에서 "이곳에서 부족한 것은 일자리가 아니다!"라고 강조했다. "이곳에는 비닐하우스, 건축 현장, 요식업, 농식품 가공공장이 있고 고용 회전율도 매우 높다. 대부분 기간제나 계절제 일자리이기 때문이다. 시간제 일자리도 많다. 가사보조인으로 여기서 2시간, 저기서 10시간 일하는 식으로 시간을 채울 수 있다."

로제는 20년 넘게 임시직으로 일했다. "이것저것 따지지만 않으면 된다… 야채 통조림 공장, 도축장, 동물사료 공장, 분유 공장 등 나는 이

곳의 모든 공장에서 일했다. 지금은 골판지 공장에 다니고 있다."

카르에에서 4km 떨어진 곳에 있는 오래된 농가를 개조한 집 거실에서 우리를 만난 로제는 연이어 커피를 들이켰다. 그의 근무 시간은 또 변경됐다. "오늘은 오후 1시에 시작한다. 지난주에는 야간 근무를 했다. 깨어있는 시간이 변하면 힘들다. 커피를 많이 마실 수밖에 없다. 약물을 복용하며 버티는 이들도 있다. 나는 카페인으로 버틴다!" 매주 목요일마다 정해지는 근무 일정표에 이의를 제기하는 것은 꿈도 꿀 수 없다. "일을 할 수 있는 노동력은 많다. 우리는 대체 가능한 인력이다. 회사는 이 점을 우리에게 상기시킨다. 근무 일정표에 불만을 표시하면 다시 채용하지 않겠다거나 3주간 정직시키겠다고 위협한다. 대출도 갚아야 하고 내야 할 요금이 산더미인데 3주간 일을 못 한다고 상상해 보라. 간단한 문제가 아니다!"

2015년부터 카르에의 분유 제조 공장 시뉴트라에서 일한 에블린 르 게른은 이러한 시스템이 고용주에게만 이로운 것은 아니라고 설명했다.

"더 나은 보수 때문에 임시직을 선호하는 사람들이 있다. 나 같은 경우 팔과 등이 아파서 정규직을 선호할 뿐이다."

2014년 마린 하베스트 크리트센 훈제연어 공장이 폴란드로 이전하면서 해고당한 르 게른은 "다시는 일을 안 한다"고 다짐했었다.

<렌 2대학 캠퍼스에서 학생들에게 나눠줄 식료품을 배분하고 있다>, 2022 - 마르탱 베르트랑

"하지만 막 문을 연 시뉴트라에서 일자리를 제안받았다. 시뉴트라에서 일하기 위해 나는 수학, 프랑스어 교육을 400시간 이수하고 낙농 분야에 대해 배워야 했다. 당시 나는 47살이었고 학교 공부를 다시 시작하고 싶은 마음은 눈곱만큼도 없었다. 하지만 재취업센터가 강하게 권고했다. 당시 우리는 무력감에 시달리고 있었다. 전년도 4억 유로의 이익을 냈던 공장의 폐쇄를 막기 위해 투쟁한 직후였기 때문이다. '13년 동안 일해서 주주들만 살찌웠구나'라는 회의감이 들었다…"

<디낭의 '노란 조끼' 운동 본부>, 2019 - 마르탱 베르트랑

지원금은 줄어들고,
신청 절차는 더 복잡해져

공장 이전으로 해고당한 직원 중 3명이 자살했다. 나머지는 다른 일자리를 찾지 못한 채 '고용 부적격자'로 전락했다. 정신적으로나 육체적으로나 완전히 망가졌기 때문이다.

하지만 르 게른을 정말 화나게 하는 것은 "지원금을 받는 이들"이다. "내 어머니는 38살의 나이에 다시 공부를 시작해 수료증을 취득하고 카르에 병원 식당에 취직했다. 당시 어머니가 얼마나 비참했을지 생각해 보면, 아무런 노력도 하지 않고 지원금만으로 살아가는 사람들을 볼 때마다 정말 화가 치밀어 오른다! 아침부터 일어나 개처럼 일해도 쥐꼬리만 한 월급을 손에 쥐는 우리는 아무것도 받지 못한다. 단 한 푼도 말이다! 은퇴한 내 어머니는 연금으로

요양원(Ehpad) 비용도 감당하지 못해 내가 대출을 받아 도와드려야 하는 지경인데… 정작 충치를 치료하지 못하고 방치하는 이들은 일하는 사람들이다. 일하지 않는 사람들은 치료비를 지원받는다!"

사회복지사 파르리크 G.의 의견은 달랐다. "사람들은 하루하루 겨우 먹고산다. 지원금으로 사는 것이 아니다. 게다가 지원금 액수가 너무 줄어들었고 수령 절차가 너무 복잡해져서 '지원금 수령'은 더 이상 큰 의미가 없어졌다. 청구서 낼 돈을 벌기 위해 매춘을 시작한 어머니도 봤다. 가족의 집세를 내기 위해 마약 거래 보초를 서거나 하급 마약 딜러로 일하는 아이들도 봤다. 지원금에 희망을 거는 사람이 많다고는 생각하지 않는다…"

한편에서는 공공지원금 수령 조건을 강화하고, 다른 한편에서는 소득만으로 생계유지가 힘들어 지원금에 의존하는 사람이 점점 더 늘고 있다. 파트리크 G.는 "내가 사회복지사로 일하기 시작한 1985년에만 해도 지원금을 신청하는 급여 생활자는 거의 없었다"라며 설명을 이어갔다. "그때는 임금 수준이 꽤 괜찮았다. 지금은 저임금 노동자가 많다. 지원금이 너무 높은 것이 아니라 급여가 너무 낮은 것이다."

사회복지사 카린 L.도 이에 동의했다. "모든 일자리가 취약해지고 있다. 예를 들어, 현재 고용청(France Travail) 직원 중 다수가 갱신이 보장되지 않으며, 직업 교육도 제공되지 않는 6개월 계약직이다. 어떻게 이들이 다른 누군가의 일자리를 효율적

으로 찾아줄 수 있겠는가?"

어머니와 마찬가지로 가정방문 요양보호사로 일하는 플로슈의 딸은 이러한 상황의 피해자다. 플로슈는 "딸이 담당하던 할아버지가 얼마 전 병원에 입원했다"라고 설명했다. 플로슈의 딸은 요양보호사 파견 에이전시에서 일했었다. 하지만 압박감을 견디기 힘들었다.

"에이전시는 스마트폰으로 우리를 추적해 우리가 고객 집에서 너무 오랜 시간 머물지 않는지 감시했다. 이러한 행태는 돌봄을 받는 사람을 '대상화'하도록 강요한다."

"고용청 담당 직원을 만날 수 없어 미칠 노릇!"

딸과 플로슈는 결국 고용청에 "실업급여 신청서를 접수"했다. 하지만 자영업자 신분의 요양보호사라는 이유로 실업급여를 받을 수 없었다. 플로슈는 딸 걱정에 절망감을 토로했다. "고용청은 몇 주에 걸쳐 우리를 이부서, 저 부서로 떠넘겼다. 한번은 렌의 상담관이 전화를 받더니 다음번에는 브레스트의 상담관이 전화를 받았다. 누가 내 딸의 담당자인지조차 알 수 없었다. 고용청도 모르긴 마찬가지다! 모든 것이 전화나 인터넷으로 이루어진다. 담당자를 직접 대면할 수 없으니 미칠 노릇이다!"

상드린 페르키 역시 불만을 토로했다. "모든 것이 전자화됐다. 더 이상 직접 대화를 할 수 있는 담당자가 없다. 많은 이들이 헤맨다. 비단 노인들에게만 해당되는 일이 아니다!"

하지만 정보화가 유일한 원인은 아니다.[1] 은퇴를 몇 달 앞둔 파트리크 G.는 환멸이 담긴 목소리로 말했다. "내가 일을 시작했을 때만 해도 업무 시간의 70~80%가 대면 서비스에 할애됐다. 지금은 20~30%에 불과하다. 나머지 시간은 보고서를 작성하거나 신청서류를 검토하는데 할애된다. 마치 최저지원금 수령자 대부분이 사기꾼인 것처럼 말이다."

2023년 말, 정부는 적극적 연대소득(RSA)을 개혁했다. 파트리크 G.는 "더 이상 지원금을 줄 수 없다고 하니 사람들에게 노동청에 문의해서 시간당 최저임금도 못 받고, 아무도 하려고 하지 않는 형편없는 일[2]이라도 하라고 하는 수밖에 없다"라고 한탄했다.

많은 잠재적 수혜자가 자신의 권리를 모르고 있거나 신청을 포기하는 동안 의심과 강압이 만연하고 있다. 2022년, RSA 수령 대상 가구 중 1/5은 RSA를 신청하지 않았다.[3]

스쿠르 포퓔레르 피니스테르주(州) 지부의 바스티앵 카방 대표는 "당국은 연락이 되지 않거나 수속을 복잡하게 만들어 단체들에게 책임을 전가하고 있다. 그런데 우리는 모두를 도울 여력이 없다."

"국가에 의무를 상기시켜야 한다"

공공복지 영역도 외주화되는 추세다. 카린 L.은 "이제 사람들을 민간 서비스 업체에 보내야 한다"고 설명했다. 99개의 지점을 보유한 핌스 메디아시옹(Pimms Médiation)이 일례다. 우체국, 케올리스(Keolis), 프랑스전력공사(EDF), 프랑스철도공사(SNCF), 에네디스(Enedis), 쉬에즈(Suez), 베올리아(Veolia), 엔지(Engie), 추가 연금보험사 말라코프 위마니스(Malakoff Humanis)가 출자한 핌스 메디아시옹은 "공공 서비스 및 사회권 접근성 개선"을 위해 '파트너 기업'의 청

(1) Simon Arrambourou, 'Les déshumanisateurs 소외와 자살을 부추기는 공공 서비스의 디지털화', <르몽드 디플로마티크> 프랑스어판, 2024년 4월호.

(2) Cf. Julien Brygo & Olivier Cyran, 『Boulots de merde! 형편없는 일자리』

(3) Patrick Cingolani, 『La Précarité 불안정』, Presses universitaires de France, Paris, 2023.

구서 납부, 주거 지원금(APL) 신청, 세금신고 등에 어려움을 겪는 이들을 지원하는 일을 한다. 카린 L.은 "EDF가 출자한 곳이 EDF 청구서 납부에 대한 조언을 제공한다고 상상해 보라! 말이 되는 일인가!"라고 분개했다.

4년 전, 프랑스 정부는 "공공 서비스 근접성 강화"를 위해 '프랑스 서비스(Frnace Services)' 사무소 개설 사업을 펼쳤다. 몽 다레 산맥의 작은 마을 플루네우르메네즈 시장 세바스티앙 마리는 다음과 같이 설명했다. "10년 전에는 우리 마을에도 우체국이 있었다. 지금은 우편취급국만 있기 때문에 시청 직원들로 꾸려나가야 한다. 예전에는 10분 거리에 있는 플레베르크리스트에 세무서가 있었지만 지금은 30분 거리에 있는 모르레까지 가야 한다. 8개의 외진 마을이 공동으로 프랑스 서비스 순회 사무소를 유치했다. 매주 수요일 프랑스 서비스 직원 1명이 시청에 파견돼 세금, 연금, 사회보장 등 10여 가지 공공 서비스에 대한 정보를 주민들에게 제공한다.

그리고 무엇보다 유용한 것은 인터넷 수속에 익숙하지 않은 주민들을 도와주는 것이다. 우리 시청은 마을 회관으로 변했다. 이는 지자체의 정치적 의지에 따라 마을마다 엄청난 차이가 존재할 수 있음을 의미한다."

프랑스 서비스 사무소 운영 재원은 대부분 시청이 책임진다. 즉, 학교 유지·보수나 공공주택 건설에 할애해야 할 경우 예산이 투입되는 것이다. 기 페네크 플루랭레스모르레 시장은 "시가 국가의 역할을 대신하도록 하는 것은 잘못된 일이다. 국가의 역할, 중요성 그리고 무엇보다 의무를 상기시켜야 한다"라고 개탄했다.

"정부는 모호한 단어로 사람들을 속이려 한다"

카르에의 주민들은 실제로 국가를 상대로 행동에 나섰다. 2023년 10월 27일, 카르에 병원은 정부와 야간 응급실 운영 재개 및 외과·산부인과 유지 합의서를 체결했다. 〈프랑스 앵포(France Info)〉에 출연한 크리스티앙 트로아데크 카르에 시장은 "이제 카르에 병원은 공공 병원으로의 지위를 온전히 인정받았다"라고 자찬했다.

아니 르 귀앵 카르에 병원 수호 위원회장은 의사 부족을 이유로 2023년 7월 초 도입된 응급 서비스 '규제' 중단을 요구하기 위해 카르에 주민들이 2023년 9월을

비롯해 수차례 거리로 나설 수밖에 없었던 과정을 설명했다.

"정부는 모호한 단어를 사용해 사람들을 속이려 한다. 우리 지역이 겪은 현실은 규제가 아니라 중단이었다. 정부는 응급실 입구에 전화기를 설치해서 응급실이 문을 닫은 경우 주차장에서 휴대폰 신호를 잡느라 애쓰는 대신 이 전화기를 이용해 응급 전화번호인 15번을 누를 수 있게 한 것뿐이다. 전화가 연결되더라도 어느 병원으로 갈 수 있는지 알려줄 때까지 기다려야 했다. 그 결과 안타까운 일들이 벌어졌다. 그냥 집에 돌아갔다가 건강이 악화된 사람도 있고, 한 시간이나 운전해 다른 병원을 찾아간 사람도 있었다. 하지만 다른 병원 응급실에 도착해도 즉각적인 치료를 받지 못했다. 그곳 역시 포화상태였기 때문이다."

마티외 기유모 카르에 병원 감시 위원회 대변인은 추가 설명을 덧붙였다. "모두가 운전면허가 있는 것도 아니다. 만약 아버지나 딸이 브레스트나 모르레 병원에 입원해 있다면 퇴근 후 병문안을 갈 수 있겠는가? 우리는 절대 포기하지 않고 싸웠다. 지역 보건청(ARS) 사무실도 점거했다. 수천 명이 시위에 동참한 끝에 우리는 결국 승리했다. 결국 정부가 한발 양보했지만 이 모든 과정은 상처, 심지어 증오를 남겼다.

빨간 모자 대변인, "엘리트들의 경멸하는 눈길을 참을 수 없다"

우리가 산부인과 폐쇄반대 운동을 벌였을 때, 파리·일드프랑스 대학병원연합(AP-HP)의 요직을 거쳐 부임한 브레스트-카르에 대학병원장은 '프랑스령 기아나의 산모가 출산을 하려면 3일간 나룻배를 저어가야 하지만 브르타뉴 중부에 거주하는 산모는 1시간만 운전하면 산부인과에 도달할 수 있다'라는 발언을 서슴치 않았다!"

2013년 '빨간 모자' 운동 대변인 중 한 명으로 활동한 레스토랑 사장 기유모는 "엘리트들의 경멸하는 눈길을 참을 수 없다"라고 분개했다.(4) 르 게른 역시 빨간 모자 운동에 활발히 참여했다.

(4) Jean-Arnault Dérens &
Laurent Geslin, 'Malaise
français, colère bretonne
사회당과 결별한 브르타뉴 좌
파', <르몽드 디플로마티크> 프
랑스어판, 2014년 2월호

"당시 나를 비롯한 노동자들은 공장 폐쇄로 위협받는 일자리를 지키기 위해, 그리고 다른 이들은 환경세 철회를 위해 모두가 힘을 모았다. 미디어는 온갖 수단을 동원해 빨간 모자 운동을 폄하했지만 사실 이 운동은 그저 민중이 목소리를 낸 것일 뿐이었다. 우리는 청구서를 낼 돈을 벌기 위해 일한다. 우리는 여가 시간도 없고 우리 자신을 위해서는 한 푼도 쓸 여유가 없다. 언젠가는 이 힘든 상황에서 벗어날 수 있을까?"

빨간 모자 운동을 계기로 정치에 발을 담근 그녀는 현재 신(新)반자본주의당(NPA)에서 활동 중이다. "시위에 참여하지 않았다면 만나지 못했을 사람들을 만나고 관계를 형성했다. 공장에서는 인력 교체가 잦고 임시직 노동자가 많아 서로 잘 모르고 대화를 나눌 기회도 없다. 요즘은 투쟁에 더 적극적으로 참여하고 있다." 하지만 이조차 쉽지 않은 일이다. "온몸이 아프고 일하느라 녹초가 되면 주말 동안 시위에 참여해 최루가스 세례를 받고 싶은 생각이 들지 않는다."

'노란 조끼' 운동에 적극적으로 참여했던 플로슈는 "사람들은 체념하고 있다. 모두 자신의 문제를 감당하는 것만으로도 벅차다. 우리는 외줄 타기를 하고 있다. 줄에서 추락하지 않으려 온갖 애를 쓰고 있다. 파업이나 시위에 참여하면 큰 대가를 치러야 한다"라고 설명했다.

하지만 파트리크 G.의 생각은 달랐다. "사람들은 여전히 불공평하다고 느낀다. 무엇이 도화선 역할을 할지 모르겠지만 언젠가는 불이 붙을 것이다. 어디를 둘러봐도 길이 보이지 않기 때문이다. 빨간 모자 운동이 있었고, 노란 조끼 운동이 있었다. 하지만 정부는 해결책을 제시하는 대신 최루탄을 쏘며 시위를 진압했다. 연금 개혁이 실시되자 수백만 명의 사람이 거리로 나섰다. 우리는 이들에게 그저 '어쩔 수 없어'라고 말했을 뿐이다. 사람들은 집으로 돌아갔다. 하지만…"

가브리엘 아탈 프랑스 총리는 새로운 실업급여 개혁을 "책임지고" 추진하겠다고 했다.(〈르몽드〉, 2024년 4월 5일) 2023년 5월 5일, 당시 공공재정부 장관이었던 가브리엘 아탈은 〈BFM〉에 출연해 곧 "힘든 결정"을 내릴 것이라고 자랑스럽게 말했다. 그가 말한 결정이란 정부 구성원 누구도 자신의 친지에게 권하지 않을 일자리를 취약 계층에게 강요하기 위해 실업급여 수령 기간을 추가로 단축하고, 수령 자격을 추가로 제한하고, 지급 심사를 추가로 강화하는 내용이었다.

아탈 총리에게 이러한 조치들이 얼마나 '힘든' 결정이었는지, 그리고 이러한 수탈을 '책임'지겠다는 용기가 얼마나 가상한지 가늠할 수 없을 뿐이다. ld

글·마엘 마리에트 Maëlle Mariette
<르몽드 디플로마티크> 특파원

번역·김은희
번역위원

포르투갈의 극우 돌풍

카네이션 혁명 중단시킨 극우 정당 '셰가'

8년간 집권 여당이었던 사회당이 포르투갈 총선에서 패배했다. 과반을 차지한 정당이 없는 가운데, 우파 연합정당이 근소한 차이로 1당을 차지했다. 의회 내 소수당 정부 수장이 된 루이스 콘테네그루 사회당 당수는 돌풍을 일으키고 있는 극우 정당과 연립정부를 구성하지 않겠다고 밝혔다. 극우 돌풍에서 예외였던 포르투갈에서 이번에 극우가 성공한 이유는 무엇일까?

산드라 몬테이로 ▮〈르몽드 디플로마티크〉 포르투갈어판 발행인

4월 25일은 포르투갈의 카네이션 혁명(Revolução dos Cravos) 50주년 기념일이다.(1) 그러나 3월 10일 극우 정당이 포르투갈의 3당으로 떠올랐다. 2022년 총선에서 7.15%를 기록했던 극우 정당 셰가(Chega, '이제 그만!'이라는 뜻)는 이번 총선에서 18.07%를 기록하며, 의석이 12석에서 50석으로 4배나 늘어났다.

(2005년 이후 최고치인 59.84%로) 가장 높은 투표율을 기록한 이번 총선에서 사회민주당(PSD) 중심으로 결성된 우파 연합정당인 민주동맹은 28.85%를 얻으며 80석을 차지했다. 그러나 과반 116석에는 한참 모자랐다. 2022년 단독 과반을 차지했던 사회당은 이번에는 28%를 득표하며, 78석을 차지했다. 이제 야당이 된 사회당 지도부는 우파와 연립정부를 협의할 가능성을 차단했다.

파시스트 독재자 안토니우 드 올리베이라 살라자르와 마르셀루 카에타누를 끌어내린 지 반세기 만에(2), 이번 포르투갈 총선에서 6명의 유권자 중 1명꼴로 극우에게 투표했다. 2014년부터 매우 인기 있는 스포츠 채널의 해설가로 유명해진 안드레 벤투라가 5년 전 셰가를 창당했다. 오랫동안 사회민주당(PSD) 당원이었던 안드레 벤투라는 2017년 지방 선거에서는 로르스 시(리스본의 북부에 위치한 도시로 공산당이 우세)에서 사회민주당 선거를 지휘했었다. 이후에는 정부 보조금에 의존해 사는 집시 공동체에 대한 비판으로 화제를 모았다.(3) 그의 이러한 언행에도 불구하고, 사회민주당의 페드루 파수스 코엘류 대표(2011년~2015년 총리로 재직함)는 그를 지지했었다.

벤투라는 중도우파 정당인 사회민주당에서 당권을 잡는 데 실패하자, 자신의 정당을 창당했다. 그는 동성애 결혼 등 소수자에 대한 적대적인 연설을 심화시키며, 포르투갈의 사회민주주의 가치를 위해 일하겠다며 반복해서 말했다. 또한 유력한 사업가의 재정적인 지원도 받고, 선거 공약이나 정책과는 무관하게 레거시 미디어는 물론 SNS에서도 많이 노출되었다. 반면 좌파 연합이나 포르투갈 공산당(PCP) 같은 다른 정당들은 미디어와 SNS에서 존재감을 드러내지 못했다.

(1) Victor Pereira, 『C'est le peuple qui commande. La Révolution des Œillets (1974~1976) 카네이션 혁명은 국민들의 명령이다』, Éditions du Détour, Bordeaux, 2023

(2) Alcides de Campos, 'M.Caetano partique habilement "la répression dans la continuité" 카에타누는 능숙하게 지속적으로 억압한다', <르몽드 디플로마티크> 프랑스어판, 1973년 8월호

(3) 'Há minorias que se acham acima da lei. Temos tido excessiva tolerância', 2017년 7월 12일, www.noticiasaominuto.com

극우 정당 셰가,
사회복지와 치안 공약으로 표심 얻어

그런데 의회 내 극우 정당의 약진이 두드러지는 유럽 국가 명단에 포르투갈이 합류하게 된 요인은 무엇일까? 시간이 흐르면 독재자에 대한 기억은 희미해지기 마련이다. 카네이션 혁명으로 두려움의 상징이었던 비밀경찰 배지가 리스본에서 사라지면서, 독재자의 기억도 지워졌다. 이런 면에서 스페인 복스(Vox)당의 등장은 포르투갈에게도 일종의 경고였던 셈이다. 2013년에 창당된 극우 정당 복스는 2018년 선거에서 첫 승전보를 울렸다.(4) 스페인과 포르투갈은 과거에 반민주적인 독재체제를 겪은 공통점을 가지고 있다.

유권자를 유혹하기 위해 셰가는 신자유주의 포지션에 사회복지 제안을 섞었다. 셰가는 퇴직연금을 최저임금과 맞추기 위해 퇴직연금을 200에서 300유로로 올리겠다는 공약을 내세웠다.(2015년에는 505유로였던 최저임금은 2024년에는 820유로로 인상되었다. 2023년 중위소득은 1500유로이다.)(5) 벤투라의 정당은 '포르투갈을 청소하자'는 슬로건처럼 반체제, 반부패 기치를 내세우는 한편, 경찰, 식민 전쟁의 퇴역군인, 보건의료인, 교수 등 사실상 거의 모든 이들의 삶을 개선하겠다고 약속했다.

셰가는 또한 치안 불안정에 대한 불안 심리의 덕을 보았다. 포르투갈에서는 차별 범죄와 증오 선동 범죄가 증가하고 있다(2022년~2023년 38% 증가).(6) 셰가는 포르투갈 집시를 비롯하여 동남아시아 이민자, 포르투갈어권 아프리카 출신의 이민자에 대한 공격에 집중했다. 이민자들은 주로 농업 분야와 디지털 플랫폼에서 일하고 있다. 벤투라는 포르투갈이 예전 식민국가들이 맺은 조약 폐기를 주장했다. 그는 저임금과 공공서비스 예산 압박 상황 속에서 논란을 일으켜 성공했다. 현재 포르투갈 실업률은 2013년 16.3%에서 2023년 6.5%로 낮아졌다. 그

(4) Pauline Perrenot, Vladimir Slonska-Malvaud, 'Le franquisme déchire toujours l'Espagne 스페인을 찢어놓은 프랑코주의', <르몽드 디플로마티크> 프랑스어판, 2019년 11월호

(5) 'Evolução da Remune-ração Mínima Mensal Garantida(RMMG)', Direção-Geral do emprego e das relações de trabalho, 2023년 11월 17일, www.dgert.gov.pt

(6) 'Crimes de ódio em Portugal subiram 38% em 2023', Diário de Notícias, 2024년 2월 9일, www.dn.pt

(7) 'Texa de desemprego aumentou para 6,6% No 4.º trimestre de 2023 e para 6,5% em 2023', Instituto nacional de estatística, 2024년 2월 7일, www.ine.pt

러나 청년 실업률은 20.3%로 높아졌다.(7)

좌파 사회당은 노동 개혁 실패와 경제 침체로 고전

셰가의 전략은 2015년까지 우파가 이끈 긴축 정책과 부분적으로 거리를 두면서도, 좌파 정부의 실책과 부족함을 질책하면서 표를 끌어내는 데 있다. 2015년 사회당, 좌파연합(블록), 포르투갈 공산당(PCP), 녹색생태당으로 구성된 연립정부는 임금과 연금의 삭감을 재고했고, 2019년까지 내수를 조금 활성화했다. 이 기간 동안 포르투갈은 임금이 상승했고(특히 최저임금), 사회복지비(특히 저소득층)가 약간 올랐으며, 공공서비스 분야의 투자가 이루어졌다. 비록 의료분야 등에서 많은 인력이 외국이나 사기업으로 빠지는 것을 막지 못했을지라도 말이다. 연립정부는 또한 대중교통비 할인과 어린이집의 무료 인원 확대를 자랑했다.

그러나 좌파 사회당은 민영화 무효, 개혁 파기와 같은 구조적인 변화를 성공시키지 못했다. 특히 2011년부터 유럽중앙은행, 유럽위원회, 국제통화기구가 강요한 노동 개혁을 파기하지 못했다.(8) 국가재정 안정화에 집착한 사회당 정부는 2019년부터 국가 예산의 흑자를 실현했지만 재분배하지는 못했다. 그리고 임금과 연금 인상만으로는 코로나-19 팬데믹으로 인한 소비 하락, 인플레이션, 금리 인상을 막지 못했다. 정부 인사를 대상으로 한 크고 작은 부패 혐의 고발이 이어지자 지난 11월 안토니오 코스타 총리는 사임했다. 검찰은 그를 기소했고, 논란이 되었다. 총리의 사임으로 선거가 앞당겨졌고, 3월 10일 대지진이 일어날 조건이 갖추어졌다.

선거 운동의 추이를 보면 결과를 예측할

(8) Mickaël Correia, 'La face cachée du miracle portugais 포르투갈의 기적 뒤에 숨겨진 이면', <르몽드 디플로마티크> 프랑스어판, 2019년 9월호

수 있었다. 벤투라의 극단적인 성향은 나라 일부를 분노케 했고, 민주동맹의 대표 루이스 몬테네그루는 중도적 외형의 민주동맹에 금이 가는 것을 막을 수 없었다. 이 당의 한 후보는 농촌의 치안을 지키기 위한 민병대의 결성, 더 나아가 군사 개입까지 언급했다. 파수스 코엘류 전 총리는(임기 2011~2015년) 이민과 치안 불안정을 명확히 연결지어 발언했고, 사회민주당(PSD)의 파트너인 중도민주사회-인민당(CDS-PP)의 한 후보는 임신 중절 법안 폐기 국민투표를 하자고 주장했다.

벤투라 혼자서 새로운 주장을 한 것은 아니다. 그가 사회민주당(PSD) 소속이었던 2010년, 파수스 코엘류는 "국가를 재고해야 한다"라고 말했다. 그리고 2014년 파수스 코엘류는 총리직에 오른 후 사회복지비를 삭감했다. 16년 동안(1998~2005년, 2007~2016년) 중도민주사회-인민당(CDS-PP)의 대표였던 파울루 포르타스는 오늘날의 셰가 대변인과 똑같은 말을 했다. 그는 "이 게으른 자들은 일하기를 원치 않는다"라며 보조금에 의존해 사는 사람들의 '남용'과 '사기'를 비판했다.

게다가 파울루 포르타스는 2002년부터 선거 운동에서 직접적으로 주로 집시들인 행상들을 겨냥해 보조금 낭비라고 비판했다. 2010년 그는 퇴직연금 인상을 재정지원하는 사회동화기금(RSI)의 하향 조정을 제안한 선구자였다.

1974년 4월 카네이션 혁명 이후, 극우가 영향력을 갖는 것을 막아온 수많은 성벽이 있다. 가톨릭은 독재정권과 타협한 과거 때문에 저자세를 유지했고, 사회적 가치들을 지킬 것을 강조했다. 식민지 해방 후 아프리카에서 돌아온 포르투갈인의 동화에 대한 집단기억은 이민자 공동체에 이입되어, 외국인 혐

오 담론을 막았다. 포르투갈 공산당(PCP)과 노조의 강력한 영향력은 노동 조건을 개선했고, 사회적 진보에도 일조했다. 치안 면에서 혁명군은 반독재 역할을 하며, 우파가 치안 주제를 자기 것으로 삼기 어렵게 만들었다. 사회주의 영향 아래 개헌된 1976년 헌법은 카네이션 혁명으로 얻은 국유화, 무상 의료 등을 보장하는 내용이었다.

그런데 1980년대 중반부터 성벽이 조금씩 무너졌다. 국제통화기금(IMF)은 1977년과 1983년 두 번 개입했고, 1986년 포르투갈은 유럽경제공동체(CEE)에 가입했다. 그리고 1989년에 개헌이 이루어졌다. 개헌으로 경제 시스템을 개방하고, 민영화가 쉬워지고, 국가 주도 계획경제의 무게를 줄이고, 토지 개혁에 관한 헌법 조항을 제거하며, 공공서비스 붕괴의 서막이 열렸다.

극우, 경제적으로 이득이 더 높은 공약으로 유혹

물론 유럽 통합으로 유입된 자금으로 일부 분야(통신, 도로 인프라, 금융)의 현대화를 이룩할 수 있었지만, 발레 도 아베(Vale do Ave, 북부지방)의 섬유 산업은 시장 개방으로 무너졌다. 포르투갈이 유로존에 가입하면서 많은 자본이 유입되었지만, 개방과 2008년 금융위기가 일어나자 새로운 생산 모델이 개발되었다. 근본적으로 부동산과 관광업을 기반으로 한 모델이다. 환경, 영토, 사회경제 면에서 포르투갈의 심각한 불평등이 주목받는 이유는 무엇일까? 상당수의 국민은 관심을 못 받고 있다고 느끼며, 위기 때마다 더 큰 이윤을 쌓은 금융과 부동산 분야는 현재 극우에 기대를 걸고 있다. 극우는 그들에게 더 높은 경제적 이득을 안겨줄 공약을 내놓기 때문이다.

셰가 지도부의 목표는 명확하다. 번갈아 정권교체를 하는 자유당, 사회당의 양당 체제를 종식하고, 신자유주의, 공공치안, 반(反)이민 기치를 내세우며 삼자 구도로 만드는 것이다. 셰가는 부동산과 농업이 주 수입원인 중산층과 자본주의의 가장 보수적인 계층에 의존한다.

총선 당일 저녁 벤투라의 선언은, 50년 전 태동한 민주주의를 지키려는 이들에게 경고처럼 울려 퍼졌다. "오늘 우리는 역사의 한순간을 기록하고 있습니다. 4월 25일 혁명 이후 우리의 역사와 함께(...), 수십 년간 극좌와 좌파가 지배하고 조작하고, 우리의 경제, 기관, 언론이 동조하고,(...) 아무 말도 못하는 나라였습니다. 그토록 많은 이들이 4월의 나라가 4월의 실망으로 바뀌는 것을 보았습니다." 확실한 것은 포르투갈인들의 기억 속에서 혁명의 기준이 바뀌는 것은 불가능하다는 점이다. 좌파는 이를 다시 자기 것으로 만들 수 있을까? ⒧ⅅ

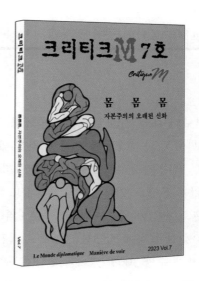

크리티크M 7호
『몸몸몸 자본주의의
오래된 신화』
권 당 정가 16,500원

글·산드라 몬테이로 Sandra Monteiro
<르몽드 디플로마티크> 포르투갈어판 편집장

번역·김영란
번역위원

"민주콩고는 절대 곤궁에서 벗어나지 못한다."

실패한 '민주콩고' 국민의 64년 수난사

콩고민주공화국이 반역과 '도시 약탈' 혐의로 기소된 군인들을 처벌하기 위해 20년간 중지했던 사형제를 3월 15일에 부활시켰다. 국가 권위를 강화하려는 조치였지만, 사실상 무력함을 인정하는 꼴이었다. 민주콩고는 1960년 독립 이후 지도자들의 약탈과 주변국의 욕심에 끝없이 시달리고 있다.

로드리그 나나 응가삼 ▌정치학 박사

1977년부터 내전 상태인 콩고민주공화국(이하 민주콩고)이 사상 최고치를 기록한 것이 있다. 2023년 말 기준, 국내 강제 이주민 수가 700만 명에 육박했다.(1) 끝없는 분쟁은 수백만 명의 희생자도 낳았다. 국제구조위원회(IRC)에 따르면, 콩고 동부지역에서 1998년 8월~2022년 12월에 발생한 전쟁으로 직간접적으로 사망한 희생자 수만 300만 명에 달했다.(2) 민주콩고는 1960년에 벨기에로부터 독립한 이후 60년이 지나도록 지속적인 평화와 안정을 찾지 못했다. 이런 내재적 불안정성과 국가를 분열시키는 긴장 상태의 원인은, 해방 과정과 지도층이 선택한 발전모델로 설명된다.

1960년에 파트리스 루뭄바 총리가 벨기에와 미국 비밀요원에게 암살당한 이후, 서구가 지지하는 모부투 세세 세코의 장기집권(1970~1997년)이 시작됐다. 1971년에 국명을 '자이르'로 변경한 모부투는 부패하고 약탈적이고 불평등한 경제체제를 구축했고, 민주콩고는 아직도 그 상태에서 벗어나지 못하고 있다.

콩고 대통령과 친인척의 계속된 착취

풍부한 천연자원(세계 코발트의 51%, 산업용 다이아몬드의 31%, 보석급 다이아몬드의 6%, 탄탈룸의 9% 보유)에도 불구하고, 1990년대 초반에는 최빈곤국이자

<과거를 향한 시선> 2023 - 카테리스 몬돔보

최대 채무국에 속했다. 그 와중에 콩고 대통령의 개인 자산은 40억 달러가 넘었다.(3) 벨기에가 떠나고 새로 등장한 국내 엘리트들은 UMHK(오트카탕가 광산연합)를 국유화한 광물공사 제카민(Gécamines)을 필두로 민주콩고를 '아프리카의 브라질'로 만들고자 했다. 그러나 제카민은 모부투 대통령과 그의 가족의 사리사욕을 채우는 금고로 전락했고, 2008년 국제금융기구의 지시로 민영화되기 전까지 지속적으로 착취당했다.(4)

모부투가 국명을 바꾼 자이르(1998년에 국명을 '민주콩고공화국'으로 다시 변경)는 단 한 번도 제대로 운영되지 못한 채, 국내외 안보 보장 등 기본적인 임무도 수행하지 못하는 취약한 국가로 남았다. 특히 광대한 영토 크기는 상황을 더욱 악화시켰다(234만 5,400㎢, 유럽연합의 2배, 프랑스의 4배). 불안정한 모부투 정권 말기에 반란이 수차례 일어나 혼란을 가중시켰다.

1991년, 콩고 군인들은 수도 킨샤사를 약탈했다. 민주적 정치 활로의 부재로 사회 주체들이 극단화됐고, 일부는 무장투쟁에 돌입했다. 1994년 4~7월에 인접국 르완다에서 투치족 대량학살이 발생하면서 혼란은 지역적 차원으로 확산됐다. 난민, 암살자를 추적하는 무장단체, 도망친 범죄자가 자이르를 피난처 겸 대립지역으로 삼은 것이다.

연이은 쿠데타와 인접국들의 내정 간섭

이런 상황에서 1996년에 군사반란이 발생했다. 르완다, 우간다가 지지하고 로랑 데지레 카빌라가 이끄는 해방민주군동맹(AFDL)은 1997년에 모부투를 축출했다. 그러나 독재자를 몰아낸 안도감도 잠시였고, 평화는 오래가지 못했다(모부투는 그해 9월 모로코 라바트에서 사망). 새로운 '공안' 정부는 주변국의 영향에서 벗어나는 동시에 권위주의에 빠져들었다. 이에 르완다, 우간다는 카빌라를 몰아내기 위해 콩고민주연합(RCD), 콩고해방운동(MLC)을 부추겨 두 번째 반란(1998~2003)을 일으켰다. 앙골라, 부룬디, 나미비아, 우간다, 르완다, 수단, 차드, 짐바브웨 등 8개국이 여러 무장단체에 직간접적으로 개입했다.(5) 정치적 목적들은 민주콩고 광물자원을 둘러싼 욕망과 탐욕으로 물들었다.

현재 가장 불안정하고 여전히 전쟁이 진행 중인 지역은 우간다, 르완다와 국경을 접한 동부지역 키부다. 민주군사동맹(ADF)도 이곳에 있다. ADF는 우간다에서 조직돼 2017년부터 이슬람국가(IS)와 연계됐으며, 키부에 샤리아 법을 도입하려고 한다. 르완다해방민주세력(FDLR)도 이곳에 할거한다. FDLR은 민주콩고로 망명한 르완다 후투족을 지지하는 조직으로 폴 카가메 르완다 정권에 대항한다. 키부는 마이마이, 바냐물렝게, 인테라함웨 등 후투족 민병대와 온갖 밀매상의 온상지이기도 하다.

인권을 유린하고…
천연자원을 약탈하고

또한 밀수꾼과 밀렵꾼이 동물을 몰살시키고 광산을 약탈하고 있다. 3월23일운동(M23)도 르완다가 지원하는 콩고강연맹(AFC, 2023년 창설)과 함께 키부의 광범위한 지역을 차지하고 있다. M23은 2012년에 창설된 이래 잔혹한 만행을 수없이 저질러왔다. 2013년 12월 12일에 케냐 나이로비에서 민주콩고와 평화협정을 맺었지만, 2021년 11월에 다시 무기를 들었다.

(1) 'Près de 7millions de personnes déplacées en RDC: un record 민주콩고 강제이주민 700만 명 사상최고치 기록', <국제이주기구>, 2023년 10월30일, www.iom.int

(2) Benjamin Coghlan et al., 'Mortality in the Democratic Republic of the Congo: Results from a nationwide survey', <Lancet>, vol.367, n°9504, Londres, 2006년 1월 7일, www.thelancet.com

(3) Pierre Jacquemot, 'L'économie politique des conflits en République démocratique du Congo 민주콩고 분쟁의 정치경제학', <Afrique contemporaine>, vol.2, n°230, Paris, 2009년.

(4) Benjamin Rubbers, 'L'effondrement de la Générale des carrières des mines. Chronique d'un processus de privatisation informelle 제카민의 몰락. 비공식적 민영화 과정의 연대기', <Cahiers d'études africaines>, n°181, Paris, 2006년.

(5) 'La Grande guerre africaine, une page difficile à tourner pour le Congo-Kinshasa 아프리카 대전, 민주콩고가 넘기 힘든 산', <Diplomatie>, n°95, Paris, 2019년 3월18일.

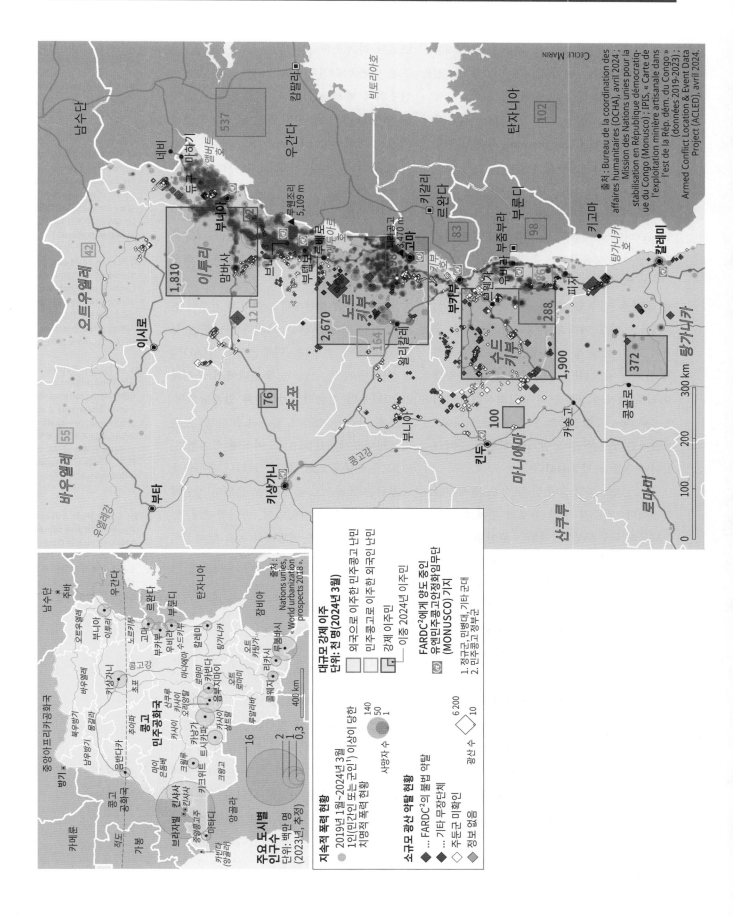

(6) 'Principales tendances des violations des droits de l'homme en RDC - Janvier 2024 민주콩고 내 인권침해 주요 동향 2024년 1월', <유엔 민주콩고안정화임무단(MONUSCO)>, 2024년 3월 21일, https://monusco.unmissions.org

(7) Pierre Jacquemot, 'Le Rwanda et la République démocratique du Congo. David et Goliath dans les Grands Lacs 르완다와 민주콩고, 아프리카 대호수의 다윗과 골리앗', <Revue internationale et stratégique>, vol.3, n°95, Paris, 2014년.

(8) François Misser, 'L'Église congolaise contre Kabila 카빌라에 대항하는 민주콩고 교회', <르몽드 디플로마티크> 프랑스어판, 2018년 4월호.

민주콩고의 동부 지역은 무수한 범죄와 인권 유린의 온상이 됐다.(6) 몇몇 지역은 천연자원을 장악하거나 매장지로 통하는 길목을 차지하려는 무장단체 때문에 주민 전체가 강제 이주를 당했다. 무장단체들은 이 돈으로 무기를 사거나 개인 자산을 불리고, 다국적 기업들은 중개자를 통해 이들에게서 자원을 구매한다.

현지 주민은 광산에서 강제 노역을 당하기도 한다. 민주콩고 정부군(FARDC)도 끊임없이 범죄를 저지르긴 마찬가지다. 유니세프에 따르면, 2018년에 징집된 소년병 수는 카사이 한 지역에서만 5,000~10,000명에 달한다. 또한 성폭력을 무기 삼아 주민들을 겁주고 통제하며, 상대편을 도왔다는 이유로 벌을 준다.

"콩고 에코봉가 테"

"콩고 에코봉가 테(Congo ekobongate, 콩고는 절대 곤궁에서 벗어나지 못한다)".(7)

현지에서 자주 들리는 말이다. 진짜 '절대' 불가능할까? 이 곤궁에서 탈출하려면, 민주콩고 분쟁에 직간접적으로 연관된 모든 관계자가 당파적 고려사항을 배제한 채 국제적, 지역적 해결책을 모색해야 한다.

여기서 핵심은 전 지역의 비무장화다. 즉, 교전국 간 대화를 개시하고 평화협정을 체결해야 한다. 이때 공동체들의 지위를 명확히 규정하고, 민병대와 소년병의 해체, 재교육, 재배치 수순을 밟아야 한다. 서구도 이런 발안을 지지함으로써, 무질서에서 이득을 얻으려 한다는 의혹을 벗어던질 수 있을 것이다. 왜냐하면 어쨌든 제국시대는 지나갔기 때문이다. 1950년대 말부터 현지 정치에 깊게 관여해온 가톨릭교회도 평화와 화해에 기여할 수 있을 것이다.(8) 𝕃𝔻

글·로드리그 나나 응가삼 Rodrigue Nana Ngassam
카메룬 두알라대학 정치학 박사, IRGES(킨샤사 지정학 및 전략 연구소) 연구원, 파리지정학학회 멤버

번역·이보미
번역위원

다국적 기업을 위해 존재하는 국제 중재 기관

다국적 기업이 국제 중재 제도를 이용해 국가들을 굴복시킬 수 있다는 사실을 아는 사람들은 드물다. 이 제도 앞에서 국가의 법과 헌법은 무용지물이다. 그러나 자본의 원활한 이동을 장려한다는 구실로 대부분의 양자투자협정(BIT)은 불투명한 규칙과 관행을 지닌 이런 민간 사법 시스템을 포함시킨다.

뱅상 아르풀레 ▌경제학 박사과정
메리엠 라리비 ▌기자

국제 유가가 폭등하던 시기, 라파엘 코레아 에콰도르 대통령은 임기(2007~2017) 시작과 동시에 자국에서 생산되는 원유 생산량 중 국가에 귀속되는 비율을 50%에서 99%로 늘렸다. 에콰도르 국회가 이를 80%로 제한하긴 했지만, 에콰도르 정부와 계약을 맺고 원유를 개발·생산하던 다국적 기업 페렌코(Perenco)는 이 비율이 과도하게 높다고 판단했다. 페렌코는 이 같은 조처를 '간접수용'이라 비난하며 세계은행 산하 중재 전문 '법정'인 국제투자분쟁해결센터(ICSID)에 제소했다.(1) 페렌코의 모기업은 조세 회피처인 바하마에 있지만, 기업 본사는 프랑스의 수도에 위치하는 점을 근거로, 페렌코는 1994년 프랑스와 에콰도르 사이에 체결한 양자투자협정을 내세우며 에콰도르에 배상금 14억 2,000만 달러(약 1조 9천억 원)를 요구했다. 2008년 에콰도르 국내총생산(GDP)의 2.27%에 해당하는 금액이었다.

국제 중재로 큰 곤욕을 치른 에콰도르

코레아 대통령은 이 제도를 비난하며 에콰도르를 ICSID에서 탈퇴시켰다. 코레아 대통령이 선거 공약의 하나로 2008년에 채택한 헌법 제422항은, 에콰도르 정부가 "자주적 관할권을 국제 중재 기관에" 양도하는 것을 금지하고 있다.(2) 코레아 대통령은 긴 시간에 걸쳐 자국이 체결한 양자투자협정들을 재검토했고, 결국 협정들

을 연달아 폐기했다. 프랑스와 체결한 BIT는 2017년 폐기되었다. 그러나 BIT의 핵심이라 할 수 있는 '생존 조항'에 따르면, 투자자-국가 간 분쟁해결제도(ISDS)는 협정 폐기 후 10년에서 20년까지 적용될 수 있는데, 프랑스와 에콰도르 간 협정의 경우 15년이었다. 2021년, 결국 페렌코는 만족스러운 결과를 얻었다. 에콰도르에서는 보수주의파 기예르모 라소 대통령이 에콰도르를 ICSID에 재가입시켰고, ICSID가 부과했던 벌금 4억 달러를 에콰도르는 성실히 납부했다.

페렌코가 에콰도르를 상대로 제기한 소송은, 사적 이익이 국가의 주권을 짓밟는 수백 건의 상황 중 하나에 불과하다. 일례로, 2009년에는 스웨덴의 에너지 기업 바텐팔(Vattenfall)이 독일 정부에 14억 달러를 요구한 일이 있었다. 독일 함부르크시가 엘베강을 오염시키는 석탄화력발전소 운영을 금지해 기업 활동의 '수익성이 사라졌다'는 이유였다. 2022년 미국 기업 프로스페라(Prospera)는 온두라스 새 정권이 로아탄섬에 조성된 특별 경제구역에 대한 특혜 관련법을 폐기하자, 온두라스 국가 예산의 3분의 2에 해당하는 100억 8,000만 달러(약 13조 5,000억 원)를 청구하는 소송을 제기했다. 또한, 2001~2002년 금융 위기의 영향으로 수도 및 전기 요금을 동결했던 아르헨티나 정부는 프랑스의 다국적 에너지 그룹 수에즈(Suez)와 미디어 기업 비방디(Vivendi)를 포함한 여러 기업에 제소당해 2015년, 4억 달러 이상

을 배상하라는 판결을 받기도 했다.

　UN이 인정한 중재 기구 60곳 가운데 하나인 ICSID에 다국적 기업이 제기한 소송 건수는 최근 10년 새 두 배로 늘어, 기구 창설 이래 총 998건을 기록했다.(3) 유엔무역개발기구(UNCTAD)의 추산으로는 현재 132개국이 ISDS 요구에 대응하고 있다. "그러나 일부 중재는 완전히 기밀로 유지될 수 있기 때문에, 실제 분쟁 건수는 훨씬 많을 것으로 보인다."(4)

　제2차 세계대전이 끝난 뒤, 이제 막 신설된 UN은 적절한 규칙만 확립된다면 국가 간 무역 관계 발전이 지속 가능한 평화를 유지하는 데 필요불가결한 조건이라고 생각했다. 중세시대부터 상인 간의 자율적 규범으로 쓰였던 렉스 메르카토리아(lex mercatoria)법은 1966년 UN 국제상거래법위원회(UNCITRAL)의 창설과 함께 현대 국제 상법으로 대체되었다. 이러한 새로운 법적 구조에서 민간 부문의 영향력이 커지면서 양자 자유무역협정도 증가하고 있다. 이들 협정 중 93%가 ISDS를 포함하고 있는데,(5) 분쟁 해결을 위해 중재에 의존한다는 뜻이다. 국가의 영향력에서 완전히 분리된 사적 사법을 지지하는

이들은, 이러한 중재가 국가 법원이 제공하지 못하는 공정성을 보장한다고 주장한다.

ICSID와 ISDS의 매서운 칼날

　탈식민지화 과정에서 체결됐던 초기 BIT는 서방 국가의 투자자들을 보호하기 위한 것이었다. 결국, 식민주의는 사라지지 않았고 개발도상국들은 계속해서 다국적 기업에 약탈당했다. 30년 후, 선진국에서 양자협정은 더욱 증가했다. 소련 붕괴 후, 신자유주의자들이 신자유주의 자본주의에 대한 "대안은 없다"고 선언한 때였다. 이렇게 두 번째 유형의 식민주의가 시작됐고, 기업들은 전 세계 대부분 국가에 영향력을 행사했다. 공교롭게도 BIT에는 "모든 직접수용 및 간접수용 금지" 또는 "공정하고 평등한 대우"처럼 다양한 해석이 가능한 모호한 조항들이 포함돼 있다. 국가의 법이 투자에 관한 국제 기준에 해를 끼치면 안 된다는 뜻이다. 결론적으로, 선진국이 개발도상국들의 이익을 제한하는 조치일 뿐만 아니라 국가의 주권 원칙마저 무너뜨리는 규정인 셈이다.

<새롭게 시도된 보호>, 2023 - 테랑 라스트 건

이러한 중재 제도에서는 외국 투자자들만이 국가를 고발할 수 있고, 국가는 기업을 고발할 수 없다. 게다가 모든 과정은 비공개로 진행되는데 수년이 걸리는 일도 있다. 대체로 국가들에 불리하게 내려지는 판결에 따른 배상 금액은 공공자본으로 지급된다. 그리고 다국적 기업들이 얻고자 하는 천문학적 금액이 그들의 초기 투자 금액과 일치하지 않는 경우도 매우 빈번하다. 그 단적인 예가 바로 2006년 쿠웨이트 억만장자 나세르 알카라피와 리비아 사이에 벌어졌던 사건이다. 2013년, 중재 법정은 리비아가 알카라피 그룹에 약 10억 달러를 배상하라는 판결을 내렸다. 쿠웨이트의 사업가는 시작되지도 않은 관광 프로젝트에 500만 달러를 투자했을 뿐이지만 추정 '이익 손실'(6) 보상을 명목으로 쉽게 거금을 벌게 된 것이다.

리비아가 배상금 지급을 거부하자, 알카라피 그룹은 현실판 모노폴리 게임처럼 리비아의 해외 자산을 압류하려 했다. 소시에테제네랄 은행에 예치된 자산, 파리 테른에 위치한 프낙 건물, 페르피냥에 보관 중인 대통령 전용기 등을 말이다. 그러나 2011년 이후 리비아의 해외 자산 대부분이 동결된 상태이고, 프랑스의 국부펀드 보호 조치 때문에 이 시도는 지금으로서는 실패다.(7) 하지만 이 사건은 국가가 중재 판결에 저항할 경우 상당한 국제적 압박을 받는다는 사실을 보여준다. 실제로 중재 시장의 수익성은 매우 높아서, 중재 제도를 통해 이익을 얻으려는 투자자들을 많이 끌어들인다.

이해관계 있는 중재인들의 불공정한 국제 중재

중재 시장은 분쟁을 해결하는 '법정' 구성원들에게도 이득이다. 국제투자분쟁해결센터에서는 분쟁 당사자 양측이 동의할 경우 단 한 명의 중재인 또는 세 명의 중재인(국가가 지정한 중재인, 기업이 지정한 중재인 그리고 이들 두 중재인이 선택한 중재인 대표)에게 중재를 맡긴다. 중재인에게 필요한 공식 자격 요건은 없지만, ICSID에서는 "법률, 무역, 산업 또는 재정 분야에 전문성"을(8) 가진 사람이어야 한다고 명시하고 있다. 그래서 중재인 대부분이 법관이나 중재 관련 경력을 쌓은 비즈니스 전문 변호사, 기업가 출신이다. 국제법에 대한 전문지식을 가질 필요가 없고, 투자가 이뤄지는 국가의 헌법과 법률을 고려할 의무도 없다. 이러한 병행 법정에서 국가의 운명은 재정적 이해를 가진 사람들의 손에 달렸다. 중재인들이 받는 보수는 가늠하기 어렵지만, 사건에 따라 다르다. 내부 소식통에 따르면 하루에 수천 달러를 받는 경우도 있다. ISDS 분석을 전문으로 하는 한 웹사이트에 따르면 "중재인들은 국가나 그 어떤 사법 기관으로부터 적법성을 부여받지 않았다. 자신들의 결정이나 행동을 대중과 사회에 설명할 의무도 없다. 이들의 결정은 (...) 이의제기 대상도 아니다."(9)

중재인들은 불투명한 이해관계의 중심에 있는 경우가 상당히 많다. 비방디와 수에즈가 아르헨티나를 상대로 제소했던 사건의 중재를 맡았던 가브리엘 코프만콜레르의 경우가 그렇다. 코프만콜레르는 두 기업의 대주주인 스위스 은행 UBS에서 이사직을 수행했지만, 이 사실을 중재 법정에 통보하지 않았다. 이에 아르헨티나는 비방디와 수에즈에 유리했던 그녀의 결정에 이의를 제기하고, 두 기업과 중재인 사이의 이해관계에 대해 여러 기관에 호소했으나 헛수고였다. ICSID 기본규약 58조에 따르면, 중재인에 대한 기피 신청은 중립적인 제3의 기관이 아닌, 같은 사건을 담당하고 있는 나머지 두 명의 중재인에 의해 승인되어야 한다. 이들은 보통 같은 분야에서 활동한다. 국가의 이익을 대변하는 일부 정치인도 이런 영향을 받는다. 에드가르 테란 전 에콰도르 외무부 장관(1984~1987)은 1986년 ICSID 협정을 비준했다. 그러나 2002년 IBM 그룹은 ICSID에 에콰도르를 제소하면서 테란 전 장관의 법률사무소 '테란&테란'을 대리인으로 선임했다.(10) 프랑스에서는 에콰도르가 페렌코에 패소했을 당시 산업 담당 국무장관이었던 아녜스 파니에뤼나셰의 부친과 미성년 자녀들이 페렌코와 직접적인 이해관계를 갖고 있었다. 이후 파니에뤼나셰는 에너지 전환부 장관으로 승진했는데, 다행히 2022년 11월 법령에 따라 파니에뤼나셰 장관은 페렌코 기업과 관련한 일을 다룰 수 없게 됐다.

국제 중재 시스템, 기업들의 거부권 행사 도구로

유엔무역개발회의의 자료에 따르면(11), 1987년부터 2021년까지, 분쟁의 38%는 국가를 처벌하지 않는 결정으로 끝났지만(그러나 재정적 보상은 받지 못함), 기업들의 경우 47%가 유리한 결정을 받았다. 실제로, 선고된 판결 중 28%는 기업에 유리한 판결이었고, 19%는 일명 '해결'된 사건으로, 합의가 이뤄졌다는 의미다. 그러나 국가들은 중재 위협으로 인해 종종 정당한 이익을 양보하거나, 중재 종료 이후 더 큰 손실을 방지하려고 벌금을 미리 지급하기도 한다. 바텐팔과 독일의 사례가 바로 그런 경우로, 함부르크시는 결국 환경규제를 철회했다. 나머지 15%는 중재가 중단됐거나 판결 없이 종료됐다.

현대의 국제 상법은 전쟁 이후 국제 관계를 안정시키기 위한 목적으로 수립됐지만 결국, 환경이나 위생, 사회 문제에 대한 고려 없이 민간 부문에만 유리한 형태의 덤핑을 촉진하는 결과를 낳았다. 영국인 기자 맷 케너드는(12) "국제 중재 시스템은 기업들이 공공 정책에 이의를 제기하고 심지어 거부권을 행사할 수 있는 도구를 제공한다. 기업들은 그저 중재라는 무기를 내세워 협박하기만 하면 된다. 이제 국제 중재 제도는 정부들의 끊임없는 걱정거리가 됐고, 이 때문에 국민을 위한 정책 수립도 마비될 지경이다."

많은 국가가 국제 중재 시스템 참여의 효용성에 의문을 갖는다. 이러한 시스템 없이도 문제가 없다는 점을 증명한 국가들도 있다. 지금까지 BIT를 비준한 적 없는 브라질은 라틴 아메리카에서 가장 발전된 산업 구조를 가진 나라다. 브라질은 2002년부터 2016년까지 집권했던 노동당(PT, 좌파)의 주도로, 국가 경제 발전을 보호하기 위해 ISDS를 거부했다. 이것은 국가가 기업들에게 약탈당하는 피해자가 되는 것을 거부할 수 있다는 사실을 증명한다. **LD**

글·뱅상 아르풀레 Vincent Arpoulet
경제학 박사과정
메리엠 라리비 Meriem Laribi
기자

번역·김자연
번역위원

(1) 다음을 참조할 것. Maude Barlow, Raoul Marc Jennar, 'Le fléau de l'arbitrage international 국제 중재라는 골칫거리', <르몽드 디플로마티크> 프랑스어판, 한국어판, 2016년 2월호, Benoît Bréville, Martine Bulard, 'Des tribunaux pour détrousser les États 국가를 유린하는 다국적 기업', <르몽드 디플로마티크> 프랑스어판, 2014년 6월호, 한국어판, 2014년 7월호.
(2) 제헌 국회, 에콰도르 공화국 헌법, 2008.9.28.
(3) International Centre for Settlement of Investment Disputes(ICSID), icsid.worldbank.org
(4) United Nations Conference on Trade and Development (UNCTAD), 'Total number of known investment treaty cases rises to 1257', 2023.4.19., unctad.org
(5) Elvire Fabry, Giorgio Garbasso, 'L'"ISDS" dans le TTIP. Le diable se cache dans les détails', <Policy Paper>, n° 122, Institut Jacques Delors, Paris-Berlin, 2015.1.13.
(6) Tarek Badawy, 'The Al-Kharafi v. Libya award and the jurisdictional limits of Egyptian courts', African Arbitration Association, 24 juillet 2020, afaa.ngo
(7) Cf. Nessim Aït-Kacimi, 'Le fonds souverain libyen échappe à la saisie de ses actifs en France', <Les Échos>, Paris, 2022.12.30.
(8) 'ICSID 협약 및 규정', 국제투자분쟁해결센터, Washington, 2006년 4월, icsid.worldbank.org
(9) Cf. 'The basics', ISDS Platform, isds.bilaterals.org
(10) 양자투자협정 및 투자 관련 중재 제도에 관한 시민 종합 감사위원회(CAITISA) 보고서, 2015.
(11) 'Facts on investor-state arbitrations in 2021: with a special focus on tax-related ISDS cases', UNCTAD, 2022년 7월, unctad.org
(12) 『Silent Coup: How Corporations Overthrew Democracy』 (2023)의 공동 저자. Claire Provost와 공동 집필.

퇴직연금 개혁 반대 1년, 이기려면?

모든 것은 순조롭게 흘러가는 듯했다. 2023년 1월부터, 프랑스에서 연금 수령 연령을 62세에서 64세로 늦추는 연금개혁안에 반대하는 강력한 사회적 운동이 이어졌다. 몇 개월 동안 노조는 단합이 잘 되었고, 대중의 지지도도 높았다. 그러나 파업은 오래가지 못했고, 결국 '개혁안'은 통과됐다. 왜 이렇게 됐을까? 열정적인 활동가인 동시에 전 노조 대표인 필리프 푸투는 이러한 상황에서 과연 어떤 교훈을 이끌어 낼 수 있을지를 고민해봤다.

필리프 푸투 ▌자동차공장 전 노조 대표

속설은 사실로 판명되었다. 사회적 투쟁, 심지어 강력한 사회적 투쟁이 일어난다 하더라도 언제나 승자는 같다는 것이 드러났다. 그러나 프랑스 대통령이 승리했다고 해도, 이 문제는 그리 간단치가 않다. 여당은 대규모 시위로 인해 거대한 정치적 위기를 맞았다. 의회에서 과반 의석을 차지하지 못하고, 여론의 뭇매를 맞고, 그 어느 때보다 신뢰를 잃었으며, 힘은 약해지고, 때로는 웃음거리도 되었다가, 결국에는 반민주적인 조항인 프랑스 헌법 제49.3조까지 들먹이기에 이르렀다.

이전 경우에서보다 더, 우리는 스스로에게 질문을 던져야 한다. 도대체 어떤 이유로, 시위가 성공한 것처럼 보임에도 불구하고 우리는 만족스럽지 않은가? 이러한 성찰은 숙명론이 그대로 자리를 잡는 것을 막기 위해 반드시 필요한 과정이다. 노조와 좌파 정당은 이번 대규모 사회적 갈등이 남긴 교훈에 관해 사회적인 토론을 이끌어냄으로써, 우리의 강점과 약점을 이해하고 경험 이상의 무언가를 얻어냈어야 했다. 하지만 그러지 않았다.

흐지부지 끝나버린 마지막 시위

마지막 시위인 줄 몰랐지만 마지막이 되어버린 시위와 함께, 반대 운동이 매번 똑같은 방식으로 흐지부지 끝나는 것을 보는 일은 괴롭다. 실제로는 투쟁이 멈추었지만, 투쟁은 곧 다른 형식으로 계속될 것이라고 부르짖는 공허한 목소리를 듣는 일도, 그리고 다음에 대한 준비 없이, 다른 주제로 그토록 쉽게 넘어가는 모습을 보는 일도 괴롭다.

그러나 퇴직연금 개혁 반대 시위는 이전에 있었던 '노란 조끼 운동'(2018년부터 2019년까지의 몇 개월)과 2016년 노동법 개정 반대 시위(6개월)와 함께 노동자들도 파괴적인 자본주의에 반기를 들 능력이 충분히 있다는 사실을 입증했다.

이번 시위는 그 위력으로 보나 참여자들의 다양성으로 보나 실로 놀라웠다. 2023년 1월에 시위는 정부의 퇴직연금 개혁안에 대한 강한 반발심을 바탕으로 시작됐다. 사실 우리는 어느 정도 예상하고 있었다. 왜냐하면 퇴직연금 개혁은 프랑스 정부가 준비하고 있던 일련의 개혁안 중 하나였기 때문이다. 코로나19 팬데믹으로 2019~2020년에 잠시 조용했을 뿐이었다. 마크롱 지지자들은 오만한 공격과 발언을 계속해서 쏟아냈다. 계층 간의 갈등, 계속되는 억압 속에서 프랑스 국민은 쌓인 분노를 표출할 기회만을 노리고 있었다.

노조 연합에 의해 시작된 시위는 거세게 이어졌다. 프랑스 전역에서 시위가 일어났다는 사실은 국민의 확신, 다시 찾은 희망, 만족감을 대변했다. 수많은 군중이 집권당에 대한 증오를 소리 높여 외쳤고, 우리는 마치 거대한 회의가 열린 듯이 거리에서 끊임없이 대화를 나눴다. 대규모 시위가 일어났다는 사실 외에도, 여론 조사

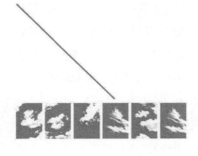

<미래의 분노>, 2023 - 세바스티엥 마르샬

조 연합은 결집했고, 반대 운동은 순조롭게 진행됐다. 시위와 파업이 탄력을 받자 노조는 이 기세를 이어가려 했다. 그때 처음으로 이 운동을 확대하고 파업으로 전국을 마비시키자는 주장이 나왔다. 이에 우리는 이번만큼은 승리가 가능할 것이라고 믿기 시작했다.

힘을 잃은 사회운동, 쪼개진 노동운동

여러 분야에서 갱신 가능한 파업을 선언했다. 철도원, 전기 기술자, 가스 관련 직종, 정제 기술자가 파업에 동참했다(BFMTV의 칼럼니스트는 제외). 특히 파리의 도로 청소부들이 장기 파업으로 성공을 거둘 가능성이 높았는데, 거리의 쓰레기 더미는 사람들의 눈에 굉장히 잘 띄기 때문이다. 이는 정부에게도 참을 수 없는 상황일 터였다. 거리에 굴러다니는 쓰레기, 불타는 쓰레기통, 보안기동대(CRS) 건물 앞에 쌓인 쓰레기봉투의 이미지는 강력했다.(2) 그러나 이 소동은 무엇보다도 노동자들의 힘과 노동자들의 사회적 역할을 증명했다. 그들이 일을 멈추면 사회는 마비되고 정지된다. 우리가 자신감과 공동의 신뢰를 가져도 되는 이유이다.

정부는 한층 더 강경해지고 무례해져서, 그 유명한 프랑스 헌법 제49.3조를 들먹이며 노조 연합과 투쟁을 공격하기 시작했다. 그러나 정부의 의도와는 전혀 다른 결과가 나

결과는 국민의 상당수가 프랑스 정부에 반대하고 있음을 보여줬다(약 70~80%).

게다가 정부는 불이 붙은 시위에 기름을 들이부었다. 프랑스 정부에 반대하는 세력이 등장할 때마다 정부는 그들을 경멸하고 증오하는 모습을 보였다. 정부에 반대하는 자는 무조건 억눌러야 했다. 정부가 추진하는 '개혁'은 무조건 통과되어야 했다. 한두 걸음조차 절대로 물러설 수 없었다. 협상의 여지는 전혀 없었으므로, 프랑스 민주노동동맹(CFDT)과 같은 가장 덜 호전적인 노조조차 비집고 들어갈 틈이 없었다.(1) 융통성 없는 방식, 그것이 마크롱 정부의 스타일이었다.

정부의 이러한 입장 앞에서 노

타났다. 반대 운동이 더 격렬해지고 더 과격화하게 된 것이다.

언론도 논조를 바꾸었다. 초기 몇 주 동안은 가장 우파에 속하는 논설위원조차 시위가 이처럼 광범위한 대중으로부터 호응을 얻고 있다는 사실에 놀라서 이를 신중하게 다루었다. 거리에서의 대치 장면, 파업 현장, 우왕좌왕하는 공권력의 모습을 연달아 보여주는 뉴스 채널을 우리는 오랜만에 즐겁게 감상했다. 불과 1년 전 대선 때 인종차별적이고 반동

적인 발언을 내보내던 언론에서, 이제는 이러한 영상이 나왔다. 물론 이러한 발언들은 '이민법' 개정안 발표와 함께 1년 만에 부활했다.

그러나 이 모든 갈등의 변곡점이기도 했던 제49.3조가 나온 뒤로, 기대했던 파업 확산은 일어나지 않았다. 그동안 시위를 이끌던 분야들은 힘을 잃었다. 철도원, 정제 기술자, 에너지 분야 노동자들은 과거에 장기 파업이 있었을 때마다 늘 시위에 앞장섰었다. 그러나 한 번 사기가 떨어

지자 되돌릴 수 없었다. 다른 분야들, 특히 민간 분야는 아예 파업을 시도조차 하지 않았다. 반대 운동은 일부의 참여로는 원하는 결과를 얻을 수 없다. 이전 시위(2010년, 2016년 등) 때 전면 파업이 일어나지 않았던 이유는 위축된 노조 연합이 이를 촉구하지 않았기 때문이었다. 그러나 이번에는 달랐다. 노조 연합은 갱신 가능한 파업을 분명히 선언했다.

사회 운동이 힘을 잃은 원인들

그럼에도 별다른 성과는 없었다. 왜일까? 사회 운동이 힘을 잃은 이유를 설명해주는 몇 가지 객관적인 이유가 있다. 우선, 경제 위기의 여파이다. 대량 해고, 공장 폐쇄, 공공 서비스의 붕괴, 전력 기업 EDF 주요 지점과 우편물 분류 센터의 폐쇄는 노동 계층의 약화를 가져왔다.(3) 노동 조건의 악화, 노동 형태의 개편, 격화, 고통, 개인화, 그리고 재택근무와 우버와 같은 공유 경제 시스템의 등장까지, 최근의 모든 새로운 상황은 폭력적인 방식으로 노동자들의 저항의 의지를 약화하고 분산시키고 있다.

또한 민간과 공공 분야 모두에서 대기업이 줄도산하면서 노조, 정치적 조직, 네트워크, 보루가 사라졌다. 게다가 사르코지 대통령(노동법 개정), 올랑드와 마크롱 대통령(노동법, 산업간 전국 협약(ANI : Accord National Interprofessionnel), 마크롱 대통령(행정명령)을 거치면서 노

동자의 권리와 노조의 권리도 서서히 축소됐다. 그만큼 노동자들이 사용할 수 있는 방어 도구도 줄었고, 이는 힘의 관계를 또다시 불균형하게 만드는 결과를 낳았다.

이처럼 노동계가 파편화하고 정계와의 연결고리도 끊어지면서, 착취자에 맞서 공동의 이익을 쟁취해야 한다는 노동 계층의 의식도 옅어지고 있다. 체념의 분위기에 개인주의까지 가세한 형국이다. 물론 이러한 연결고리는 언젠가는 다시 회복되겠지만, 빠른 시일 내에는 불가능해 보인다. 우리와 같은 활동가들은 일자리를 방어하고 공공 서비스를 수호하는 과정에서 이를 이미 체감하고 있다. 오늘날 너무나 많은 노동자들이 노조 담당자에게 모든 것을 맡긴 채 관망자의 입장만 취하고 있으며, 이는 공동의 자신감을 떨어뜨리는 원인이 된다.(4)

1936년 6월의 노동자들과 1968년 5월의 노동자들은 이제 없다. 1995년 11~12월의 노동자들도 없다. 노동 조건과 착취 관계는 계속해서 변화하면서 우리의 투쟁 조건을 바꾸어 놓는다. 논리적으로 보았을 때, 가장 핵심적인 무기인 전체 파업은 예전과 같은 방식으로는 성공할 수 없다. 다른 말로 하면, 지난해에 갱신 가능한 파업이 우리가 원하는 대로 진행되지 않았다고 해서 올해에도 그러리라는 보장은 없다. 각각은 다른 사건일 뿐이다.

1936년과 1968년에 일어난 전국적인 전체 파업은 노조 지도부가 주도한 것이 아니었다. 이는 공장, 기타 노동 현장, 노동자 구역 등 아래에서부터 일어난 파업이며, 활동가들의 네트워크 덕분에 광범위하게 확산할 수 있었다. 그리고 그런 기운이 올라오는 시기가 분명히 있다. 현재와 과거는 다르다. 과거와의 비교는 우리가 현재의 문제들을 더 잘 이해할 수 있게 해주지만, 과거의 결과만 가지고 현재의 게임이 승산이 없다고 성급하게 결론을 내려서는 안 된다.

그렇다면 우리의 투쟁 현실을 비판적이고 명확한 시선으로 바라보는 것은 왜 이리 어려울까? 아마도 투쟁을 주도한 사람들, 노조 및 정치적 지도부의 방법이 잘못되었다고 누군가는 지적해야 하기 때문이다. 언젠가는 모든 것이 폭발할 것이고, 노동자들의 염증이 표출될 것이고, 상황이 급변할 것이라고 말하면서.

구시대적인 사회적 대화에 너무 매달려

그러나 '노란 조끼 운동'이나, 전국적으로 확산되지는 못했지만 2023년 6~7월에 서민 지역의 10대들이 인종차별에 반대해 벌인 폭력 시위와 같이, 폭발 자체로는 충분하지는 않다. 우리는 좀 더 조직을 잘 갖추고, 서로 좀 더 잘 조율할 필요가 있다. 노동 현장이나 지역 간에 활동가들의 네트워크를 재정비하고 서로 간의 접점을 늘려야 하는 이유이다. 이렇게 만들어진 조직은 노동자를 결집하고, 교육하고, 계층적 인식을 높이고, 무엇보다도 자가조직을 원활하게 할 것이다.

이러한 민주적인 도구들을 우리는 가지고 있지 못하다. 오늘날의 노조나 좌파 정당은 현실과 다소 동떨어져 있다. 그들은 지나치게 무기력하고, 오래전에 사라져버린 사회적 대화의 루틴에 지나치게 집착하고, 지배자들을 위해 만들어진 제도를 지나치게 존중한다. 지나치게 관료화된 나머지 현장의 활동가들과는 소통하지 않는다. 그 결과, 반대 운동이 일어날 때마다 우리는 똑같은 행동을 반복하고, 똑같은 실수를 저지른다.

물론 이 모든 것이 말하기는 쉽지만, 실제로 행동에 옮기는 일은 훨씬 더 어렵다. 그러나 우리에게는 투쟁에 적합한 조직을 만들어야 한다는 중요한 소명이 있다. 페미니즘 운동과 환경보호론자 운동이 이미 그런 방식으로 운영되고 있다. 평균연령이 더 젊고, 더 역동적이고, 때로는 더 과격한 이 활동가들은 오늘날의 현실에 맞추어 조직 형태와 투쟁 방식을 재창조해냈다. 자본주의 시스템의 잔혹함, 전체주의, 기업과 행정기관을 비롯해 사회 전체에 만연해 있는 억압행위에 맞서서, 스스로를 방어해야 할 시기가 아닐까?

더 과감한 투쟁으로, 더 호소력 있게 시위해야

그렇다면 폭력 문제에 관해서도 이야기해보자. 시위, 파업, 기타 전통적인 활동들이 무조건 시대에 뒤떨어진다는 뜻은 아니다. 그러나 이러한 평화적이고 통합적인 방식뿐만 아니라, 좀 더 과격한, 심지어 좀 더 폭력적

인 투쟁 방식도 고려해보아야 한다. 생트-솔린의 환경 보호론자들(또는 사보타주를 실천하거나 기계를 불태우는 사람들), 페미니스트들의 콜라주(공공장소의 벽면에 페미니스트 문구를 부착하는 활동-역주), 환경보호구역(ZAD) 수호자들과 거주권(DAL) 협회의 점거 시위 등이 그 예이다.

결국, 우리 삶에 대한 통제권을 되찾고 거대 자본이 빼앗아간 부를 되가져오려면 공격적인 투쟁으로 회귀하는 수밖에 없다. 그리고 이러한 투쟁 뒤에는 권력의 문제, 누구를 위한 권력이며 왜 그 권력을 가져야 하는지에 대한 질문이 숨어있다. 우리가 가진 힘에 관한 신뢰가 높을수록 우리의 요구와 목표는 과격해질 수 있다. 2023년 1월과 4월 사이에 모두가 목도한 바와 같이, 시위대의 숫자가 증가할수록 행동은 더 단호해지고(전기와 가스의 불법적인 공급 중단) 대담해진다. 최근에 있었던 농민들의 시위에서도, 분노와 확신이 상대와의 대치 상황, 심지어 정부와의 물리적인 대치 상황에서도 뒷걸음치지 않는 과감한 행동을 통해 표출될 때, 조금 다른 힘의 관계가 생겨나고 또한 정부를 몇 걸음 물러서게 만드는 승리를 거둘 수 있음을 우리는 확인했다. 비록 농업 자본주의자들이 주도하는 이번 운동의 목표와 이데올로기가 우리가 추구하는 방향과 다소 다르기는 하지만, 한 번쯤 생각해볼 사례가 아닐 수 없다.

과격성은 하나의 행동 양식일 뿐만 아니라 우리의 행동이 목표하는 그 자체이다. 이러한 관점에서 보았을 때, 연금개혁 반대 투쟁은 안타깝게도 마크롱의 '개혁안'만을 문제 삼는 제한적인 범위에서만 이루어졌다. 그보다는 자본주의자들에 맞서 경제에 대한 지배력과 권력을 회복한다는 원칙 아래, '사회보장 100%(100% Sécu)', 사회보장제도의 확대, 부의 재분배, 평생 급여, 노동 시간 단축을 수호하고, 실업과 빈곤 문제를 더 적극적으로 요구하면서, 더 일관적이고, 더 호소력이 짙은 투쟁을 했었어야 했다.

간단한 일은 아니다. 현실을 직시해야 한다고 사람들은 우리에게 언제나 말했었다. 그러나 우리는 오래전부터 방어적인 투쟁만을 하고 있다. 연금수령 개시 연령

64세에 대한 반대 투쟁은 대중들 사이에서나 법적으로나 결국에는 성공하지 못했다. 지금 우리가 위기 상황에 놓여있다 해도, 목표를 높이고, 요구 사항을 더 강력하게 주장하고, 우리의 조직을 과격한 행동도 할 수 있는 형태로 바꾼다면, 강력한 정치적 의식을 가지고 다시 힘을 합쳐 앞으로 나아가는 데 도움이 될 것이다. 한 마디로, 신뢰를 회복할 수 있을 것이다. ⒧Ⓓ

글·필리프 푸투 Philippe Poutou
블랑크포르 포드 공장의 전 노조 대표
반자본주의신당(NPA) 후보로 2012년, 2017년, 2022년 대선에 출마

번역·김소연
번역위원

(1) 프랑스 민주노동연맹 (CFDT : Confédération Française Démocratique du Travail)
(2) 공화국 보안 기동대(CRS : Compagnies Républicaines de Sécurité)
(3) 프랑스 전력 공사(EDF : Électricité de France)
(4) Philippe Poutou 필리프 푸투, 'Chronique d'un combat contre le fatalisme 포드를 이긴다고 끝난 게 아니다', <르몽드 디플로마티크> 프랑스어판, 한국어판 2019년 6월호

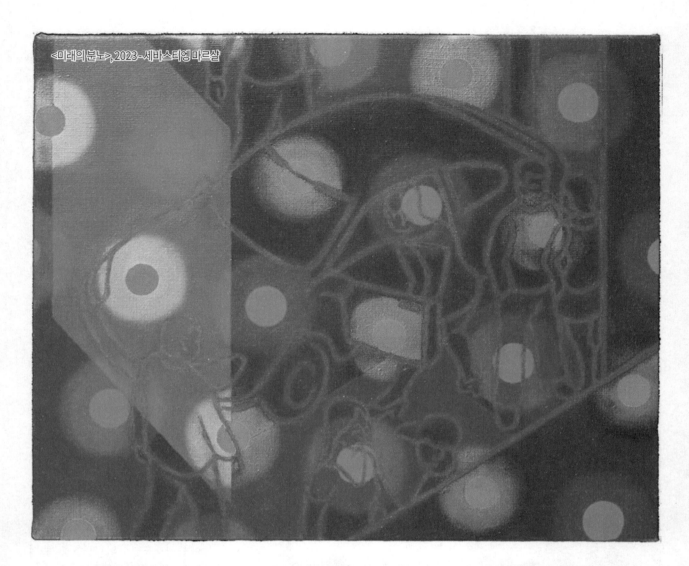

<미래의 분노>, 2023 - 세바스티엥 마르샬

평점으로 만나는 블라블라카의 카풀 세계

파비앙 지니스티 ▌기자

나는 파비앙(평점 4.8점/후기 30개)이다. 내 첫 카풀은 2009년 장 뤼크(평점 4.8점/후기 65개)의 차에 탔던 것으로, 당시의 경험은 꽤 좋은 기억을 남겼다. 물론 장 뤼크와 만나기 위해 카풀을 시작한 것은 아니었고, 그렇다고 이산화탄소 배출을 줄이고자 하는 대단한 뜻이 있는 것도 아니었다. 그저 툴루즈에서 파리로 가는 가장 저렴한 교통편을 찾기 위한 것이었다.

청소년 할인 기차표를 구입할 수도 없는 입장이니만큼 카풀은 사실상 나의 유일한 선택지나 다름없었다. 그래서 나는 인터넷에 '카풀(covoiturage)'을 검색했고, 검색목록 최상단에 떠 있던 'covoiturage.fr'을 클릭했다.

그곳은 꽤 흥미로운 사이트였다. 장 뤼크가 올린 카풀 운행 정보를 살펴보니 내가 원하는 이동 시간대와 딱 맞아떨어졌다. 특히나 저렴한 가격이 압도적인 장점이

었다. 나는 곧장 회원가입을 눌렀고, 단 세 번의 클릭으로 회원이 되었다. 카풀 연결 서비스는 무료였다. 사이트를 통해 이루어지는 금전 거래 역시 전혀 없었다. 카풀 이용을 마친 뒤 운전자에게 직접 돈을 건네며 데려다주어 고맙다는 인사를 전하는 식이었다. 2013년 '블라블라카(BlaBlaCar)'로 이름을 바꾼 이 사이트의 서비스는 이제 스마트폰 앱을 통해서도 쉽게 이용할 수 있게 됐다. 그런데 다른 많은 이들처럼 나 역시

어딘가 속고 있는 것 같은 느낌이 드는 건 왜일까?

장거리 카풀시장 독점한 블라블라카, 플랫폼 자본주의 산물

여느 스타트업 기업들이 그러하듯 블라블라카에도 한 가지 탄생 스토리가 있다. 블라블라카의 창업자 프레데릭 마젤라는 어느 날 동생의 낡은 차를 얻어 타고 프랑스의 A10

번 고속도로를 한창 달리고 있었다. 그때 도로 옆 철로를 따라 기차 한 대가 지나갔다. 표를 구하려고 해도 자리가 없어 탈 수 없었던 바로 그 기차였다. 도로 위에도 수많은 차들이 줄을 지어 가고 있었다.

그런데 가만히 살펴보니 동승자 없이 운전자 혼자서만 탑승 중인 경우가 대부분이었다. 프레데릭은 생각했다. '맙소사, 빈자리가 이렇게나 많았다니. 그 자리들이 기차가 아니라 차 안에 있다는 게 문제지만!' 그 후 이 사실을 깨달은 프레데릭은 사흘 밤낮 동안 잠을 이룰 수가 없었다고 했다.(1)

2000년대 초, 치솟는 유가와 더불어 인터넷 역시 폭발적으로 성장 중이었다는 건 굳이 설명이 필요 없는 사실이다. 덕분에 카풀 시장도 계속 유지될 수 있었다. 프레데릭이 이 사업에 뛰어든 것은 2005년이었으나 그가 첫 카풀 사업자는 아니었다. 개중에는 1997년부터 카풀 중개 서비스를 해 온 업체들도 있었다. 당시 그는 단돈 11.84유로로 도메인 'comuto.eu'을 사들였고, 2006년에는 2,000유로를 들여 'covoiturage.fr'를 매입했다.

하지만 더욱 몸집을 키울 필요가 있었다. 가시적인 성과를 내야 했다. 그래서 그는 니콜라 사르코지 정부에서 디지털 장관을 지냈던 피에르 코시우스코 모리제와 훗날 프랑스산업연맹(MEDEF)의 회장이 될 조프루아 루 드 베지외 등이 공동으로 설립한 프랑스의 스타트업 전문

늙음, 질병, 돌봄, 죽음과 함께하는 한 가족의 삶
어쩌면 늙어 가는 우리 모두의 이야기

"아무도 원망하지 않는다.
우리는 너무 오래 살았다.
그것이 잘못이다."

돌봄
살인

자기 소원은 죽음이라고 말하는 할머니,
그 소원을 자기 손으로 이루어 주겠노라 선언한 할아버지,
시어머니 수발을 가장 가까이에서 들고 있는 며느리,
부모가 죽으면 가족의 평화를 되찾을 수 있다고 믿는 아들.
누가 그리고 무엇이 할머니를 죽였는가?

『돌봄살인』

사에 슈이치佐江衆 지음
안지나 옮김
264쪽

17,000원

투자사 이사이(Isai)로부터 100만 유로의 투자금을 유치했다.

한편 더 많은 투자금, 특히 달러 자본의 필요성을 느낀 프레데릭은 2012년에 이르러 딜리버루(영국 온라인 음식 배달회사)나 페이스북 등의 투자사로 유명한 미국의 액셀 파트너스(Accel Partners)로부터 투자를 받는 데 성공했다. 이번 투자액은 한 자릿수가 늘어난 1,000만 달러였다. 뒤이어 인덱스 벤처스(Index Ventures)도 또 한 번 자릿수가 늘어난 1억 달러를 투자하고 나섰다.

투자는 계속되었고 2015년 블라블라카의 총 투자 유치액은 무려 2억 달러에 달하게 됐다. 2021년, 다국적 기업이 된 블라블라카의 가입자 수는 1억 명을 넘어섰고 기업 가치는 20억 달러에 육박했다.(2) 블라블라카는 전 세계에서 가장 큰 카풀 서비스 기업으로 자리 잡았다. 특히 프랑스 국내에서는 적어도 2014년부터 장거리 카풀 시장을 거의 독점한 상태다.

그야말로 눈부신 성장이 아닐 수 없다. 그런데 투자자들은 블라블라카의 어떤 점을 보고 투자를 한 것일까? 그것은 바로 우리와 같은 이용자들이 블라블라카에 '잡혀' 있으며 '커뮤니티'를 이루어 활동한다는 점이다. 우버나 에어비앤비와 마찬가지로 블라블라카 역시 '공유 경제'라고도 불리는 이른바 플랫폼 자본주의를 따르고 있다. 정도의 차이는 있지만 이러한 기업들의 수익성은 대부분 시장 내에서 지배적 지위를 차지하는 데서 나온다. 사실상 그것이 전부다.

처음에는 무료서비스,
이제는 운임의 7~30%나 유료수수료

블라블라카의 서비스는 본래 무료였다. 그런데 2011년에 이르러 충분한 수준의 시장 지배적 지위를 얻게 되자 수수료가 생겨났다. 하지만 이용자들에게는 다른 선택지가 없었다. 블라블라카가 장거리 카풀의 공급과 수요를 거의 전적으로 독식하고 있는 탓이었다. 공공의 이익과 연관된 분야에서 독과점이 일어날 경우 나타나는 현상이다.

또한 블라블라카는 사용자 간 운임 미지불 혹은 일방적 취소 등의 위험을 줄이기 위해 자사 플랫폼을 통한 카풀 비용 거래를 의무화하였는데, 수수료 역시 같은 방식으로 결제되도록 했다. 수수료 비율은 운임의 7~10% 수준으로 운전자가 직접 선택할 수 있었는데, 이용자가 다른 운전자로 예약을 바꿀 위험이 높을수록 수수료 비율을 높게 책정하는 식이었다. 현재는 그 비율이 약 30%에 달하고 있다.

블라블라카의 창업자이자 CEO인 프레데릭은 2012년 열린 한 컨퍼런스에서 이러한 수수료 정책으로 이용자들은 신뢰감을 얻을 수 있으며 이 신뢰감이란 것은 가치가 있는, 즉 비용이 드는 것이라고 말한 바 있다.(3) 그는 그 이유에 대해 이렇게 설명했다.

"우리는 새로운 상대와 새로운 상황에서 신뢰 관계를 쌓는 데에 평균적으로 매달 약 다섯 시간 이상을 들이고 있다. 이 짧다면 짧을 다섯 시간을 유럽 인구 전체로 따져 비용으로 환산하면 무려 4,000억 유로에 달한다. 그저 신뢰감이 부족한 탓에 4,000억 유로라는 큰돈이 허비되고 있는 셈이다."

그러니 이제는 시간 낭비를 멈추고 타인에 대한 두려움을 끝내자는 것이다. 수수료 제도를 통해 운임을 받지 못할 위험을 줄일 수 있기 때문이다. 여기에 '평점 제도'로 악성 이용자와의 동승을 피할 수도 있다. 이용자들은 서로를 평가하고, 문제가 발생했을 때는 이를 신고한다. 이로써 마침내 모두가 안심할 수 있게 된다. 행복한 공생 관계가 이루어지는 것이다.

블라블라카 버스, 대중교통이 우버화된 케이스

디지털 기술 덕분에 우리는 곧 '실제 세상'에서처럼 시간을 들여 이야기를 나누어볼 필요 없이도 서로를 신뢰할 수 있는 놀라운 세상에 접어들 수 있게 될 것이다. 다만 "파비앙은 좋은 이용자입니다, 적극 추천합니다!"라고 적힌 나에 대한 후기를 읽고 있을 때면 개인적으로는 내가 꼭 아마존에서 판매되는 냉장고가 된 것 같은 느낌이 들곤 한다.

어쨌든 2022년 블라블라카의 비재무 성과보고서의 서문에 적힌 프레데릭의 말을 빌리자면 블라블라카의 이용자들은 "신뢰 커뮤니티"를 형성하고 있다. 또한 그는 "이 신뢰감은 수년간의 경험을 통해 축적된 것이며 이용 상대가 직접 작성한 개인별 후기와 '평점'을 종합해 형성되는 것으로, 장기간에 걸친 투자 없이는 결코 모방할 수 없는 것"이라고 단언하기도 했다.(4) 정말 그렇다. 이는 플랫폼 기반 거래에서 큰 강점이 아닐 수 없다. 투자자들이 보기에도 그러할 것이다.

그런데 블라블라카의 투자자 명단에 프랑스철도공사(SNCF)가 포함되어 있다는 것은 조금 뜻밖의 사실이다. 자본금 전체를 국가가 보유하고 있는 국영기업인 SNCF는 2019년 당시 블라블라카의 전신인 코뮈토(Comuto)의 전환사채에 9,000억 유로를 투자하기도 했다.(5) 현재 블라블라카에 대한 SNCF의 지분은 10%가 채 되지 않는다.(6) 그리 큰 비중은 아니다.

그러나 이 지분은 이른바 '마크롱 버스'라고도 불리던 SNCF의 도시 간 고속버스 부문 자회사 '위버스(OuiBus)'를 블라블라카에 넘기는 과정에서 인수하게 된 것이었다. 2019년 SNCF는 재무보고서를 통해 이 과정에서 "양도 이익이 발생하지 않았다"고 적고 있다.

한편 블라블라카는 카풀 운행 데이터를 기반으로 버스 노선 도입을 최적화하였으며, 버스를 '우버화'하여 유연성을 극대화했다. 이전에는 SNCF 소속 운전사에 의해 운행되던 것을 이제는 전적으로 외부에 맡기는 식이다. '블라블라카버스'에는 소속 운전사도, 소속 차량도 없다. 100% 외주 형태. 대중교통이 우버화된 케이스다.

프레데릭은 2021년부터 2023년까지 르노의 이사회에도 참여한 바 있으며, 블라블라카는 고속도로 운영사인 '빈치 오토루트'와도 협약을 맺고 있다. 하지만 블라블라카의 가장 흥미로운 파트너사는 다름 아닌 토탈에너지스다. 블라블라카는 오래전부터 신규회원 혜택으로 토탈(2021년 토탈에너지스로 사명 변경)의 주유 상품권을 제공해왔다. 게다가 2023년 1월부터 프랑스 정부가 카풀 지원금 제도를 신설하면서 두 기업의 연합은 지속됐다.

토탈에너지스가 돈을 내놓으면 블라블라카가 이를 가져가고, 정부는 환경보호라는 명분을 내세워 에너지절약인증제도(CEE)로 이를 승인해주고 있는 형태다. 실제로 해마다 에너지절약인증제도에는 약 50억 유로의 거액이 들어가고 있다.(7) 방식은 간단한데, 에너지 절감 프로젝트 등에 재정 지원을 해서 에너지 공급 업체가 정부가 지정한 연간 절약 목표를 달성하도록 의무화하는 것이다. 에너지 절감 프로젝트의 대표적인 사례로는 히트펌프 설치나 단열 지붕 시공, 그리고 카풀이 있다.

환경보호 내세운 마크롱 정부의 대폭적인 금융지원

토탈은 이처럼 카풀의 에너지 절감 효과를 과대평가하고 있는 정부의 든든한 지원을 등에 업고서 다른 경쟁사들을 제치고 블라블라카의 발전을 돕기로 결정했다. 게다가 정부의 새 지원책은 카풀 업체들에게 큰 수익을 안겨줬다. 2023년 1월 1일부터 신규 카풀 운전자들은 각각 100유로씩 지원금을 받을 수 있게 되었지만, 카풀 업체는 첫 카풀 운행이 이뤄질 경우 그보다 더 큰 금액을 지원받으며 운행 횟수가 일정 기준을 넘어가면 두 배 이상의 지원금을 받는다. 블라블라카가 2023년 한 해 동안 이렇게 벌어들인 돈이 1억 유로에 달한다. 같은 해 글로벌 매출 총액이 2억 5,300만 유로였음을 고려한다면 적지 않은 금액이다.(8)

사실 이러한 유인책들로 이득을 봐야 하는 것은 서민 운전자일 것이다. 차를 나눠 탄다는 생각 자체가 어쩌면 '부자 같지 않은' 아이디어일 수 있다. 예를 들면 대학생들처럼 이동수단은 보유하고 있지만, 여유가 크지 않은 이들이 고려할만한 선택지인 것이다. 실제 조사 결과 카풀 운전자들은 대부분 월 소득 2,000유로 미만, 다시 말해 프랑스의 중위 소득 이하 가구에 속해 있으며, 운전자 네 명 중 한 명은 월 소득이 900유로 미만인 것으로 나타났다.(9) 그럼에도 불구하고 프랑스 정부는 오로지 환경 보호라는 미명 하에 토탈과 블라블라카의 파트너십에 금전적인 지원을 아끼지 않고 있다.

이를 어떻게 이해해야 할까? 블라블라카에게 좋은

것이 정말 나라에도 좋은 것일까? 철도 파업이 있을 때마다 블라블라카를 찾는 사람들의 수는 급증한다. 고속도로 전광판에는 아예 "파업 시 카풀 이용을 고려하세요"라고 적혀 있을 정도다. 고속도로협회 측에서는 이 문구가 "당국의 요청으로 게시된 것"이라고 밝히고 있다. **LD**

글·파비앙 지니스티 Fabien Ginisty

기자, 본 기사는 저서 『BlaBlaCar et son monde. Enquête sur la face cachée du covoiturage 블라블라카와 그 세계 : 카풀의 이면에 대하여』(2024)에서 발췌하여 편집했다.

번역·김보희
번역위원

(1) Frédéric Mazzella, Laure Claire, Benoît Reillier, 『Mission BlaBlaCar : Les coulisses de la création d'un phénomène 미션 블라블라카 : 새로운 현상 탄생의 내막』, Eyrolles, Paris, 2022.
(2) 'BlaBlaCar fait le plein d'utilisateurs grâce à la hausse des prix à la pompe 유가 상승으로 인해 블라블라카 이용자 급등', <Les Échos>, Paris, 2021년 1월 19일.
(3) 'La confiance, moteur de partage : Frédéric Mazzella at TEDxPantheonSorbonne 신뢰는 공유의 동력 : 프레데릭 마젤라 TEDx소르본1대학', 2012년 12월 19일, www.youtube.com
(4) 'Premier rapport d'impact de BlaBlaCar 블라블라카 첫 번째 영향 평가 보고서', 2023년 6월 12일, https://blog.blablacar.fr
(5) 'Rapport financier annuel groupe SNCF SNCF그룹 연간 재무보고서', 2019년 12월 31일 https://medias.sncf.com
(6) Pauline Damour, 'Pepy (SNCF) et Mazzella (BlablaCar) : "les raisons de notre alliance" 페피(SNCF)와 마젤라(블라블라카) : "우리가 연합하는 이유"', <Challenges>, Paris, 2018년 11월 13일.
(7) Matthieu Glachant, Victor Kahn, François Lévêque, 'Une analyse économique et économétrique du dispositif des certificats d'économies d'énergie 에너지절약인증제도(CEE)의 경제학 및 계량경제학적 분석', i3-Cerna, 2020년 10월, www.cerna.minesparis.psl.eu
(8) Cf. Adrien Sénécat, Maxime Vaudano, 'Derrière le succès de BlaBlaCar, un contrat secret et des économies d'énergie surévaluées 블라블라카의 성공 뒤에는 비밀 계약과 과대평과된 에너지절약 효과가 있었다', <Le Monde>, 2024년 4월 6일.
(9) Mathieu Chassignet (dir), 'Enquête auprès des utilisateurs du covoiturage longue distance 장거리 카풀 이용객 대상 조사', Agence de l'environnement et de la maîtrise de l'énergie (Ademe), Angers, 2015년 9월.

<침묵하기 전에>, 2019 생나제르 - 다비드 드 라 마노 _ 관련기사 95면

CULTURE
문화

왕빙 감독이 그려낸 또다른 중국

고통과 희망이 교차하는 '세계 굴뚝'의 민낯

2003년 다큐멘터리 영화 〈철서구〉로 존재를 알린 왕빙 감독은 중국의 노동 현실을 있는 그대로 담아내며 고유한 영화 세계를 구축했다. 일부 작품은 전작에 그 뿌리를 두면서 내용이 보강 혹은 보완되기도 하는데, 이들 작품을 통해 왕빙 감독은 오늘날의 중국을 살아내는 사람들에 대한 동족 의식을 기반으로 조국의 민낯을 그려낸다.

외제니오 렌지 ▮영화평론가

왕빙의 작품에는 두 종류의 감독이 존재한다. 하나는 지리학자로서의 왕빙이고, 다른 하나는 역사학자로서의 왕빙이다. 전자의 경우, 옛 방식을 그대로 답습하며 사막과 산천 등이 들어간 지도를 그려낸다. 후자 역시 작업은 옛 방식을 따른다. 불 곁이나 탈의실에서, 혹은 환자 머리맡에서 묵묵히 사람들 이야기를 들어주는 것이다. 하나같이 중국이 표방하는 '사회주의 인민'은 찾아보기 힘든 공간이다.

작품을 거듭하면서 왕빙은 중국이란 나라를 관통하며 나아간다. 그 시작점은 중국 북동부로, 이곳에서 왕빙은 옛 소비에트의 자금으로 만들어진 철강 공장이 해체되는 과정을 지켜본다(〈철서구, 2002〉). 수도로 옮겨간 후에는 반(反)우파운동과 대기근 시기(1959~1961)에 대한 증언도 수집한다(〈중국 여인의 연대기, 2007〉, 〈바람과 모래, 2010〉). 반우파운동은 1950년대 비판의 목소리를 잠재우기 위해 중국 공산당이 실시한 대중 정치 운동이었다. 이후 〈세 자매, 2012〉〈광기가 우리를 갈라놓을 때까지, 2013〉를 촬영하면서는 중국 남서부 지방도 누비고 다녔다.(1)

〈세 자매〉, 가난한 양치기 딸과
계절 노동자 아빠의 현실 조명

2014년부터 왕빙은 상하이 지역 방직 노동자의 삶을 담는 신작에 매진했다. 3부작으로 구성된 이 작품의 제1부인 〈청춘〉은 올해 1월 프랑스에서 개봉됐다. 왕빙 감독은 중국에서 체포될 우려가 있을 때마다 프랑스에서 지냈는데, 정식으로 활동 금지 처분을 받은 건 아니지만 위험이 감지되면 그는 즉시 프랑스로 건너가 몸을 피했다.

그는 프랑스에서 지내는 동안 〈아르테〉 방송사의 제안으로 〈흑의인〉을 제작했는데 이는 왕빙이 프랑스 현지에서 촬영한 첫 작품이었다. 〈흑의인〉은 망명 작곡가 왕시린의 삶을 다룬 작품으로, 파리 부프 뒤 노르 극장 무대에서 촬영이 이뤄졌다. 두 작품은 2023년 칸 영화제에서 공개되어 차례로 대중 앞에 상영됐다. 이보다 앞선 2009년 파리 샹탈 크루젤 갤러리에서는 그의 작품 두 편이 몇 미터 거리를 두고 동시에 상영되기도 했다. 하나는 〈중국 여인의 연대기〉로, 한 여인이 거실에 설치된 카메라 앞에서 반우파운동 시기 동안 자신이 겪은 인생 여정을 털어놓는 작품이다. 다른 하나는 대사 없이 진행되는 작품 〈이름 없는 남자〉다. 영화에서 그는 이름도 없다. 한 마디도 말하지 않는다. 분변을 모아 퇴비를 만들고 밭을 일구며, 토굴에서 먹고 잔다. 〈이름 없는 남자〉의 영상을 보는 동안 그 위로는 여자의 목소리가 울려 퍼졌다. 여자는 남자가 몸으로 보여주는 것을 말로써 설명하는 듯했다. 각기 다른 내용을 다루면서도 서로 맞물려 있는

<이름없는 남자 N°9>, 2013 - 왕빙

두 작품은 모두 '어떻게 생존할 것인가'의 문제를 이야기하고 있었다.

〈청춘〉과 〈흑의인〉은 전혀 다른 또 하나의 이중주다. 둘 다 내용이나 형식 면에서 일견 유사성은 없어 보인다. 〈청춘〉에 대한 기본 구상이 맨 처음 이뤄진 건 2011년 윈난성의 산악지대에서였다. 당시 왕빙은 중국 남서부 지방에 있는 한 시인의 묘지를 찾았다가 지쳐 있던 와중에 어느 양치기 소녀의 도움을 받는다. 어린 동생들만 데리고 지내던 소녀의 삶은 극심할 정도로 궁핍했다. 당시 소녀를 보면서 감독은 '이핀루씨(一貧如洗)'라는 말을 떠올렸다. 문자 그대로 옮기면 '씻은 듯이 가난하다'는 뜻으로, 가진 것 하나 없이 헐벗고 굶주린 극도의 가난을 의미한다.

이 소녀와의 만남에서 탄생한 작품이 〈세 자매〉다. 그런데 이 작품을 촬영하면서 감독은 자매에게도 아버지가 있다는 사실을 알게 됐다. 자매의 아버지는 수천 킬로미터 떨어진 연안 지대 공장에서 힘들게 일하느라 몇 달씩 집을 비우고 있었다. 이는 비단 소녀의 집에만 있는 일이 아니었다. 이 지역 마을에서는 일할 나이의 남녀가 타지로 일하러 떠날 때가 많았다. 계절마다 썰물 빠지듯 마을을 떠난 노동자들은 6월에 집을 떠나 2월 말쯤 다시 돌아왔다. 감독은 이 사람들의 움직임을 따라 영화를 찍

기로 결심했다. 당시 〈상하이의 청춘〉이라 가제를 단 영화의 제작은 10년 이상의 시간이 소요된다.

〈청춘〉, 의류 공단 봉제 노동자들의 폐쇄 공간과 휴대폰

양쯔강을 따라 그 거대한 삼각지에 이르며 여느 지리학자 못지않게 곳곳을 누비던 왕빙 감독은 질리 의류 공장 지대를 발견한다. 수만 개 봉제 공장이 위치한 공업 지대로, 매일같이 새로운 기업들이 생겨나는 곳이었다. 각 작업장에서는 15~20명 정도로 구성된 작업팀이 공장을 가동하며 내수용 아동 의류를 대량으로 생산한다. 이곳 노동자들은 온종일 재봉틀 뒤에서 시간을 보낸다. 저녁때 술 마실 기운이 있는 건 젊은 친구들 정도고, 대다수는 낡고 더러운 숙소 침대에 가서 눕기 바쁘다. 여기까지는 그러려니 했는데, 놀랍게도 청년들은 이러한 환경에도 그 나이대의 고민을 똑같이 하고 있었다. 즉 연애나 친구 문제로 속을 태웠고, 게임에도 열중했다. 아마도 이들에겐 가장 즐거운 순간들이었으리라. 이 대목에서 〈청춘〉은 젊은이들의 시트콤 같은 일상을 보여주지만, 그렇다고 이들이 처한 사회적 현실을 외면하지는 않는다.

서방 기업과 교역하는 대규모 방직 공장과는 거리

가 먼 이 내수용 봉제 공장들은 중국의 주류 경제로부터 외딴섬처럼 분리되어 있다. 일단 사장들 대다수가 전직 노동자 출신이고, 따라서 회사를 차릴 운영 자본도 없고 은행 대출도 못 받는다. 이에 각 거래처는 생산에 필요한 기자재부터 먼저 내어주고, 노동자들도 우선 일부터 진행한다.

사람들은 수개월 간 돈을 받지 못하며, 받을 돈이 정확히 얼마인지도 모른다. 대금 결제와 급여 지급이 이뤄지는 건 한 시즌이 끝날 무렵이다. 모든 상품이 다 판매되고 나면 그제야 사장은 정산 작업을 진행한다. 이러한 시스템이 유지될 수 있는 이유는 생각보다 급여 수준이 그리 낮지 않기 때문이다. 특히 영화의 주요 인물 가운데 하나가 여기에 도움을 준다. 숙소, 작업장 할 것 없이 곳곳에서 등장하는 휴대폰은 이 폐쇄적인 공간에서 살아가는 또 하나의 수단이다. 만일 휴대폰이 없었다면 젊은이들이 이 꽉 막힌 공간을 어찌 감내했을지 쉽게 상상이 가지 않는다.

〈흑의인〉, 주인공 작곡가의 고꾸라지며 저항하는 몸짓

대상을 포착할 때 왕빙 감독은 항상 대상 전체를 카메라에 담아내려 한다. 그에게 있어 풀샷 이미지는 롱샷과 확연히 구별된다. 선전 목적에서 애용되는 롱샷은 그 안의 개별 요소를 지워버린다. 화면을 구성하는 각 개인과 이들의 삶, 그 여정들이 묻혀버리는 것이다. 하지만 왕빙 감독은 각 작품에서 이 같은 개인의 소멸을 막아내고자 한다. 그의 작업에서 중요한 건 중심에서 멀어지는 움직임 같은 특이한 궤적이다.

이는 각 신이나 시퀀스에서도 확인된다. 어떤 시퀀스에서는 걷고 있는 인물의 뒤를 감독이 말 그대로 뒤쫓아가기도 하고, 보다 관조적인 성격을 띠는 신에서는 한자리에 고정된 카메라가 인물의 자유분방한 움직임을 담아내기도 한다. 인물이 마음껏 앞으로 나아가며 자기 얘기를 풀어놓는 것이다. 이런 움직임을 통해 감독은 인물이 권위주의 정권에 의해 억압된 자신의 의견을 자유롭게 표출하게 한다.

그 대표적인 예가 〈흑의인〉에 등장하는 작곡가 왕시린의 궤적이다. 퍼포먼스 내내 알몸을 한 왕시린은 '이핀루씨(一貧如洗)'의 상태나 다름없다. 1부에서 왕시린은 그를 얽매는 무언가의 힘에 맞서려는 듯 네 발 자세로 몸을 쭉 내밀며 무대 위를 천천히 가로지른다. 몸을 다시 일으켜 세우려던 왕시린은 이내 바닥에 주저앉고, 이어 다시 몸을 일으킨 그는 결국 똑바로 우뚝 선 채 이해할 수 없는 말을 읊조린다.

2부 역시 퍼포먼스로 이뤄지지만, 이번에는 인물의 대사가 들어간다. 왕시린은 문화대혁명 때 자신이 겪은 일들을 상세히 털어놓고, 그의 입에서는 피아노 위를 연주하는 음표처럼 단어들이 쏟아진다. 그가 하는 말들이 관현악 연주에 묻혀 또렷이 들리지 않을 때도 있지만, 그럼에도 목소리는 하나의 악기로서 연주에 참여한다. 〈흑의인〉의 이 교향곡과, 〈청춘〉에서 노동자의 잡담이 재봉틀과 어우러지며 만들어내는 협주곡이 서로 닮아있다고 한다면 이는 과도한 해석일까? 하지만 왕빙 감독의 귀에는 이 둘이 서로 비슷하게 들리는 것 같다. 두 작품 모두에서 고통의 절규와 환희의 외침이 동시에 쏟아지기 때문이다. **Ⓛ Ⓓ**

글·외제니오 렌지 Eugenio Renzi
영화평론가

번역·배영란
번역위원

(1) DVD 출시작 : <바람과 모래>, <중국 여인의 연대기> - Capricci, 2012. <광기가 우리를 갈라놓을 때까지>, <세 자매> - Arte Editions, 2015. <타양 - 경계의 사람들> - Arte Editions, 2017. <비터 머니> - Arte Editions, 2018. <사령혼: 죽은 넋> - Arte Editions, 2019. <미세스 팡> - Potemkine Films, 2020. <철서구> - Ad Vitam, 2021.

프랑스 정부와 사측을 굴복시킨 생나제르 파업 노조와 시민들

68혁명을 예고한, 아름다운 파업

프랑스 68혁명 1년 전인 1967년, 역사상 최대 파업 운동이 일어났다. 한 도시의 주민 6만 3,000명 중 약 5만명이 임금 인상을 요구하며 시위대열에 합류했다. 또 이런 일이 일어날 수 있을까? 생나제르의 모든 노동자들이 뭉쳤을 뿐만 아니라 시민까지 동참했던 강력한 연대가 이루어진 순간이었다. 이들의 공동 목적은 오로지 승리였다.

뱅자맹 페르난데즈 ▐ 저널리스트

5월 1일, 한 여자아이가 사람들에게 은방울꽃을 나누어 주며 시위대 군중 사이로 돌아다닌다. 그리고 레오 페레가 부른 시인 아라공의 '붉은 포스터(L'Affiche rouge)' 노래가 확성기에서 흘러나온다. 다큐멘터리 영화 감독 마르셀 트릴라는 고된 얼굴에 드러난 감동을 포착하여 흑백 영상에 담는다. 노동총연맹(CGT), 노동총연맹-노동자의 힘(CGT-FO), 그리고 민주프랑스노동연맹(CFDT), 이 노조 통일 전선이 70일간의 파업 끝에 결국 정부와 사측을 굴복시킨 역사적인 날이다.

이 역사적인 장소는 바로 프랑스 서부의 항구도시 생나제르이다. 조선소, 항공기 제작사, 선박 수리 회사인 포르즈 드 루에스트(Forges de l'Ouest) 금속 노동자들은 1967년 이곳 주민들의 지지를 받으며 1936년 이래 최장기간 생나제르 공장들의 가동을 멈추었다.

파리에서 출발한 기차가 그해 5월 1일 오후 4시 23분 역에 들어서자 끝이 보이지 않는 긴 행렬이 협상을 마치고 돌아온 노조 대표를 환대하면서 은방울꽃을 선사하고 시청 광장 입구까지 동행했다. 광장에서 마치 약속이라도 한 듯 한 명씩 마이크를 잡았다. 이제 CFDT 지역 대표 루이 모리스의 목소리가 숨죽이고 있는 군중들 사이로 울려 퍼졌다. "사측은 우리의 저력을 알아야 할 것입니다(...). 우리는 조직을 보강할 것이며 노조의 힘을 강화하여 사측을 압도할 것입니다"라고 비장한 어조로

외쳤다. 생나제르 조선소의 동료이자 CGT의 대표 장 르퀴르는 군중의 경외감 어린 눈빛을 바라보며 "여러분은 2달간 파업을 이끌며 가장 중요한 가치는 인간의 존엄성이라는 사실을 깨달았습니다. 진정 깨어있는 사람들이 되었습니다"라고 찬사를 보냈다.

'더 나은 삶'. 오랜 기간 바람에 나부끼는 현수막에 내걸렸던 이 표어는 당시 시대의 열망을 단적으로 표현한다. 수백만 노동자들은 전후 "영광의 30년"을 재건하는데 기여했다. 그러나 여전히 고된 노동, 과중한 업무시간에 시달렸고 낮은 급여마저도 체불되기 일쑤였다. 국가 발전에 중추적 역할을 했음을 깨달은 노동자들은 자신들의 정당한 몫을 요구했다. 북부, 동부의 철광 및 탄광 광부에 이어 베니시유에 있는 베르리에 자동차 공장 그리고 브장송 지역의 로디아세타 섬유 공장의 블루칼라도 사측에 유리한 편향적 지원을 아끼지 않는 조르주 퐁피두 정부에 항거하기 위해 파업에 돌입했다. 이미 몇 년 동안이나 임금 협상은 진척이 없었다. 노동자들의 분노가 차올랐다.

서부 지역의 경우 '월급제 노동자'에서부터 동요가 일어나기 시작했다. 사무직원, 기술자, 설계사, 중간 관리직은 월급을 받는 '화이트칼라' 신세대 노동자들로, 시급을 받는 블루칼라와는 달랐다. '월급제 노동자들'은 보상 없이 책임감만 가중되는 데 불만을 품어왔다. 결국 제

자리걸음만 하던 이들의 급여 인상을 위해 CGT, CFDT, CGT-FO는 1966년 역사적인 협약서를 체결했다.

서부 금속가공업 노조 단체들은 위장도급 폐지, 최저임금 600프랑 보장, 시급제 노동자의 월급제 노동자 전환과 같은 내용을 담은 요구서를 작성했다. 더불어 파리 지역 노동자를 기준으로 체불된 임금의 인상을 요구했는데 당시 사측은 업무의 자동화, 현대화를 이유로 임금 지급을 미루어 1967년 월급제 노동자의 임금체불률은 16%나 되었다.

화이트칼라 노동자 95%의 파업에 블루칼라도 동참

이들의 요구에 반응이 없자 생나제르 월급제 노동자 노조는 1967년 1월 17일 경고의 의미로 첫 번째 '시한부 파업'(24시간)에 들어갔다. 하지만 조선소의 경영진들이 '부하'라고 칭했던 직원들이 근무지를 이탈하여 팡오에 있는 작업장 앞을 점거하자 임원들은 황당하다는 듯 아예 귀를 닫았다. 그러자 노조는 그해 3월 1일 총파업을 시작했다. 조선소의 월급제 노동자 2천여 명은 작업장과 사무실을 떠났으며 항공기 제작사 쉬드 아비아시옹, 선박 수리 업체 포르지 루에스트, 그리고 생나제르 철판 제조 업체의 근로자 1천여 명도 뒤따랐다. 결국 생나제르의 월급제 노동자 95%가 파업에 동참했다.

같은 해 3월 20일 조선소 경영진은 강압적 수단을 동원하기로 결정하고 공장 폐쇄(lock out)를 공포했다. 사측은 6천여 시급제 노동자들의 근무를 중단시키고 급여도 지불하지 않았다. 시급제 노동자들을 경제적으로 압박하면 이들이 월급제 노동자들에게서 등을 돌릴 것으로 기대해서였다. 그러나 예상은 완전히 빗나갔다. 시급제 노동자들은 오히려 공장 폐쇄 기간을 공격을 감행하는 기회로 삼았다. 이제 블루칼라 대열이 한창 파업 중이었던 월급제 노동자들에 합류했다.

사실 다른 곳과 마찬가지로 조선소의 화이트칼라는 주로 블루칼라의 아들, 딸이었다. 월급제 금속 노동자 CFDT의 대표 루이 모리스는 "우리는 노조가 익숙한 환경에서 자랐다. 특별한 분위기가 있었다"라고 회상했다. 그는 어렸을 때 1955년 대규모 파업에 동참하고 금속 노동자들 사이에서 포악하기로 소문났던 경찰에 맞서 싸웠던 조선소 용접공 아버지를 존경했다. 당시 공산주의자들의 공격을 두려워했던 프랑스 정부는 생나제르에서 온갖 탄압적 수단을 동원했고 이 도시는 '폭력의 도시'라는 오명을 뒤집어 쓰게 되었다.

노동자들의 저항이 거센 이 도시의 공장들은 매일같이 가동이 중단되거나 설비가 파손되었다. '공장 가동을 막는 점유자, 파업을 일으키는 직원, 이들과 대치 중인 경찰' 모두가 미움을 사기도 했다.(1) 당황한 프랑스 정부는 1967년 1월 골수 반노조주의자이자 전 파리 경찰서장이었던 모리스 파퐁을 항공기 제작사인 쉬드 아비아시옹의 파업 현장에 급히 보냈다. 모리스 파퐁은 1962년 노동총연맹(CGT)의 주도로 알제리 독립을 위한 행진 행사 중 샤론느 지하철 역에서 벌어진 경찰 살해 사건의 수사를 지휘했었다.

낭트에서 출발한 프랑스 국립 경찰(CSR)의 시위 진압 차량이 생나제르에 도착했을 때 언론들은 폭력적인 충돌이 일어날 것이라 예상하고 달려갔다. 그러나 예상 밖이었다. CGT의 회보에 인용된 한 기자의 증언에 의하면, "설계사, 금속 노동자들 사이에서 놀라운 전략가들이 나타났다. 워키토키로 파업 노동자들은 적의 무리를 교란시켰다. 마치 쥐를 잡으려는 고양이를 보는 듯했다. CSR은 그림자 뒤를 쫓다가 놓치고 허둥지둥하다가 막다른 골목에 들어서거나 시위대 무리 사이에 샌드위치처럼 껴 있기도 했다."(2)

게다가 시민들이 연대하여 파업 시위자들을 경찰의 폭력으로부터 보호했다. 미용사들은 무료로 면도 서비스를 제공했고, 상점들은 외상을 주었으며 어부들은 생선을 나누어 주었다. 아울러 임대인들은 임대료를 분할 납부할 수 있도록 도와주었고 시의 공과금도 분할 납부가 가능했다. 브리에르 국립 공원에서 파업 노동자들을 위한 피크닉 행사를 열기도 했고, 카지노 앞에서 샌드위치를 먹으면서 부르주아를 겁주며 놀리는 사람들도 있었다.

파업 시위대로 향한 감동의 후원 모금 행렬

그리고 일부 언론사도 파업에 동조하기도 했다. 그해 4월 12일 〈르몽드〉지는 "도시 전체가 조선소와 쉬드 아비아시옹 공장에 기대어 먹고 산다고 해도 과언이 아니다. 여름 한 철 관광 수입이 있기는 하지만 미미한 수준이다. 게다가 봄철 어쩔 수 없이 영업을 하지 못했기 때문에 힘들고 긴 겨울을 견뎌야 할 것이다. 생나제르의 호텔 종사자, 카페 사장, 택시 운전기사 상인들은 이 상황을 잘 알고 있지만 그들의 영업장 앞으로 행진하여, 교차로를 점령하고 CRS와 숨바꼭질을 하고 있는 파업 시위대의 정당한 권리에 대해 토를 달지 않는다."라고 보도했다.

드디어 프랑스 전역이 점차 생나제르의 파업에 관심을 가지기 시작했다. 4월 11일부터 5일간 아브르, 루앙, 로안느, 캬오흐, 몽펠리에, 툴루즈를 거치며 후원 자금 모금을 위한 '프랑스 전국 투어'가 시작됐다. 여러 업체에서 이 모금 활동을 위한 차량과 운전기사를 지원했다. 물론 이런 지역 차원의 연대가 충분하지 않을 수도 있었다.

결국 280만 프랑을 모금했는데 파업 노동자 한 사람당 당시 타이피스트 한 달 월급에 해당하는 금액을 지원받을 수 있었다.(3) 그러나 데카즈빌의 광부들(몇 년 전 장기 파업 중 생나제르로 자녀들을 보내 보살핌을 받을 수 있도록 한 바 있다)과 생테티엔의 공공임대주택 주민들은 이 '순례자'들에게 따뜻한 숙식을 제공했고 파업 시위에도 힘을 보탰다. 모니크 모리스는 "모금 투어를 떠났던 사람들은 모두 감동을 받고 돌아왔다"고 회상했다.

5만 명의 노조와 시민이 이루어낸 '인간 띠' 행진

루이 모리스가 단상에 올라가 파업 시위대를 이끄는 동안 그의 아내는 작은 아파트에서 두 아이를 돌보고 살림을 꾸려야 했다. 그녀는 "물론 쉽지 않았다. 그러나 파업 지원 기금과 가족, 주변 상인들이 도와준 덕분에 극복할 수 있었다. 시위가 끝난 저녁에 이들이 문 앞에 닭을

한 마리씩 두곤 했다"라고 미소 지으며 추억을 떠올렸다.

그리고 모니크 모리스는 가족 인민 협회 소속 여성들과 함께 생활고를 겪는 가족들을 지원하고 파업 지지 시위를 주관했다. 그녀는 겸손하게 "할 일을 했을 뿐"이라고 했다. 1967년 3월 21일 3천 명의 여성들이 노동자들의 박수 세례를 받으며 행렬했다. 그리고 4월 6일 행렬에 가담한 여성 수는 5천 명에 달했다. 80대의 나이에도 여전히 총명한 눈빛을 가지고 있는 모리스는 "생나제르는 그 어느 때보다 생동감 있었다"라고 회상했다.

물론 두려운 순간도 있었다. 루이 모리스가 협상을 위해 파리로 출장을 가서 집을 비웠던 어느 날 밤, 조선소 경영진이 보낸 엔지니어 한 무리가 찾아와 겁박했다. 아이들은 바로 옆 방에서 자고 있었다. 그러나 이 사건은 오히려 사측이 곤경에 처했다는 증거였고 이들의 약점을 드러냈을 뿐이었다.

경영진은 파업 52일째 날 임금 3.35% 인상을 제안했다. 그러나 파업 노동자와 공장 폐쇄로 무급 휴직 중이었던 노동자 87%가 이 제안을 거절했다. 노조는 16% 인상을 고수했으며 이 중 8%는 즉각 인상해 줄 것을 요구했다. 결국 파업은 루아르 아틀란티크 전역으로 번졌다. 4월 27일 노사 협상이 한창 진행되던 와중에 프랑스 언론은 생나제르 거리 곳곳에 나타난 '인간띠'를 보도했다. 약 5만 명의 사람들이 '샹젤리제만큼 긴 도로를 가득 메워' 행진했다.(4)

"민초의 승리였다"

프랑스 정부는 노동자 저항 운동이 확산될까 우려했다. 결국 5월 1일 새벽, 40시간의 협상, 62일간의 파업, 그리고 43일간의 공장 폐쇄 끝에 노조와 사측은 합의에 이르렀다. 월급제 근로자는 임금 16% 인상을 위한 첫 단계로 연간 임금 인상률 7.35%와 직업전환 재교육 요구를 통과시켰다. 그리고 그 전날 생나제르의 조선소 시급제 노동자 노조는 월급제 노동자와 동일한 임금 인상, 근속 수당, 휴가 수당, 기본급에 상여금 추가(업무에 따른 인센티브)를 명시한 합의서를 체결했다.

노동자들이 역사적 진보를 이룬 날이었다. 다른 기업의 시간제 노동자들도 임금 인상을 요구하기 시작했다. 그리고 시급제 노동자와 월급제 노동자 간 지위 평등을 위한 협상이 시작되었고 4년 후 최종 합의를 도출했다. 또한 '부하'라는 용어를 폐기함으로써 앞으로 사주가 어떠한 야심을 품지 못하게 막으려 했다.

생나제르는 노조 통합 전선의 상징이 되었다. 루이 모리스는 그해 5월 1일 연설에서 "아무도 침범할 수 없는 우리의 힘을 증명했고 사측의 저항에도 굴하지 않았다. 우리가 장애물을 뛰어넘은 것이다. 경이롭다."라고 선언했다. 그는 "민초의 승리였다. 노조의 투쟁으로 사주를 굴복시키는 쾌거를 이루었다"라고 강조했다.

5월 4일 월요일 시민들의 환대 속에 파업 노동자들은 사회주의 혁명가 '인터내셔널가(L'international)'를 부르면서 행진했는데, 이 노래는 마치 '다시 만날 때까지 안녕'을 부르는 듯했다. 생나제르의 파업은 1968년 혁명을 예고하고 있었다. 〈프랑스 공영 방송국(ORTF)〉은 마르셀 트리아와 위베르 크나프 감독의 다큐멘터리 영화 〈생나제르에서의 1967년 5월 1일〉의 상영을 금지했다. 금속 노동자의 승전 소식이 더 이상 퍼지는 것을 막아야 했기 때문이다.

다행히 트리아는 윗도리에 필름을 숨겨서 몇 개 중요한 장면들을 보존할 수 있었다. 그리고 35년이 지난 2002년 생나제르로 돌아와 〈프롤레타리아(les Prolos)〉를 상영했다. 이제 '노동자 계급'은 사라질 것이라는 믿음이 만연해졌다. 그러나 그의 카메라가 선박 화물창 깊숙한 곳에서 이 노동자들을 꺼내어 보였다. 이 노동자들의 투쟁 속에서 임시직과 하청업자들이 겪는 참상을 목도할 수 있다.

"현대 대기업들은 이런 임시직과 하청과 같은 무기를 활용하여 요동치는 시장에 대처하고 노동자들이 쟁취한 사회 보호막을 무력화시켜버리고 있다." **LD**

크리티크M 6호
『LGBTQIA의
가려진 진실』
권당 정가 16,500원

글·뱅자맹 페르난데즈 Benjamin Fernandez
저널리스트. <르몽드 디플로마티크>와 <프랑스 앵테르>, <RFI> 등에 기고하고 있다.

번역·정수임
번역위원

(1) Jean Peneff 'Autographies de militans ouvriers 노동 투쟁가의 자서전' <프랑스 정치학>, 29주년, 1호, Paris, 1979년.

(2) 생나제르 지역 노동자 운동 연구 협회에서 인용, 『Histoire ouvrière et mémoire populaire 노동자 역사와 인민의 기억』, 제5호, Editions du Petit Pavé, Brissac-Loire-Aubance, 2021년.

(3) 'Un printemps sur l'estuaire. Saint-Nazaire, la CFDT au coeur des luttes. 1945~1975 강하구의 봄. 생나제르, 투쟁 중심에 있는 민주프랑스노동연맹. 1945~1975', Éditions du Centre d'histoire du travail, Nantes, 2005년.

(4) 『Histoire ouvrière et mémoire populaire 노동자 역사와 인민의 기억』, op.cit.

나의 두 사랑, 로사와 룩셈부르크

크로스토프 고비 ▌작가

"**나**에겐 두 사랑이 있다. 로사와 룩셈부르크." 하얀색 민소매 티셔츠 차림에 동그란 뿔테 안경을 쓴 파코는 이렇게 흥얼거렸다. 그는 마르세유의 선박 수리 회사 레파(Répa)에서 해고된 전직 금속가공 기술자이다.

〈미래의 분노〉, 2023 - 세바스티엥 마르샬

현실에서 파코의 본명은 제라르 지오반젤리이다. 실제 존재와 허구의 조각들로 자신의 분신이자 혈육인 파코를 창조했다. 1950년대에 태어난 그는 청소년기에 68혁명을 온몸으로 맞이했다. 그는 마르세유 블랑키 거리에 위치한 아파트 거실에서 연극을 공연했다. 그는 정확한 마르세유 사투리와 표현들로 청중을 사로잡았다. 과하진 않았다. 그는 라디오를 듣고 거짓말쟁이라고 불평했다. "수치스러운 기자들!"

그는 과거, 결혼, 거처, 노조 지부에서 만난 로사에 대해서 이야기해 주었다. 서대와 정어리 떼가 가득한 부두 위에서 올린 결혼식은 마르세유인들의 꿈이었다. 로베르 게디기앙의 결혼식처럼 말이다. 노래를 불렀다. "붉은 깃발(Le Drapeau rouge), 몽테위스의 노래 청년 근위대(la Jeune Garde)." 그러면서 미구엘 알메레이다가 조직한 무장 근위대에 대해서 생각했다. 미구엘 알메레이다는 무정부주의자들의 리더였고, 〈라 게르 소시알〉지의 기자였으며, 전쟁 바로 직전에는 카멜롯 뒤

사진:레진도토리

지루한 작업을 반복해야 하는 직업이다. '우리는 전성기를 지나 녹슨 나이였지만 존중받았다.' 우리는 30m² 규모의 1층에서 작업하다가, 갑자기 선창 아래로 떨어졌다. 라이베리아 유조선 Olympic Honour호에서 참사가 일어났다. 당시 작업장에서 31명이 부상당하고 7명이 사망했다. 우리에게 극우 정당 국회의원이 된 아들에 관해 이야기하기 위해서 과거로 거슬러 올라갔었다. 노동자 인터내셔널 프랑스 지부 소속인 가스통 데페르가 시장으로 선출된 마르세유에서 극우 국회의원이 된 것은 정당과 노동총연맹(CGT)의 멤버 모두에게 수치였다. 부에나벤투라로 불리던 아들이었다. 1936년 마드리드 근처에서 살해당한 스페인 혁명가 부에나벤투라 두루티처럼 말이다.

그 아들이 반대 진영의 국회의원이 되었다. 파코는 아들을 노동자 조직에 보내고 싶었다. 그러나 아들은 파리 억양을 쓰고, 부르주아와 교류하며 완전히 배신했다. 아들은 법을 전공했고, 우파가 되었다. 파코는 스탈린의 독재체제에 대한 비판을 피하지 않았지만, 그들이 과연 항구에서 무엇을 할 수 있었을까...

파코는 학교에 다니지 못한 프롤레타리아를 옹호했지만, 사람들은 헨리 크라수키의 말투를 비웃었다. 1924년 폴란드 바르샤바에서 태어난 헨리 크라수키는 1928년 프랑스로 이주했다. 그는 강제수용소에 수용된 적도 있고, FTP MOI(공산주의 레지스탕스 부대 : 역주)의 레지스탕스였고, 노동총연맹(CGT) 사무총장을 지냈다. '그가 왜 수용소를 떠나기 전에 불어 동사 변화표와 불어 사전을 가져오지 않았는지 의문이다.' 68혁명을 겪은 세대답게, 제라르도 노동총연맹(CGT)의 선배들, 레지스탕스 선배들과 대립했다. 두 세대는 공동의 적이 있음에도 서로 대립했다.

과거와 현재의 사회정치적 문제들을 연결하는 진정한 가교

어느 날 갑자기, 현금인출기 앞에서 가방을 뺏기고 로사가 사망했다. 파코의 인생은 달라졌다. 그는 강도가 아니라 돈을 탓했다. 이 모든 비극의 책임자는 본인이라

루아(극우 왕당파 조직 : 역주)와 싸웠었다.

민중가요 랑테르나시오날(L'Internationale)은 우리를 위한 미사였다. 이 노래는 시위나 장례식에서만 불렸다. 춤을 출 때에는 프랑스 가요와 미국의 유행가를 틀었다. 여흥을 즐기기에는 성모 찬송가보다 나았다. 파코는 자신이 무슨 말을 하고 있는지 알고 있었다. 제라르는 레파 회사에 다니던 시절 정치적 경험을 쌓았기 때문이다. '1968년 크리스티앙 가르니에와 함께 티에르 고등학교에 다니던 시절, 17살의 나는 마오주의-자발주의자(Mao spontex)였다.' 최근에 고인이 된 크리스티앙 가르니에는 마르세유에서 유명한 활동가였다. 그도 노동자 계급의 대표적인 활동가였다. 제라르는 약간 묘했다. 노동자 계급 출신으로 진학에 성공했지만, 본인이 어디 출신인지 기억하는 사람.

파코는 60m 높이의 청동으로 된 선박 추진기에 대해서 열성적으로 이야기했다. 청동세공인, 용접공 모두

고 생각했다. 그는 현금인출기와 은행의 현금수송차량을 공격했다. 재판에서 관대한 판결을 받아 정신병원에 입원했다.

유세프를 만났다. 유세프와 그는 친구가 되었고, 유세프는 우리에게 도시에서 아랍인들을 어떻게 받아들이는지 이야기했다. woke('각성한, 깨어있는'라는 단어로, 인종차별 등의 사회적 불의를 인식하고 있다는 의미. 현재 보수 진영서는 조롱의 의미로도 쓴다-역주)에 대해서도 피상적으로 이야기했다. "각성, 될 대로 되겠지"라고 농담도 했다. 이 희곡은 과거와 현재의 사회정치적 문제들을 연결하는 진정한 가교이기 때문이다. 그는 몇몇 표현들을 후회했다. '이 표현들이 결국은 누군가를 아프게 할 것이기 때문이다.' 그는 좀 더 완곡하게 표현하고 싶었다. '우리는 수다쟁이가 아니다...' 노동자 문학인 이 희곡은 사회 문제를 다루지 않는다. 그리고 제라르는 바다 위의 튜브와도 같은 말장난을 사용했다. 반인종차별 이야기는 더 이상 반파시즘 난민에 대한 이야기가 아니라, 독일, 영국, 이탈리아의 크루즈 관광객들에 대한 이야기로 바뀌었다. 피임법까지 이야기가 나왔다. 중·고등학생이나 할 법한 농담이지만 여전히 마르세유에서는 통한다. 제라르 지오반젤리는 이 희곡을 15일 만에 썼다. 1968년 이후, 그는 6년 동안 항구에 있는 레파 회사에서 일했다. '레파가 은신처였다.' 노조는 CGT밖에 없었다. 다른 이들은 혁명비밀행동위원회 멤버였다. 그는 '작업장보다는 부두에서 주로 일했다. 녹초가 되면 밧줄에 묶인 채 한숨 잤다.' 그는 수당이 올라가는 몇 시간의 야간 작업을 선호했다. 석유파동이 일어나고 회사가 모든 노동자를 해고했을 때, 그는 체제 속에서 망가진 이들을 모두 고용하며 동화시키는 책임자가 되었다.

모든 올바른 활동가들에게 헌정하기 위해 제라르는 노동자 시절의 기억을 바탕으로 이 희곡을 썼다. 그는 그들이 풍자의 대상이라고 말했다. 아들이 티에르 고등학교의 우수한 학생이었는데도, '나는 네가 넥타이 맨 모습을 보지 못했다.'라고 그의 코르시카인 아버지는 고백했다. 엔지니어가 되기로 했던 약속과 정치적 유산이 그를 민중 속으로 보냈다. 그것은 핏줄? 유산일까? 희곡을 공

연하면서, 그는 즐기고 감동하며, 잊지 않는다. [ID]

크리티크M 4호
『시뮐라크르 세계의 '박찬욱'들』
권 당 정가 16,500원

글·크로스토프 고비 Christophe Goby
작가

번역·김영란
번역위원

※ 마르세유의 한 아파트에서 극작가 제라르 지오반젤리가 크자르와 함께 연극 <단순 과 거(Un Passé Simple)>를 공연했다.

『새들의 말』과 『레일리와 메즈눈』

수피즘의 영적 사랑 노래

장 루이 맹갈롱 ▮작가

일반 대중들이 알고 있는 수피즘은 유럽인 여행가들의 글(특히 테오필 고티에의 〈알제리 여행(Voyage en Algérie)〉)을 통해 소개된 강신술이나, 너스라트 파테 알리 칸과 같은 인도·파키스탄계의 수피즘 음악('카왈리'), 알 킨디 앙상블의 음악에 맞추어 회전춤을 추는 다마스쿠스 수도승들의 춤사위, 이란 출신 무용가 라나 고르가니의 무용 작품 등 주로 '극적'으로 연출된 것들이 대부분일 것이다. 하지만 이런 것들은 그저 첫걸음에 지나지 않는다. 수피즘, 더 나아가 이슬람, 특히 수니파 이슬람의 신비주의에는 이보다 더 많은 것들이 담겨 있다.

수피즘은 이슬람과 함께 태어난 것이지만, 평화와 영혼에 대한 메시지를 널리 전하기 위해서라면 현대적 도구의 사용도 결코 망설이지 않는다. 바로 이 점에서 수피즘은 지하디즘이나 살라피즘과는 오히려 대척점에 놓여 있다.(1) 18세기에 들어서며 종단 결성 등 전성기를 맞게 된 수피즘은 위대한 사상가들의 글을 편찬해내기 시작했다.

스페인 안달루시아 출신의 '대스승' 이븐 아라비(1165~1240)를 예로 들 수 있는데, 특히 이븐 아라비의 저서는 무려 400권을 넘어서며, 교리를 담은 산문과 운문이 대부분이다.(2)

여러 사람들이 혼자, 혹은 여럿이 모여서 읽고 암송하고 노래한 이 수피즘 시들은 늘 중요한 역할을 차지해왔다. 1967년 프랑스인 어머니와 이란인 아버지 사이에서 태어난 테헤란 출신의 레일리 안바르 역시 수피즘 문학의 주된 계승자로 손꼽힌다. 그녀는 현재 번역과 다양한 논객 활동을 벌이는 한편 프랑스의 국립동양언어문화대학(INALCO)에서 페르시아 문학과 신비주의 신학을 가르치고 있다.

안바르는 20세기의 이란계 쿠르드인 출신 시인인 말렉 잔 네마티, 그리고 아마도 세상에서 가장 많이 읽혔을 수피즘 시인인 잘랄 알 딘 루미(터키에서는 '모랴냐(우리들의 스승)'로 불린다)를 소개했다. 1207년 이란 쿠라산에서 태어난 루미는 말년에 아나톨리아의 코니아로 향해 대표작인 『마트나위(Mathnawi)』(1273)를 쓰고 그곳

에서 세상을 떠났다. 본래 스승인 샴스를 통해 수피즘의 교리를 배운 그는 바로 그 회전춤을 추는 메블레비 교단을 창설한 인물이기도 하다.(3)

루미는 자신의 선조인 파리드 알 딘 아타르에 대해 이렇게 말했다. "아타르는 일곱 개에 달하는 사랑의 도시를 아울렀으나, 나는 여전히 길거리 한구석에 머물러 있을 뿐이다." 루미와 마찬가지로 쿠라산 출신인 아타르는 1190년 『새들의 말(Le Langage des oiseaux)』을 썼는데, 이는 후투티새 한 마리를 따라 신화적인 동물이며 신의 현신으로 불리는 '시무르그새'를 찾기 위해 떠난 새들에 대한 이야기를 담고 있다. 수많은 함정을 넘고 일곱 개의 계곡을 지나며 마지막까지 살아남은 삼십여 마리의 새들은 이 여정이 그저 자기 내면의 길이며 결국 자신에게 돌아온다는 사실을 깨닫게 된다.

4,724개에 달하는 이행시 중 프랑스어로 번역된 것은 단 하나였는데, 그나마도 프랑스의 동양학자·인도학자 조세프 엘리오도르 가르생 드 타시가 1857년 산문으로 옮긴 해설번역본뿐이었다. 이에 레일리 안바르는 『새들의 말』을 운문으로 번역하여 소개하였고, 이를 통해 "이야기가 주는 환희"를 중요하게 보았다.(4)

안바르는 앞서 『레일리와 메즈눈(Leyli et Majnûn)』을 번역하기도 했다. 1484년 페르시아의 수피즘 시인 자미 역시 8세기의 서정시에서 영감을 받아 이 작품을 쓴 것으로 알려져 있다.(5) 이는 게이스라는 이름의 남자가 한 여인 레일라에게 바치는 사랑시로, 아랍·무슬림 중심의 동양권에서, 나아가 더 많은 사람들이 손꼽는 가장 유명한 러브 스토리로 떠올랐다.

안바르의 설명에 따르면 페르시아의 시인 니자미가 쓴 1188년 버전의 『레일리와 메즈눈』에 이어, 자미의 『레일리와 메즈눈』은 사

랑하는 여인을 빼앗긴 뒤 광인('메즈눈')이 되어버린 베두인족 시인 게이스가 야생 동물들이 출현하는 사막 한복판으로 떠나게 되는 이 비극적 이야기를 "사랑을 통한 신비주의적 교리의 깨달음"으로 승화하고 있다. 결국 메즈눈의 전투는 "마찬가지로 스스로의 꿈을 믿고자 하는 독자들의 전투"가 된 것이다. 두꺼운 커버 아래 동양에서 찾아낸 180개의 작은 삽화들을 담아낸 이 작품은 그 자체로도 진정한 예술 작품이다. ⒧

글·장 루이 맹갈롱 Jean-Louis Mingalon
작가

번역·김보희
번역위원

(1) 전 세계 수피즘 추종자의 수를 정확히 추정하기는 어려우나 현재로서는 약 3~4억명 정도로 추산된다. 그중에서도 여성의 비율이 높은 편인데, 실제로 여성의 역할도 점점 늘어나고 있다.
(2) Cf. Éric Geoffroy, 『Le Soufisme : Histoire, fondements et pratiques de l'islam spirituel 수피즘: 영적 이슬람의 역사, 기반과 실천』, Eyrolles, Paris, 2022, 208 pages, 12 euros.
(3) Leili Anvar, 『Rûmî. La religion de l'amour 루미, 사랑의 종교』, Entrelacs, Paris, 2011.
(4) Farîd Al-Dîn Attâr, 『Le Cantique des oiseaux 새들의 노래』, Éditions Diane de Selliers, Paris, 2023, 400 pages, 29 euros.
(5) Jâmi, 『Leyli et Majnûn 레일리와 메즈눈』, Éditions Diane de Selliers, 2021.

동아시아 5편에 대한 국가폭력의 성찰

철학자 벤야민-아도르노와 함께 영화를 읽는 법

하상복 ▮정치학자

1. '동굴의 비유'와 시각 이미지

그리스 철학자 플라톤(Platon)의 유명한 대화편『국가』에는 너무나도 유명한 '동굴의 비유'가 있다. 어두운 동굴 속 죄수는 자기 뒤에서 펼쳐지고 있는 상황을 자기 앞의 그림자를 통해서만 인식할 수 있다. 뒤를 돌아볼 수 없게 묶여 있기 때문이다. 그는 자기 뒤에 여러 종류의 동물들이 소리를 지르며 지나가고 있다고 믿는다. 하지만 그것은 실제 동물이 아니라 동물의 형상이며 그 소리 또한 거짓이다. 플라톤의 이러한 비유는 시각 이미지란 것이 인간을 얼마나 잘못된 인식과 오류의 세계로 몰고 가는지를 말해준다. 플라톤에게서 참된 인식, 즉 이데아에 대한 인식은 이미지라는 장애물을 걷어내는 것에서 성취된다.

이 동굴, 동굴 속 죄수, 그리고 죄수 앞의 움직이는 그림자, 이는 곧, 19세기 말에 탄생해 20세기를 지나 현재에 이르기까지 가장 강력한 대중문화로 자리매김하여 지대한 정치사회적, 문화적 영향력을 만들어내고 있는 영화의 세계가 아닌가 싶다. 캄캄한 극장으로 들어간 우리의 눈과 스크린 사이에는 그 어떠한 매개도 없다. 우리와 영화는 완전한 감각적 일치를 이룬다. 우리는 뒤 돌아볼 의지와 여유 없이 영화 이미지로 구축된 세계에 몰입한다. 적어도 영화가 끝날 때까지, 혹은 끝나고 나서도, 우리는 스크린 속 이미지가 가공된 비현실이라는 사실을 깨닫지 못한다.

플라톤은 그 동굴이 '독사'(doxa, 감각 기관을 통하여 얻은 감각적 지식을 토대로 사람이 대상에 대하여 상

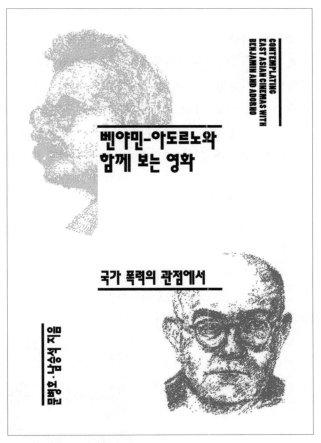

『벤야민-아도르노와 함께 보는 영화: 국가폭력의 관점에서』,
(문병호·남승석 지음, 갈무리, 2024)

식적으로 품게 되는 견해나 신념)를 생산하는 장소라고 보았지만, 현대를 살아가는 우리는 그 명제에 전적으로 동의하기는 어렵다. 왜냐하면 어떤 영화들은 세상과 인간과 자연과 우주의 진실을 담고 있고, 말하고 있기 때문이다.

시각 이미지에 대한 철학적 비판은 서구 문명의 또

다른 한 축으로서 헤브라이즘에서 그 강력한 자양분을 흡수했던 바, 유대교는 진리란 시각 이미지와 결코 어울릴 수 없다는 교리를 확신하고 전파했다. 그러니까 '무한, 절대, 영속, 편재를 본질로 하는 신의 진리가 어떻게 유한하고 소멸되어버릴 특정한 이미지 속에 담길 수 있을까'라는 종교적 의문이 유대교로부터 강력한 정당성을 얻고 있었다.

하지만 시각 이미지가 언제나 부정적인 평가를 받아온 것만은 아니었다. 프랑스의 사상가 레지 드브레이(R. Debray)가 『이미지의 삶과 죽음』에서 추적한 것처럼, 기독교의 탄생은 진리를 담아낼 형식으로서 시각 이미지의 가능성을 열어준 결정적 계기가 되었다. 신적 본질을 인간의 신체에 담아내고 있는 예외적 존재인 예수가 진리와 시각 이미지의 결합을 가능하게 만들었다. 그리하여 기독교는 초대교회로부터 시각 이미지를 열광하고 숭배했으며 급기야 진리 형식으로서 이미지의 교리적 정통성을 부여받기에 이른다. 그 종교적 의지와 열망은 8세기 동로마제국에서 맹위를 떨친 '성상파괴운동'을 막아내는 힘이었다.

그 시각 이미지는 르네상스에서 세속적 차원과 결합하면서 결정적이고 당당한 승리를 선언한다. 르네상스의 사상가 마키아벨리(N. Machiavelli)는 『군주론』에서 당대 인민들의 정치적 믿음의 원천이 시각 이미지임을 소리 높여 외쳤다. 마키아벨리는 그 시각 이미지를 멀리할 것이 아니라 정치적으로 활용해야 함을 군주들에게 역설했다. 그리하여 시각 이미지는 정치적 진리와 관련해 양면성을 지니는 대상으로 전환된다. 정치권력은 자신의 참된 본성을 인민들에게 전달하기 위해서 이미지를 동원해야 하고, 그와 동시에 자신의 거짓된 본성을 은폐하기 위해서 이미지를 이용해야 한다.

2. 대중문화인 영화를 중심으로 비교론 시도

19세기 말에 탄생한 영화는 시각 이미지에 대한 서구적 패러다임과 같은 역사적 궤적을 품고 있다. 상업적 목적과 분리될 수 없는 자본주의 도구이거나 억압적 권력의 미학적 정당화 수단인 영화는 우리에게 진실을 말하지 않는다. 영화 이미지는 우리를 자본주의적 소비자와 몽상가가 되는 것을 방조하거나 조장한다. 파시즘적 권력의 나신을 은폐하는 장치가 되어 우리를 탈(脫)정치화한다.

하지만 영화가 그와 같은 부정적 운동만을 하지 않았다. 그것은 자신의 고유한 놀라운 기술적 능력에 힘입어 인간과 사회의 진실에 대한 철학적 사유와 예술적 현현의 인상적인 양상을 드러내 주었다. 20세기 초반에서 중반으로 이어지는 시간, 독일의 표현주의 영화, 프랑스의 전위 영화, 이탈리아의 네오리얼리즘 영화 등은 영화가 정치적 참됨을 담아내는 이미지 형식이 될 수 있음을 강력하게 설득해주고 있었다.

영화 연구자이면서 다큐멘터리 영화 감독이기도 한 남승석과 독일 현대사상을 전공한 실천적 철학자인 문병호의 협력으로 탄생한 공저 『벤야민-아도르노와 함께 보는 영화: 국가폭력의 관점에서』는 정치적 진실을 드러냄으로써 영화적 실천이라는 문제를 넓고 깊게 제기하고 그에 답하려는 역작이다.

저자들은 영화의 정치적 진실 인식 능력을 의심의 눈으로 바라보고 비판적으로 사유하는 독일 철학자 아도르노(Theodore Adorno)와 그의 운명적 동료로서 영화의 진리 발견 가능성에 대한 신뢰를 거두어들이지 않은 벤야민(Walter Benjamin)의 사상을 축으로 자신들의 작업을 인상 깊게 수행해냈다.

주지하는 것처럼, 영화의 진리 전망과 관련해 이 두 사상가 사이에는 쉽게 허물 수 없는 간극이 존재한다. 그런데 그것은 곧 이 저자들이 지향하는 목적이기도 하다.

"벤야민이 『기술복제 시대의 예술작품』을 발표한 이래 영화의 역사는 벤야민의 소망대로 대중의 의식을 계몽하는 긍정적인 방향으로 전개되지 않았다. 영화의 역사는 아도르노가 간파하였던 대로 대중을 조작하고 기만하며 상업성과 오락성에 묶어두는 수단, 이윤 추구의 수단으로 전락한 역사가 되고 말았다. 그럼에도 불구하고 벤야민이 통찰하

였던 전적으로 새로운 차원의 지각 매체이자 시각과 청각을 아우르는 예술 형식인 영화가 예술이 갖는 능력인 현실에 대한 인식과 비판 능력, 의미 매개와 의미 형성의 능력을 갖추고 있지 않다고 볼 수는 없을 것이다. 오로지 이윤 추구의 극대화만을 추구하는 상업 영화와 오락 영화가 영화를 지배하는 경향이 지속되고 있더라도 순수예술작품으로 성공한 소수의 영화가 갖춘 예술적 능력을 도외시할 수는 없기 때문이다. 이러한 절박한 인식 하에서 공동 저자들은 이 책을 집필하였다."

-p.16~17

여기서 우리는 벤야민과 아도르노 사이에 놓인 이념과 해석의 긴장을 변증법적으로 넘어서기 위한 저자들의 의도를 감지한다. 바로 이 지점에서 이 책이 역작인 이유를 발견한다. 아도르노와 벤야민을 문화적 무대 위에 세워 그 두 사상을 비교하는 작업들은 있어 왔지만, 그들의 사상적 대립을 가장 잘 보여주는 대중문화인 영화를 중심으로 비교론을 시도하는 주목할 만한 작업은 그동안 없었기 때문이다.

3. 국가폭력을 고발하는 이미지 장치

남승석과 문병호는 한국, 중국, 대만, 일본, 네 나라의 영화를 선택해 영화의 정치성, 영화의 예술성을 이야기한다. 구체적으로 그들은 멀게는 제국주의 역사로부터 현대사에 이르는 시기까지 동아시아 네 나라들이 정치사회적 근대를 형성해가는 과정에서 국가적 구성원들에게 행사해온 폭력과 억압과 고통의 역사를 영화가 어떻게 재현하고, 고발하며, 해방의 길을 제시하는지를 해석하고 분석한다. 그들은 그러한 문제의식을 담고 있는 영화들로 〈공동경비구역 JSA〉(2000, 한국, 박찬욱), 〈택시운전사〉(2017, 한국, 장훈), 〈여름궁전〉(2007, 중국, 로예), 〈고령가 소년 살인사건〉(2017, 대만, 에드워드 양), 〈복수는 나의 것〉(1979, 일본, 이마무라 쇼헤이)을 선정했다.

저자들은 분단 체제하의 구조적 폭력, 부당한 군부 권력의 날과 같은 폭력, 중국 공산당 지배의 무자비한 폭력, 대만 국민당 정부의 권위주의적 폭력, 군국주의에서 유래하는 억압적 사회의 폭력, 말하자면 국가폭

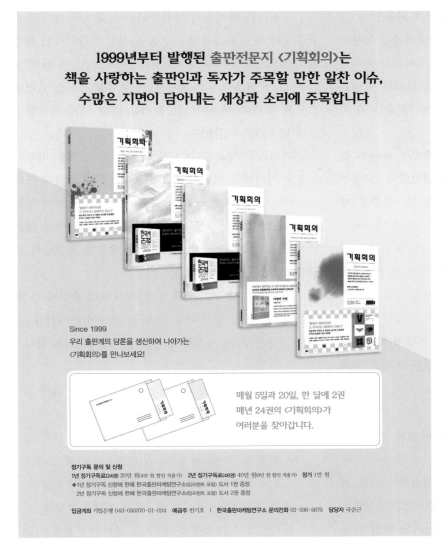

력으로 통칭되는 폭력에 의한 동아시아인들의 삶과 인격과 영혼의 유린과 파괴의 과정을 이 영화들이-때로는 적나라하게 때로는, 저자들이 말하는 '알레고리'를 통해 비유적으로-어떻게 재현해내는지를 흥미롭게 해석한다.

이 책이 주는 놀라움은 아마도 정치적 텍스트로서 영화의 이미지, 서사, 구조를 너무나도 정교하고 정치하게 분석하고 있고, 그러한 텍스트 분석에 조응하는 길 위에서 아도르노와 벤야민의 주요 개념들을 적용해 동아시아의 국가폭력을 보편적 차원으로 전환해내는 저자들의 노력이다. 저자들은 "국가 혹은 이데올로기가 자행하는 폭력과 이로 인해 개별 인간들이 당하는 고통이라는 주제를", "벤야민과 아도르노의 사상을 통해 근본적으로 해석할 수 있게 한다"고 말한다. "두 사상가의 사유는 언제나 세계가 인간에게 강요하는 고통이 공통분모라는 통찰을 제시하기"(p.14) 때문이다.

동아시아의 비극적 역사를 정면으로 응시하고 있는 이 영화들의 정치성이란 관객들에게 근현대 정치공동체의 가장 강력한 주체인 국가와 이념이 인류에서 얼마나 파괴적이고 무도한가를 폭로하고 있다는 사실이다. 역사는 진보를 향한 과정이고 국가는 그 과정의 궁극적 구현체라는 헤겔(G. W. F. Hegel)의 역사철학은 적어도 동아시아에서는 무너지고 있고, 영화는 그 점을 설득적으로 웅변하고 있다.

그렇다면 국가폭력의 희생자들은, 영화의 비극적 주인공들은 그렇게 소멸되어야 할 운명인가? 유희, 폭력, 자살, 살인으로 둘러쳐진 악의 세계 속으로 그들은 사라져버릴 존재들인가? 이러한 문제 앞에서 저자들은 '구원'의 전망을 이야기한다. 그것은 곧 벤야민과 아도르노 사상이 도달하고자 하는 지점이기도 하다. "삶이 살고 있지 않는"(p.147) "세상 속에서 그들은 어떠한 방식으로 구원에 도달할 수 있을까?"(p.146) 이러한 질문에 대해 저자들은 이렇게 답하고 있다.

"이 영상들은 슬프고 추한 세계를 증언한다. 이 증언에는 세계가 변혁되기를 바라는 소망과 동경이 함께 들어 있다. 이데올로기 대립으로 개별 인간의 삶이 폐기되지 않는 세계에 대한 소망, 폭력으로서 기능하는 국가권력에 의해 개별 인간의 삶이 파편화되지 않고 죽음에 이르게 되지 않는 세계에 대한 동경, 제국주의, 군국주의와 같은 광기와 폭력의 총체적인 체계가 세계에서 더 이상 출현하지 않아야 한다는 소망이 들어 있는 것이다." -p.25

여기서 우리는 저자들이 생각하는 영화의 예술성을 인식한다. 영화는 국가폭력을 고발하는 이미지 장치로서 정치적이지만, 그리하여 그 영화 텍스트는 역사학과 정치학을 기반으로 하는 분석의 대상이지만, 그와 동시에 그 텍스트는 우리에게 억압적이고 폭력적인 정치적 현실 너머를 그릴, 아직 도래하지 않고 있지만 반드시 도래해야 한다고, 도래할 수 있다는 믿음의 근원으로서 유토피아의 의지와 열망을 담고 있는 가능성의 세계이기도 하다. 그 점에서 영화는 초월적인 예술이다. 그렇게 저자들은 우리가 영화를 어떻게 읽어내야 하고 상상해야 하는가, 라는 문제와 관련해 중대한 관점을 제시하고 있다.

동아시아 국가폭력의 역사를 입체적으로 인식하게 한 이 저서의 학술적, 대중적 잠재력을 다시 강조할 필요는 없어 보인다. 하지만, 책을 읽으면서 어쩔 수 없이 남게 되는 아쉬움을 말해야 할 것으로 보인다. 두 저자가 벤야민과 아도르노의 사상을 축으로 영화 해석에 집중한 나머지, 새로운 정치적 상상력의 지평이 좁아지고 있다는 느낌을 평자는 지울 수 없었다. 두 사상가의 이념을 중심으로 작업을 진행하면서 필요에 따라 다른 이론가들과의 접맥을 시도했다면 더 흥미롭고 입체적인 연구가 이루어졌을 거라는 생각이다. **ID**

글·하상복
목포대학교 정치언론학과 교수

6월의 〈르몽드 디플로마티크〉 추천도서

『호모 사이언스 사피엔스』
이재영 지음 | 아마존의 나비

저자는 사피엔스 입장에서의 '혁명'의 키워드, 즉 인지 혁명, 농업 혁명, 과학 혁명으로 바라본 문명의 흐름이나 빅뱅에서 오늘에 이르는 '빅 히스토리(Big history)'의 장대함과 달리, 문명의 두 축인 과학기술과 인간 정신의 성장과 상호작용을 '섞임'이라는 관점으로 담아냈다.

『물리학자는 두뇌를 믿지 않는다』
브라이언 키팅 지음 | 마크 에드워즈 그림 | 이한음 옮김 | 다산초당

이 책은 그 대단한 과학에 대해 말하지 않는다. 불가능해 보이는 질문을 향해 나아갔던 삶의 태도에 대해 말한다. 『물리학자는 두뇌를 믿지 않는다』에서 저자 브라이언 키팅은 노벨물리학상 수상자 9인과의 대화를 통해 그들의 삶에 대한 통찰을 걸러내어 어느 삶에나 결정적일 깨달음과 용기를 전하고자 했다.

『육식, 노예제, 성별위계를 거부한 생태적 저항의 화신, 벤저민 레이』
데이비드 레스터 지음 | 마커스 레디커, 폴 불 엮음 | 김정연 옮김 · 신은주 감수 | 갈무리

이 책은 역사상 최초로 노예제와 동물 학대에 맞서 싸운 인물 중 하나였던 18세기 저신장 장애인 운동가 벤저민 레이의 혁명적인 삶을 그린 그래픽 노블이다. 세계적인 역사학자 마커스 레디커의 책 『벤저민 레이』를 만화가 데이비드 레스터가 각색하여 그렸고 원작자 마커스 레디커와 만화를 연구하는 역사학자 폴 불이 작품을 해설하는 후기를 썼다.

(한류백서)
(KOFICE)
(2023)

『한류백서 2023』
KOFICE 편집부 지음 | KOFICE

한류백서는 방송·영화·음악 등 7대 대중문화 콘텐츠에서 음식, 뷰티, 패션 등 4대 소비재까지, 핵심 한류 분야의 연간 동향을 분석함으로써 교류 활성화를 위한 시사점을 제공한다. 『한류백서 2023』은 〈2023년 한류 총론〉, 〈2023년 한류 부문별 성과와 전망〉, 〈2023년 한류 부문별 성과와 전망〉 등에 대한 기초적이고 전반적인 내용이 수록된 책이다.

『나는 읽고 쓰고 버린다』
손웅정 지음 | 난다

손웅정 감독이 2010년부터 작성해온 독서노트를 바탕으로 2023년 3월부터 2024년 3월까지 김민정 시인과 진행한 여러 차례의 인터뷰를 책으로 묶었다. 따뜻한 진심이 매력인 책으로 독자는 손웅정 감독과 단둘이 대화를 나누는 듯한 친근함과 그 기저에 자리한 담박한 철학에 깊이 감명받을 것이다.

『움직임』
조경란 저 | 작가정신

『움직임』은 장편 『가족의 기원』에서부터 연작소설집 『가정 사정』에 이르기까지, 가족이란 무엇인지를 끊임없이 묻고 답해온 조경란 가족 서사의 시작점에 놓인 소설이다. 작가에게 있어 가족이라는 주제는 "문학의 시작"이 된다. 그리고 "그 출발의 책이 바로 『움직임』"이다.

『소녀가 되어가는 시간』
에이미 엘리스 넛 지음 | 현아율 옮김
| 돌고래

『소녀가 되어가는 시간』은 남자로 태어났으나 2세부터 여성의 자의식을 확고히 내보인 한 어린이와 그 가족의 실화로, 주인공 니콜이 가족과 공동체의 지지와 조력 속에 트랜스젠더 여성으로 거듭나는 20여 년의 극적이고도 감동적인 여정을 다룬다.

『함께 내딛는 찬찬한 걸음』
류수연 지음 | 소명출판

이 책에 담은 글들은 이토록 뜨거웠던 지난 10년을 관통하며 성실하게 문학과 시대를 고찰하고자 했던 결과물들이다. 무엇보다 이 격동하는 시대 안에서 문학을 둘러싼 여러 변화들을 포착하고자 노력하는 한편, 주류문학이라는 틀 바깥까지 나아가 오늘의 문학을 보다 폭넓게 사유하고자 하였다.

『골아보카』
4·3문학회 지음 | 아마존의나비

여기에 실린 글들은 제각기 70여 년 전 과거의 바람 한 줄기가 남긴 흔적일 뿐이지만, 그것이 참혹한 기억을 들추어내거나 잃어버린 어떤 신화를 복구하기보다는 머지 않은 미래에 좀 더 분방한 상상력으로 피어날 씨앗이 될 수 있으리라는 희망으로 제주 4·3 76주기를 추념하며 모아 내어놓았다.

『데리다와 역사』
김민호 지음 | 에디스코

파리8대학 산하 철학의 현대적 논리 연구소에서 데리다 연구로 박사 논문을 쓴 김민호 선생이 역사에 대한 데리다의 사유를 주제로 한 강연 내용을 책으로 엮었다. 이 책 『데리다와 역사』는 20세기 가장 빛나는 철학자 중 한 명이자 가장 난해한 철학자로 유명한 자크 데리다 사상을 이해하는 최고의 안내서가 될 것이다.

미 백인들이 연쇄 살해한 '붉은 피부의 백만장자들'

마틴 스코세이지의 〈플라워 킬링 문〉, "악의 길은 너무나 넓다"

김경욱 ▌영화평론가

데이비드 그랜의 논픽션 〈플라워 문〉을 영화로 각색

1870년대 초, 오세이지족은 미국 캔자스주의 고향에서 쫓겨나 오클라호마 북동부의 인디언 보호구역 그레이스 호스로 이주했다. 1894년, 아무 가치도 없어 보였던 땅이 미국 최대의 석유 매장지의 일부로 밝혀지면서, 오세이지족에게 어마어마한 행운이 찾아왔다. 석유 채굴업자들은 오세이지족에게 임대료와 사용료를 지불해야 했고, 석유 채굴량이 늘어나면서 오세이지족에 지급되는 돈도 점점 늘어나 수천 달러에 이르렀다.

그들은 '붉은 피부의 백만장자들' 같은 자극적인 헤드라인의 기사를 통해 세상에서 가장 부유한 사람들로 알려졌다. 검은 황금으로 불리는 석유와 함께 온갖 잡다한 사람들이 돈을 쫓아 그레이스 호스와 페어팩스로 몰려들었다. 그리고 사악한 어둠의 그림자가 그 지역에 드리우기 시작했다. 오세이지족 사람들이 차례로 석연치 않은 사고로, 자살로, 병으로 죽어 나가기 시작한 것이다. 마치 '꽃을 죽이는 달(플라워 킬링 문)'의 시기가 도래한 것처럼. 오세이지족이 사는 지역은 4월에 헤아릴

영화 <플라워 킬링 문>에서 오세이지족 여성 몰리 역의 릴리 글래드스턴과 그녀와 결혼한 어니스트역의 레오나르도 디카프리오

백인들은 오세이지 인디언들을 학살한 뒤에 그들의 고유문화를 보존한다는 명목으로 기념관을 세웠다. 그레이 댄스홀 앞의 유색인 주민들.

수 없이 많은 작은 꽃들이 초원과 산을 뒤덮은 다음 5월이 되면 키 큰 식물들이 작은 꽃들 위로 번져나간다. 키 큰 식물들에게 빛과 물을 빼앗긴 작은 꽃들은 목이 부러지고 꽃잎들이 흩어져 결국 땅속에 묻히게 된다.

1921년부터 4년 동안 오세이족 24명 살해돼

마틴 스코세이지 감독이 연출한 〈플라워 킬링 문〉(2023)은 1921년부터 4년여 동안 24명의 오세이지족과 수사에 나섰던 3명의 백인이 살해된 사건을 다룬 데이비드 그랜의 논픽션 〈플라워 문〉을 각색한 영화이다. 이 무시무시한 비극의 중심에 오세이지족 여성 몰리(릴리 글래드스턴)가 있다. 몰리에게는 어머니와 세 명의 자매가 있었는데, 엄마와 여동생은 '소모성 질환'(사실은 독살)으로, 언니는 총에 맞아서, 또 다른 여동생과 남편은 집의 폭발로 인해 차례로 죽어간다.

가족들이 모두 사망하자 가족들이 가지고 있었던 오세이지족의 석유 로열티('인두권(headrights)')는 모두 몰리에게 상속된다. 몰리마저 죽게 된다면, 그녀의 모든 재산은 백인 남편 어니스트(레오나르도 디카프리오)에게 상속될 것이다. 그런데 어니스트는 당뇨병에 시달리는 몰리에게 인슐린에 독을 탄 주사를 놔주면서 서서히 죽어가게 만드는 중이다.

몰리와 오세이지족에게 벌어진 이 모든 비극은 어니스트의 삼촌이자 '오세이지 힐의 왕'으로 불리는 목축업자 윌리엄 헤일(로버트 드 니로)이 주도해서 꾸민 음모였다. 인두권(headrights)은 상속에 의해서만 얻을 수 있기 때문에 헤일은 어니스트에게 몰리와 결혼하라고 종용하고 그녀의 가족을 차례로 제거한 것이다.

오세이지족의 말을 할 줄 아는 헤일은 오세이지족 사이에서 신망이 두터운 인물이다. 오세이지족 대표가 잇따른 사망 사건을 부족 차원에서 조사하려고 하자, 헤일은 선뜻 살인 관련한 제보자에게 보상금 천 달러를 추가로 주겠다고 선언한다. 따라서 몰리와 오세이지족은 헤일을 의심하거나 헤일을 중심으로 한 백인들이 조직적으로 부족인들을 살해하고 재산을 가로채려는 음모를 알

아채지 못한다. 외부의 적보다 내부의 적이 훨씬 더 위험한 이유는 그들이 다정하고 친절한 '친구'의 모습으로 곁에 있기 때문이다. 헤일은 오세이지족이 "내 인생 최고의 친구"라고 말한다.

헤일의 범행 동기는 크게 두 가지로 설명할 수 있다. 하나는 백인이 그들보다 나은 삶을 살아가는 유색인종에게 느끼는 시기심이다. 백인은 유색인종보다 항상 우월한 위치에 있어야 하는데, 오세이지족은 백인보다 훨씬 더 부유하게 살면서 백인을 하녀로 두는 경우까지 있었다. 온종일 열심히 일해야 먹고 살 수 있는 백인들이 즐비한데, 오세이지족은 무위도식해도 나날이 늘어가는 석유로열티 덕분에 점점 더 부자가 되고 있다. 같은 백인이라도 시기심이 발동할 상황인데, '열등한' 유색인종이 그렇다는 건 정말 견딜 수 없는 일이다.

헤일은 경멸 어린 어조로 유색인종을 야만인으로, 오세이지족 여성을 '담요'라고 부른다. 시기심에 사로잡힌 열악한 상태의 백인들은 헤일의 사주에 따라 별다른 망설임 없이 범죄를 저지른다. 이러한 백인들의 시기심을 합리화하는 바탕에는 기독교의 선민의식이 깔려있다. 자신이 '32등급 프리메이슨'이라고 말하는 헤일은 살인 교사를 밥 먹듯이 하면서도 전혀 죄의식을 갖지 않는다. 그는 범행이 드러난 다음에도 "오세이지족에게 학교와 병원을 지어줬고, 위대한 20세기를 안겨줬다"며 억울함을 내비친다. 선민의식의 또 다른 바탕에는 야만인들에게 수혜를 베풀었다는 제국주의의 합리화가 자리하고 있는 것이다.

시기심 많은 백인들의 집단 광기

또 다른 범행 동기는 헤일이 자본주의의 화신 그 자체이기 때문이다. 헤일은 더 많은 돈을 가질 수 있다면 무슨 일이든 할 수 있을 뿐만 아니라, 아무리 많은 돈을 가진다 해도 결코 만족하지 못하고 더 많은 돈을 갈구하는 허기진 상태의 좀비같은 인물이다. 그러므로 자본주의의 본질에 너무나 충실한 그는 잘못한 게 하나도 없다고 생각한다.

이 영화에서 어쩌면 헤일보다 더 사악한 인물은 이름만 정직한 어니스트라고 할 수 있다. 그는 헤일이 꾸미는 범죄를 알고 있거나 직접 가담하면서도 양심의 가책이나 죄의식을 느끼는 듯한 모호한 표정으로 일

관한다. 잔인하고 사악한 헤일의 협박에 어쩔 수 없이 나쁜 짓을 계속하는 것 같기도 하지만, 뭔가 문제가 있다고 느낀 몰리가 인슐린 주사를 거부하자 어르고 달래다가 격노하며 결국 자신의 목표를 관철한다. 그는 몰리를 사랑해서 결혼했다고 주장하지만, 독살하려던 범죄를 정직하게 털어놓고 속죄하며 용서를 구하지 않는다. 몰리는 모든 진실을 알게 된 다음에도 그를 받아들이려고 하는데, 그는 끝까지 거짓말을 한다.

마틴 스코세이지가 형사 장르를 좋아하지 않아서일 수도 있겠으나, 실제로 일어난 연쇄 살인사건을 다루면서 수사를 맡은 FBI 요원이 아니라 어니스트를 주인공으로 설정한 이유는 무엇일까? 가장 큰 효과는 몰리의 가족들이 차례로 죽어 나가고 그녀 또한 어니스트의 손아귀에서 서서히 죽어가는 스릴러 장르적인 설정을 통해 서스펜스를 극대화한 것이다. 또 어니스트, 몰리, 헤일을 중심으로 내러티브를 전개함으로써, 범죄가 드러나고 범인을 추적하는 상투적인 형사 영화와는 다른 영화가 연출될 수 있었다.

"옳은 길은 좁다!"

반면 수사관이 내러티브의 중심에서 주변부로 밀려나면서 사건의 전모가 구체적으로 명확하게 드러나지 않게 되었다. 헤일이 학살의 주범이라 해도, 조력자들과 방관자들 그리고 은폐한 자들이 없었다면 몇 년 동안 그 많은 범죄가 계속 저질러질 수 없었을 것이다. 예를 들어 의사는 오세이지족을 치료하면서 독극물을 주입해 범죄에 가담했다.

또 헤일이 감옥에 수감된 이후에도 오세이지족에 대한 살인이 있었다는 것은 조직적인 범죄를 암시한다. FBI의 수사에 따르면, 백인 권력층을 중심으로 오세이지족을 살해하는 시스템이 작동되고 있었다. 그 백인들은 살인 이외에도 오세이지족 소유의 자산을 그들의 통제하에 두고 합법적으로 잠식하기 위해 후견인 제도를 만들었다.

오세이지족을 금치산자로 취급해 후견인의 허락이 있어야 자신의 돈을 쓸 수 있게 한 것이다. 사업가, 목장주, 의사, 변호사, 정치인 등의 백인 권력자들은 온갖 사악한 방법을 동원해 오세이지족의 돈을 도둑질하고, 치안관, 검사, 판사 등 또 다른 백인 권력자들은 그들의 범죄를 묵인하거나 은폐한 것이다. "옳은 길은 좁다"는 영화의 대사를 그들에게 적용하면 "악의 길은 너무나 넓다."

영화는 헤일과 어니스트가 감옥에 가는 지점에서 멈춘다. 그들이 저지른 범죄의 무게와는 달리 너무나 쉽게 가석방으로 풀려났다는 사실을 냉소적인 방식으로 알리기는 하지만, 아쉬운 부분이라고 할 수 있다.

그런데 이 영화에서 다룬 사건과 인물들은 현재 한국 사회에서 벌어지는 일들과 유사한 지점이 많아 너무나 씁쓸하다. 특히 헤일이 자신 있게 떠들어댄 대사는 더욱 실감 나게 다가온다.

"한동안 대중들은 목소리 높여 나를 비난하겠지. 하지만 그러다 곧 잊어버려. 기억도 안 하고 신경도 안 써. 그냥 또 하나의 흔한 비극일 뿐이야!" **ID**

글·김경욱
영화평론가. 세종대에서 영화 관련 강의를 하면서, 본지 온라인에 정기적으로 <김경욱의 시네마 크리티크>를 연재하고 있다.

K팝 아이돌과 팬덤에게 필요한 진심과 사랑

기획사의 '내 아이들'이 진정 아티스트가 되려면

한유희 ▮ 문화평론가

2024년 상반기 엔터 사업에서 가장 뜨거운 감자는 '민희진 기자회견'이라고 해도 과언이 아니다. 기자회견을 통해서 민희진 개인의 경영권 찬탈 논란, HYBE-ADOR 사이의 갈등 등 복잡한 문제가 터져 나왔다. 지금도 무엇이 사실이고, 어떤 것이 진실인지 알 수는 없다. 하지만 주목해야 하는 것은 수많은 논란 중에서 가장 큰 '논란'은 바로 '민희진'이라는 한 명의 인물이 사회적으로 이토록 큰 논쟁거리가 되었다는 자체다. 케이팝 산업의 성장으로 인한 기획사의 내부적 갈등은 단순히 갈무리될 수 있는 수준을 넘어섰다. 시가 총액이 10조 원에 육박하는 HYBE의 문제는 첨예한 갈등의 요소를 쏟아내고 있다. 수도 없이 보도되고 있는 기사 속에서 모든 이슈는 결국 엔터테인먼트 산업의 문제로 대두된다. 하지만 이 모든 문제에서 아이돌 팬덤은 철저하게 배제된다. 분명 케이팝 시장을 유지하도록 만드는 원동력은 팬덤에 있음에도 불구하고 말이다.

케이팝 신드롬

이제 뉴스에서 케이팝 아이돌을 심심치 않게 볼 수

ADOR 민희진 대표의 기자회견/뉴스1

WE BELIEVE IN MUSIC

WHO WE ARE

HYBE 그룹 홈페이지

있다. "앨범이 몇백 만장이 팔려서 신기록을 달성했더라", "빌보드 차트의 1위를 했더라", "해외 투어가 매진이 되었다더라." 케이팝 아이돌은 더 이상 '한국'만의 아이돌이 아닐뿐더러 파급력을 지닌 문화 콘텐츠가 된 지 오래다. 그만큼 산업에 끼치는 영향이 대단하다는 것을 방증한다.

아이돌 역사는 유구하다. 아이돌의 시초에 대한 견해는 조금씩 다를 수 있지만, 보통 아이돌의 시초는 서태지와 아이들이다. 최근에는 4세대, 5세대 아이돌까지 등장하고 있다. 사실 아이돌은 전적으로 '기획'을 통해 만들어진 상품이다. 대형 연예기획사의 철저한 사전 기획과 관리 매니지먼트가 아이돌이라는 정체성(1)을 전제한다. 그렇기에 아이돌은 기획사와 긴밀한 연관을 지닐 수밖에 없다. 하나의 아이돌 그룹의 정체성을 부여하는 것이 바로 기획사의 힘이기 때문이다.

전통적으로 아이돌 그룹을 잘 만드는 3대 회사는 SM, JYP, YG이다. H.O.T., 젝스키스, S.E.S, 핑클, 동방신기, 빅뱅, 소녀시대, 원더걸스, EXO, 트와이스, 블랙핑크 등 1세대부터 3세대까지 이름만 대면 알 수 있는 아이돌 그룹을 기획해 왔다. 각각의 기획사는 아이돌 그룹을 런칭할 때 철저하게 이미지를 구축한다.

따라서 아이돌 그룹은 기본적으로 '누가', '어떻게'의 영역이 상대적으로 큰 영향력을 지닌다. 즉, 기획의 주체인 프로듀서가 주목받게 되는 것이다. 이미 여러 번의 아이돌 그룹을 만들어서 성공한 기획사의 새로운 아이돌이 조금 더 성공할 확률이 높은 것도 같은 맥락이다.

그럼에도 불구하고 작은 기획사에서도 인기를 얻어 성공 가도를 달리는 아이돌들이 등장한다. 대표적으로 3세대 아이돌에 속하는 방탄소년단(BTS)이 있다. 빅히트 엔터테인먼트(현 HYBE)는 방탄소년단의 전 세계적인

인기로 단번에 급부상한 기획사로 발돋움했다. 이후 빅히트 엔터테인먼트는 '빌리프랩', '쏘스뮤직', '플레디스 엔터테인먼트', 'KOZ엔터테인먼트'을 레이블로 편입하면서 HYBE로 상호를 변경한다. HYBE의 글로벌 레이블(2)을 제외하고도, 소속된 아티스트는 이현, 방탄소년단, 투모로우바이투게더, ENHYPEN, ILLIT, LE SSERAFIM, 나나, 범주, 백호(강동호), 황민현, 세븐틴, fromis_9, TWS, 지코, BOYNEXTDOOR, NewJeans로 총 16팀이다.

한국 엔터 산업에 등장한 대형 기획사의 '레이블 체제'는 외국과는 다른 방식으로 운영된다. 대형 기획사가 독립적인 레이블을 편입하여 레이블의 고유성을 살리고자 한다. 따라서 같은 기획사라고는 하지만, 소속된 레이블에 따라 아이돌의 구성 요소가 판이하다. 음원, 창법, 안무, 비주얼 등이 차별화된다.

문제는 HYBE 내의 레이블이 모두 '아이돌'을 기획하면서 발생한다. 기획사 HYBE는 수많은 레이블을 통해 다양한 아이돌의 성공 사례를 바탕으로 아이돌 팬덤을 구축할 수 있는 노하우와 대중적인 인기를 얻을 수 있는 방식을 익혔다. 하지만 레이블마다 독립적이어야 할 아이돌 컨셉이 HYBE의 승인하에 바로 등장했다는 점은 문제가 된다. 오마주가 아닌 표절 시비로 불거진 것은 레이블에 따른 '독립성'을 지닌 아이돌을 원했기 때문이다. 아이돌만의 특성을, 기획력을 통해서 입히는 것을 기대하는 것이다.

기획의 숙명 혹은 이면

아이돌은 지금도 끊임없이 쏟아져 나온다. 모두가 알고 있다시피 데뷔 후에 성공하는 아이돌의 수는 극히 드물다. 따라서 프로듀싱이 아이돌의 성공을 담보하는 상황에 이르게 되면서, 아이돌에게 '제작자'는 아주 중요한 요소가 되었다. 특히나 아이돌에게 관심이 있는 팬들 사이에서는 큰 이슈다. '미적감각'이라는 표현을 통해 아이돌을 평가하는 기준이 되기 때문이다. 대표적인 프로듀서는 YG의 레이블인 더블랙레이블을 이끄는 테디와, 이전의 SM에서 레드벨벳 및 여러 그룹을 기획한 현

HYBE의 레이블 ADOR의 대표 민희진이 있다.

이들이 제작하거나 기획에 참여한 그룹은 아이돌 '판'에서 선구적인 혜안을 지니고 있다고 평가받는다. 그들의 기획력은 보여주는 것과 들려주는 것, 그리고 완벽하게 아이돌만을 위한 콘셉트를 구축해 냈다. 즉, 그들이 추구하고 표방하는 '아이돌'만의 색깔을 명확히 드러내는 데 성공한 것이다. 그들의 이름을 달고 나오는 아이돌, 앨범은 아이돌 시장에서 '검증'받았다는 평가가 이루어진다.

물론, 민희진이라는 프로듀서 신화 자체는 문제 되지 않는다. 분명 그녀의 능력이 인정받았기에 HYBE에서도 채용한 것이기 때문이다. 하지만 문제는 그녀의 '인정'을 받지 않았을 경우다. 동일한 기획사에서 런칭한 타 아이돌 그룹에 대한 냉소적인 평가는 곧, 아이돌 평판과 직결한다. 물론 부정적인 평가가 대중까지 바로 영향을 미치는 것은 아니다. 하지만 아이돌 판에서는 이슈가 되고, 추후 대중까지 확대되어 해석할 수 있는 여지가 남는 것이다.

아이돌 팬덤은 취향의 공동체다. 하지만 아이돌 팬덤은 스스로를 불가촉천민으로 여긴다. 사회적인 시선 때문이다. 하지만 오히려 냉대받기에 팬덤이 더욱 공고화된다. 동일한 아이돌을 좋아한다는 이유 하나만으로 유대감이 형성되고, 아이돌 팬덤으로서 소속감을 얻는다. 취향으로 똘똘 뭉친 팬덤은 아이돌과 팬덤 간의 유대감, 팬덤 내의 소속감을 강화하고 '나'의 확장이자 동일시하는 대상으로 작동한다. 이러한 아이돌 팬덤이 모여 있는 아이돌 판(혹은 아이돌 팬덤) 내부에서는 대중에게는 쉽게 이해되지 않을 수 있는 부분이 존재한다.

아이돌 팬덤에서 특이한 점은 대중의 평가보다 아이돌 팬덤 판 내부에서 자신의 아이돌이 인정받기를 희망한다는 것이다. 아이돌 팬덤은 스스로 '빠순이 문화'로 자신들이 치부된다는 것을 인지하고 있다. 따라서 아이돌 팬덤 자체의 생리를 이해하고 있는 아이돌 팬덤 판 안에서 좋은 평가를 받고 싶어 한다. 아이돌의 생리, 시장성을 가장 명확하게 꿰뚫고 있는 아이돌 판 안에서의 인정은 전문가에게 인정받는 것과 같은 것으로 생각되기

때문이다.

따라서 아이돌 팬덤은 자신의 취향이 평가당하는 상황에 직면한다. 좋아하는 것 자체가 개인의 '수치'가 되는 현상 또한 발생하기도 한다. 우열의 논리 속에서 팬덤 자체에서의 갈등은 취향의 열패로 나뉘게 된다. 따라서 '기획'을 맡고 있는 대상의 신화화는 끊임없이 되풀이된다. 프로듀서가 신적인 존재로 부상하는 것이다. 천재적인 감각을 지니고 있는 개인이 '아이돌'을 제작했기에 위에 서게 되고, '아이돌 팬덤'의 '아이돌'이 된다. 그렇다면 아이돌 팬덤이 진정으로 끌리는 것은 '아이돌' 자체인가, 아이돌을 기획한 '프로듀서'인가라는 질문이 남게 된다.

찬탈의 대상

아이돌이 기획된 상품이라는 고정관념을 전제로 할 때, 아이돌 팬덤은 상품을 '무비판적'이고 '맹목적'으로 소비하고 있는, 생각이 없는 광신도라는 고정관념을 지닌다. 즉, '빠순이'라는 이미지로 문화적 자본주의에 끌려다니는 '생각 없는' 집단으로 평가받는 것이다. 귀베르나우는『소속된다는 것』에서 현대사회의 소속은 과거와 달리 자신의 '선택 과정'을 통해서 소속되며, '개인적 책임'을 부여받는다고 말한다.

따라서 개인이 스스로 선택해서 집단이나 공동체에 자유롭게 들어갈 때 자신의 자아 정체성이 구성된다는 것이다. 주목할 것은 개인과 공동체의 관계다. 사회정치학자인 귀베르나우가 주지하듯 소속은 스스로의 권능을 부여하기도 하고 부담이자 제한이 되기도 한다. 아이돌 팬덤이 무시당하는 이유는 아이돌과 지나친 동일시, 즉 아이돌의 권리 회복에 대한 맹목적인 모습이 부각되기 때문이다.

하지만 아이돌 팬덤으로 소속되는 것은 기본적으로 '좋다'라는 감정이 전제된다. 좋아한다, 사랑한다는 감정에는 뚜렷한 인과 관계가 발생하지 않는 경우가 대부분이다. 두루뭉술한 나의 '취향'이라는 말 아래 쌓이는 감정이기 때문이다. 사실 좋아한다는 감정이 선행되지 않는 이상 팬덤은 절대로 산업적인 요소와 얽히지 않는다.

기본적으로 아이돌이 문화 '상품'이기에 역설적일 수 있지만, 반대로 바꾸어 말하면 상품이라는 것을 전제하더라도, 아이돌 팬덤으로 남아있겠다는 말과 동의어다. 하지만 점차 아이돌 '판'은 무조건적인 '사랑'을 담보로 상품화를 가속화하고 있다.

그만큼 엔터 산업의 규모는 점차 확대되고 있다. 1천억 대 매출, 경영권의 찬탈, 사익의 추구, 그룹의 차별 등 진위를 알 수 없는 소문들 사이에서, 과연 그들은 지키고자 하는 아티스트를 진정으로 위하고 있는 것인지 그 의도를 알 수가 없다. HYBE에 소속된 아이돌 전체가 받을 타격은 누구도 책임지지 못하고 있다. 분명 그들은 아이돌을 "아티스트"라고 칭하며, 극진한 대접을 한다. 그들 모두는 소속된 '아이돌'이 모두 나의 '자식'과 같다고도 말한다. 하지만 지금의 현상을 보면, 아이돌은 아이돌 개인으로서의 의견을 피력하는 것도 불가능하며, 아이돌의 커리어 자체도 인정받지 못하고 있다는 것을 확인할 수 있다. 독립된 개체가 아닌, 속박된 존재로서 '아이돌'도 아니고, '아티스트'도 아닌 상황에 그저 진열되어 있을 뿐이다.

더 심각한 것은 아이돌 팬덤은 그들의 다툼 속에서 갈피를 잃을 수밖에 없는 것이다. 그저 아이돌의 음악을 좋아했을 뿐인데, 그 마음조차도 제자리에 둘 수 없는 상황이 되어버렸기 때문이다. 결국 이 모든 피해는 그룹 자체와 팬에게 지워질 뿐이다. 지금 찬탈되고 있는 것은 천문학적인 돈과, 회사의 존립과 명의가 아닌 아이돌과 팬덤의 가치를 매길 수 없는 진심과 사랑이다. Ⅼᴅ

글·한유희
만화평론가. 경희대학교 K-컬처 스토리콘텐츠의 연구원으로 있으며 웹툰과 팬덤을 연구하고 있다. 본지 온라인판에 글을 연재하고 있다.

(1)이동연 외, 『아이돌』, 이매진, 2011, 117-118쪽.
(2)하이브 레이블즈 재팬과 네이코, 하이브 아메리카(빅 머신 레이블 그룹, QC 뮤직) 등이 있다.

다시 케인스인가, 굿바이 케인스인가?

인간은 노동에만 최적화된 채로 진화하지 않았다!

전문 직업인의 일 중독, 가짜 노동에 대한 열정, 대다수 노동자의 희망 없는 고역, 멈추지 못하는 낭비적 소비, 영원히 청산될 수 없는 가계부채, 파괴되는 환경이 왜 옹호되어야 할 삶인가? 내가 보기에 지금은 오히려 케인스의 편견이 필요한 때이며, 그 고결한 편견 없이는 인류세를 넘어 지속가능한 발전을 이루어낼 수 없을지도 모른다.

한성안 ▌경제학자

케인스의 철학적 질문
: 호모 라보란스? 호모 루덴스?

논의를 인문학으로 좁혀 보자. 인문학 가운데에서도 철학은 경제학의 전제는 물론 모델과 정책마저 결정한다. 존재론, 인식론, 본성론, 윤리론 등 경제학 모델 및 정책과 관련되지 않는 주제가 없지만, 오늘 다룰 케인스의 1930년 에세이 '우리 손자 손녀들이 누릴 경제적 가능성'은 그중에서도 특히 윤리론과 관련된다. 윤리론은 '사람은 무엇을 위해 사는가?'에 관한 철학적 질문이다. 예수와 사탄 사이에 벌어진 '사람은 떡으로 사는가, 아니면 말씀으로 사는가?'에 대한 논쟁은 철학에서 한편으로 유물론과 관념론으로 자리 잡았지만, 다른 한편 공리주의와 의무론의 모습을 취했다. 곧, 인간은 쾌락과 공리를 위해 사는가, 그렇지 않으면 정의, 연대, 공동선에 입각하는 '좋은 삶'을 지향하는가?

그런데 이 질문에 대한 답은 본성론으로부터 시작될 수밖에 없다. 곧, '나는 누구인가?'에 대한 질문인데, 이는 우리에게 익숙한 도덕적 본성, 곧 '인간은 선한가, 악한가'에 관한 주제는 물론 '기능적' 본성에 관한 주제도 포함한다. 가령, 인간은 노동하는 '호모 라보란스'(Homo laborans)인가, 유희와 여가를 즐기는 '호모 루덴스'(Homo Ludens)인가? 이 짧은 에세이에서 케인스는 이 두 가지 철학적 질문을 정면으로 다룬다.

『다시, 케인스』(존 메이너드 케인스, 조지프 스티글리츠 등 공저,
김성아 옮김, 2024, 포레스트 북스)

그리곤 그는 먼저 인간에게 노동은 필요하지만, 그것이 삶에서 전부를 차지해선 안 되고, 그것보다 오히려 여가를 즐겨야 한다고 본다. 호모 라보란스보다 호모 루덴스가 본성에 가까우며, 그렇게 하는 것이 바람직하다는 말이다. 더욱이 인간은 쾌락과 공리보다 '좋은 삶'을 지향하며, 더욱이 여가를 선용해 그런 삶을 사는 것이 바람직하다고 본다. 제레미 벤담의 헤도니즘(쾌락주의)보다 아리스토텔레스의 에우다이모니아(좋은 삶) 전통을 따른다고 볼 수 있다.

물론 케인스가 이런 강력한 본성론을 염두에 두고 있는지는 정확히 알 수 없다. 그러나 적어도 인간은 그러한 가능성을 충분히 지니고 있으며, 일정한 조건이 주어지면 그 가능성은 현실에서 자연스럽게 구현될 것으로 믿고 있다는 것은 분명하다. 이 경우, '일정한 조건'이란 물적 조건이 충분히 확보될 경우, 곧 경제가 충분히 성장해 '경제 문제'가 궁극적으로 해결된 상태를 말한다.

인간에겐 노동보다 여가가 필요하다

그의 주장을 종합해 보면, 경제가 성장해 '희소성'의 문제가 해결되면, 인간은 노동보다 여가를 선택함으로써 여유롭고도 좋은 삶을 살 수 있는데, 이 에세이를 쓸 시대를 기준으로 100년이 지나면 그의 손자와 손녀들은 이런 세상을 맞이할 텐데, 문제는 우리가 이런 삶에 대한 준비가 되어 있지 않다는 주장이다. 2030년이 바로 그 시기인데, 지금부터 6년 후가 된다.

케인스의 주장을 하나씩 확인해 보자. "앞으로 100년 후에는 선진국의 생활 수준이 지금보다 4배에서 8배는 높아질 것"(p.51)이며, "일주일에 15시간만 일해도 아주 오랫동안 경제적 문제에서 해방될 수 있다. 하루 3시간 정도의 일이면 우리 대부분이 내면의 세속적 본능을 충분히 만족시킬 수 있기 때문이다!"(p.55) "내 결론은… 경제 문제는 앞으로 100년 안에 해결되거나 그 해법이 적어도 가시권 내에 들어온다는 것이다. 즉, 미래를 조망해 보면 경제 문제는 인류가 처한 영구적인 문제가 아니다."(p.52)

"만약 경제 문제가 해결된다면, 인류는 오랫동안 품어 온 목적을 잃게 될 것이다."

이런 상황이 우리에게 이득이 될 것인가? 그럴 수도 있다. "만약 우리가 삶의 모든 진정한 가치를 믿는다면 경제 문제의 해결은 적어도 이득을 가져올 가능성의 문"을 열어 주기 때문이다. 그런데 그것을 가로막는 요소가 있는데, "일반인이 수많은 세대에 거쳐 물려받은 습관과 본능"이 그것이다.

그리고 이를 "몇십 년 안에 재조정한다는 것은 두려운 작업이 될 것이다. 요즘 표현을 빌리자면 '신경쇠약' 같은 증세를 겪지 않겠는가? 우리는 이미 영국과 미국의 부유층 부인들 사이에서 흔히 목격되는 신경쇠약을 조금씩 겪고 있다. 그들 다수는 부유함 때문에 원래 해왔던 많은 직업과 임무를 빼앗긴 불운한 여성들로, 경제적 필요성이라는 동인을 잃자 요리하고 청소하고 수선하는 일에 그다지 재미를 느끼지 못하면서 그보다 더 즐거운 일도 찾지 못한다. 일용할 양식을 얻기 위해 땀 흘려 일하는 사람들은 달콤한 여가를 고대하지만, 원하는 것을 얻으면 간절함은 사라진다."(p.53)

"따라서 사람들은 인류의 역사가 창조된 이래로 처음으로 실질적이고 영구적인 문제에 봉착할 것이다. 경제적 압박에서 벗어나 얻은 자유를 어떻게 누릴 것이고, 과학과 복리가 안겨줄 여가를 어떻게 채울 것이며, 어떻게 하면 인생을 더 현명하고 알차게 잘 살 수 있을까?"(p.54) 이런 실질적으로 영구적인 문제를 케인스의 손자 손녀들은 과연 해결할 수 있을까? 케인스는 "우리가 경험을 조금만 쌓으면 새롭게 발견한 자연의 혜택들을 오늘날 부유층과는 상당히 다른 방식으로 활용할 수 있고 삶의 계획 또한 그들과 전혀 다르게 세울 수 있다고 확신한다."(p.55) 우리는 충분히 해낼 수 있다!

그와 더불어 우리는 "다소 혐오스럽고 심지어 범죄나 질병과 같은 특성까지 있어서 정신과 전문의에게 맡겨야 할" 가짜 도덕에서 벗어나 '좋은 삶'을 찾아 나설 것이다. "우리는 이제 확실한 종교적 원칙과 전통적 미덕으로 홀가분하게 돌아갈 수 있게 되었다. 즉 탐욕은 악이고 고리대금 행위는 악행이며, 돈에 대한 애정은 혐오할 만

하며 내일을 걱정하지 않는 사람이야말로 온전한 지혜와 미덕의 길을 가장 참되게 걷는 사람이라는 것이다. 우리는 다시 수단보다 목적을 더 가치있게 여기고 유용한 것보다 좋은 것을 더 선호하게 될 것이다. 우리는 매시간, 그리고 하루하루를 어떻게 더 고결하고 값지게 보낼 수 있는지 가르쳐 주는 사람을 존경하게 될 것이다. 그때가 되면 자신의 경제적 안위를 위해 사는 것은 더 이상 합당하지 않고, 타인의 경제적 안위를 챙기는 일이 합당하게 여겨질 것이다."(p.58~59) 우리의 본성은 좋은 삶이라는 진짜 도덕에 맞게 진화되었다!

좋은 삶을 향한 수단으로서 『일반이론』

케인스의 주장을 이처럼 상세히 나열하는 이유는 우리가 그의 또 다른 명저 『고용, 이자 및 화폐의 일반이론』(일반이론)(1936)에 지나치게 몰두한 나머지 케인스가 가슴에 품었던 진정한 철학과 비전에 대해서는 대부분 정작 모르기 때문이다. 도대체 그는 『일반이론』을 집필하면서 어떤 세상을 예상하며 기대하고 있었을까? 이 책이 다루고 있는 그의 에세이 '우리 손자 손녀들이 누릴 경제적 가능성'(1930)을 읽지 않고서는 『일반이론』을 제대로 이해할 수 없고, 그동안 그의 제자들이 쌓아 온 업적의 가치도 적극적으로 평가해 낼 수도 없을 것이다. 나는 케인스의 1930년 이 에세이를 그가 세운 '목적'으로, 1936년의 저서를 이 목적에 대한 '수단'으로 이해한다.

케인스의 이러한 주장에 대해 16명의 세계적 석학이 『다시, 케인스』(존 메이너드 케인스, 조지프 스티글리츠 등 공저, 김성아 옮김, 2024, 포레스트 북스)에서 제각기 자신의 견해들을 제안했다. 케인스가 예측한 성장수준에 대해선 대체로 모두가 동의하는 편이다. 그러나 그가 품은 윤리론과 본성론, 또 그로부터 예측되는 삶의 방식에 대해서는 생각이 갈린다. 윤리론, 본성론, 삶의 방식을 기준 삼아 대략 세 집단으로 분류할 수 있다. 모든 이가 케인스의 오류를 지적한다. 석학들이 볼 때 지적할 만한 오류가 있다는 것은 오히려 다행이다. 오류 가능성에 직면한 이론이야말로 진정한 과학이기 때문이다.

이제 하나씩 살펴보자.

케인스의 윤리론을 지지하는 첫 번째 집단

첫 번째 집단은 케인스의 오류를 지적하면서 그의 본성론과 윤리론을 발전시키고자 하는 집단이다. 피브리지오 질리보티 취리히대 교수(2장), 조지프 스티글리츠 노벨경제학상 수상자(3장), 악셀 레이욘후부드 UCLA 교수(7장), 레오나르도 베체티 로마 토르 베르가타대 교수(14장), 윌리엄 보몰 뉴욕대 교수(15장) 등 5명은 경제성장과 소득은 케인스가 전망한 수준에 많이 근접했으므로, 이제는 성장보다 분배에 초점을 두면서 그가 예상하고 염원했던 세상에 가까워지도록 노력하자고 한다. 불평등, 과시 소비, 일 중독, 기후위기로 드러나는 작금의 상황은 케인스의 좋은 삶을 가로막고 있다.

먼저 2장 '우리 손자 손녀들이 누릴 경제적 가능성: 75년 후 글로벌 관점에서 따져보기'에서 질리보티 교수는 케인스의 좋은 삶에 동의하면서도, 그것이 실현되지 못하는 현실을 안타까워하고 있다.

"그럼 케인스가 예측한 변화의 증거는 확인될 수 있을까? 나는 그럴 가능성은 낮다고 생각한다. 점점 더 심화되는 비만 문제는 우리 식습관의 양적 (질적) 특징을 상징적으로 보여 준다. 또 다른 요인은 의료 서비스, 녹지, 노인 돌봄같이 일상생활의 질에 영향을 미치는 공공재공급의 축소에 대한 압력이 커지고 있다는 것이다. 사적 부가 위협받는 상황, 그리고 공적 빈곤까지 더해진 사회에서 이렇게 공공재 투자를 줄이면 결국 사적 소비만 더 늘어난다."(p.80)

좋은 삶은커녕 나빠지고 있는 세상을 구원하는 방법은 없는가? "성장의 문화적 함의에 관한 케인스의 예측은 더 문제가 있고, 물질적 욕구가 충분히 만족되고 있음을 확실히 보여주는 징후도 아직 보이지 않는다. 나는 경제성장이 모든 개발도상국으로 퍼지길 바란다. 하지만 성장이 좋은 소식만 몰고 오지는 않는다. 환경의 지속가능성이 풀리지 않는 숙제로 남아 있듯이 말이다. 이 문제에 있어서 나는 많은 경제학자가 말하는 낙관론에 동의

할 수 없다. 세계적인 차원에서 '공유지의 비극'을 막을 수 있는 효과적인 자정 장치나 제도적 장치가 아직 없기 때문이다. 나는 기술발전이 천연자원을 절약하는 방향으로 나아가기를 바란다. 하지만 이런 기대가 보이지 않는 손에 의해 실현되지는 않을 것이다. 그보다는 오염물질 배출을 규제하고 천연자원의 사용이나 남용에 더 높은 비용을 부가하는 강력한 정치적 의지에 달려 있을 것이다."(p.82) 교육과 공공정책을 통해 그 이상을 구현할 것을 권유하는 것이다.

조지프 스티글리츠 컬럼비아대 교수는 3장 '소비주의의 일반이론을 향해'에서 케인스의 예측과 달리 잘못된 노동주의와 소비주의에 빠진 미국을 설명하기 위해 '경제학 모델'이 재구성되어야 하며, 이를 시정하기 위해 불평등을 해소하고 문화정책을 수립하기를 조언한다. "문화가 주는 기쁨처럼 마음을 충만하게 하는 즐거움은 쉽게 얻을 수 없다. 훈련이 필요하다. 이는 비록 육체적인 훈련은 아닐지라도 음식을 만들고 거주지를 제공하기 위해 필요한 노력과 다를 바 없다. 그런데 우리 사회는 이런 필수적인 교육을 제대로 제공하지 못했고, 그 때문에 너무나 많은 사람이 로마시대 서커스의 현대 버전인 TV 프로그램과 스포츠 경기를 보며 즐거움을 찾는다."(p. 115) 케인스의 윤리론은 정부의 개입에 의해 지금 바로 구현되어야 하는 것이다.

"비만이 팬데믹 수준으로 만연하고, 가족에게 기본적인 생활 여건을 마련해 주기 위해 너무 일만 하다 보니 정작 가족과 함께할 시간이 없어지는 것은 문제 있는 행동이다. (…) 사람들이 마땅히 누려야 할 여가는 덜 즐기고 소비는 필요 이상으로 많이 하는데도 경제학자들이 명확한 판단을 내리길 꺼린다면, 이는 뭔가 잘못됐으며 설명이 필요한 부분이다."(p.91)

악셀 레이욘후부드 UCLA 교수는 7장 '버터 위에 빵을 얇게 펴 바르기'에서 케인스의 좋은 삶을 우호적으로 평가하면서 높은 생활비, 과시 소비, 바쁜 일상 등 현재 미국적 방식의 삶을 우회적으로 비판하고 있다. 그러면서 케인스가 우리에게 "생각할 거리"(p.228)를 많이 제공했다고 평가한다. 동시에 주류경제학자들에게 '겸손'

을 요구한다. 개인적 생각으론 좀 더 강하게 자신의 관점을 표명해 주면 좋겠다.

레오나르도 베체티 로마 토르 베르가타대 교수는 14장 '어떻게 경제학의 종말이 사회적 책임의 경제학이 떠오르는 계기가 됐을까?'에서 '사회적 책임의 경제학', 그리고 '윤리적 소비자'와 '시장 사회적 기업'에 의한 새로운 견제와 균형의 체제를 통해 사회적 포용과 의미있는 노동을 달성하고자 한다. 이런 사회적, 윤리적 경제체제는 케인스의 '좋은 삶'을 미래가 아니라 지금 구현하는 방법이다. 조지프 스티글리츠가 불평등 해소를 최우선 과제로 내세우면서 케인스의 좋은 삶을 점진적으로 구현해 나가는 것과 똑같다.

두 번째 집단: 의심스러운 케인스의 윤리론, 그러나 바람직하지 않은 불평등

두 번째 집단은 케인스의 후예들이 먼저 해결해야 할 과제로 분배와 불평등을 내세우지만, 그의 윤리론에는 동의하지 않는다. 윤리론만 아니면 첫 번째 집단과 같은 입장이다. 하지만, 이 문제를 해결하는 수단으로 경제성장을 더 전면에 내세운다는 점에서 첫 번째 집단과 약간 다르다. 이는 경제문제, 곧 희소성의 문제가 해결되었다는 케인스의 입장과도 다르다. 곧, 분배문제가 중요하긴 하지만 소득수준이 아직 거기에 충분히 미치지 못했다는 생각이다. 이럴 경우, 분배와 불평등 문제는 그저 립서비스로 남용될 소지가 크다. 로버트 솔로 노벨경제학상 수상자(4장)와 벤저민 프리드먼 하버드대 교수(8장)가 이 집단에 속한다.

가령, 솔로 교수는 4장 '케인스가 말한 손자 소녀는 누구인가?'에서 케인스의 좋은 삶을 비꼬면서, 인간의 노동과 탐욕의 본성을 찬양한다. 나는 이처럼 케인스의 윤리론을 부정하는 이들을 케인지언 경제학자에 포함시키는 것이 좀 고민된다. 적어도 이 에세이의 핵심을 통해 밝혀지는 케인스의 미덕은 그의 윤리론이기 때문이다.

벤저민 프리드먼 하버드대 교수는 8장 '역사적 맥락으로 본 경제적 행복'에서 이전보다, 그리고 남보다 더

부유해지려고 하는 욕망은 인간에게 본질적이라고 본다. 곧, 인간에게 절대적 만족 수준은 존재하지 않는다는 것이다. 이런 본성론에 따르면, 어느 시점에 이르면 인간은 물질에 대해 과유불급의 행복을 누린다는 케인스의 윤리론은 통하지 않게 된다. 이로써 경제문제도 영원히 해결되지 않는다. 무한한 욕망의 문제를 해결하기 위해 소득분배와 성장이 필요한데, 그중에서도 성장은 제일 중요하다. 왜냐하면 "경제성장을 추구하는 것은 정치, 사회적으로 중요하고 긍정적인 외부효과를 일으키는 원천"(p.248)이기 때문이다. 따라서 지금은 케인스의 '좋은 삶'보다 분배가 필요하고, 더욱이 특별히 성장이 시급하다고 본다.

세 번째 집단: 케인스는 허튼소리를 한다

세 번째 집단은 철저히 반(反)케인스적이다. 에드먼드 펠프스 노

벨경제학상 수상자(5장), 리 오헤니언 UCLA 교수(6장), 리처드 프리먼 하버드대 교수(9장), 로버트 프랭크 코넬대 교수(10장), 장 폴 피투시 유럽대학연구소 교수(11장), 미켈레 볼드린 및 데이비드 레빈 워싱턴대 교수(12장), 게리 베커 노벨경제학상 수상자 및 루이스 라요 시카고대 교수(13장) 등 무려 9명은 케인스의 본성론과 윤리론을 전면적으로 부정하며, 심지어 조롱한다. 동시에 케인스의 전망과 다른 현상들, 곧 '늘어난 노동시간', '줄어든 여가', 곧 '일 중독 사회'와 '소비지상주의적 행복'을 부각하면서 그것을 긍정적으로 평가한다.

앞에서 본 것처럼, 첫 번째 집단도 케인스가 이런 현상들을 예상하지 못한 사실을 지적했다. 하지만 그들은 이것들을 비판적으로 조명하면서 이것들을 극복하려고 하였다. 그리고 이들에게 불평등과 광고의 융단폭격은 이 모든 '나쁜 삶'의 경제적, 문화적 근원이다. "미국 사회에서 점점 더 심화하는 불평등 또한 '소비주의'와 그에 상응하는 낮은 여가 수준의 원인이 될 수 있다. 낮은 생산성 때문에 어쩔 수 없이 소비를 덜 하는 사람들도 부유한 이웃과 자신의 소비 사이에 관찰되는 격차를 줄이려 고군분투하게 되기 때문이다."(p.100)

세 번째 집단처럼 두 번째 집단도 케인스의 윤리론과 본성론 자체를 부정하지만 적어도 불평등을 옹호하진 않았다. 로버트 솔로는 불평

등을 해소할 방안으로 자본 소유의 민주화를 제안하기까지 한다. "우리의 손자 손녀, 혹은 그들의 손자 손녀들이 진정으로 생존가능한 세상에서 살려면 자본의 소유가 민주화되어야 한다. 만약 자본이 주된 수입의 유일한 원천이 된다면 중요한 이들 모두가, 즉 모두가 자본 소득에 대한 적절한 청구권을 가져야 한다."(p.172)

그러나 세 번째 집단에겐 두 번째 집단의 '소박한' 진보성마저 조롱의 대상이 된다. 이들의 경제학적 관점을 정치적으로 해석하면 보수를 넘어 실로 극우적이다. 이른바 신자유주의의 전사들인 셈이다. 이 집단의 첫 번째 주자인 에드먼드 펠프스 노벨경제학상 수상자(5장)는 '협동조합주의와 케인스: 그의 성장철학'에서 케인스의 협동조합주의, 연대주의, 반(反)물질주의를 집중적으로 비난한다. 그의 윤리론을 정면으로 부정하는 것이다.

"협동조합주의 문화의 하나인 연대주의는 그런 개인의 발전 과정을 저해한다. 반물질주의가 부의 가치를 평가 절하하고 소유한 재산을 증대하려는 개인의 가시적 노력에 눈살을 찌푸린다면, 연대주의는 공동체를 벗어나려는 개인의 시도를 용납하지 않는다. 연대주의 사회에서 눈에 띄려 하거나 공동체를 벗어나려고 애쓰는 사람은 미움을 받는다. 안타깝게도 케인스는 직업 경력에서 개인의 열정과 발전을 북돋는 혁신의 역할에 대해서는 전혀 일깨워주지 못했다."(p.188)

그러면서 펠프스는 노동주의, 곧 일 중독과 혁신주의를 찬양한다. 하지만 그는 무익할 뿐 아니라 해롭기조차 한 '불쉿 노동', 곧 가짜 노동의 현실을 외면한다. 데이비드 그레이버는 그의 저서 『불쉿잡』(2022, 민음사)에서 이런 가짜 노동이 무려 40%에 이른다고 추산한다. 더욱이 금융과 부동산업종에서 '돈 놓고 돈 먹는' 투기에만 전념하는 비도덕적 직종의 일 중독 전문가를 혁신주의와 실용주의에 기대어 찬양한다. 하지만 그가 인용한 존 듀이의 프래그머티즘 철학(실용주의)은 그러한 낭비와 부도덕을 찬양한 적이 없다.

리 오헤니언 UCLA 교수(6장)도 '케인스와 함께 백투 더 퓨처'에서 미국 사회의 일 중독을 옹호한다. 케인스는 "미래에는 부유함이 비생산적인 여가생활과 불행

을 낳을 수 있다는 두려움 속에 경제학자의 권위를 빌려 청교도적 미래상을 제시한다. 오늘날 우리는 그의 전망처럼 경제적 부유함 속에 살고 있지만, 미국 같은 선진국 국민은 그가 예상했던 것보다 훨씬 더 오래 일한다. 게다가 유럽 사람들의 노동시간이 지난 40년에 걸쳐 짧아진 이유는 부의 증대 때문이 아니라 세금 인상과 노동시간에 대한 다양한 제약 및 급여 프로그램 때문이다. (…) 나도 우리 사회가 충분히 부유해져서 개인이 원하면 여가를 더 쏠 수 있는 사회가 되기를 원한다. 하지만 여가의 선택이 노동과 저축의 유인을 억누르는 정부 정책에 의해 결정되지는 않았으면 한다."(p.209)

이와 함께 그는 케인지언 복지정책에 맹공을 퍼붓는다. "선진국들이 궁극적으로 성장할 수 있었던 이유는 1920년대와 1930년대에 추진되었던 최악의 정부 정책들이 개정되거나 폐지되었기 때문이다. (…) 만약 이런 정책들이 계속됐다면 오늘날 영국과 미국은 케인스가 예상했던 것보다 훨씬 더 가난했을 것이다."(p.293) 하지만 펠프스는 단순한 노동 대신 기술혁신이 성장을 촉진하였으며, 케인지언 국가개입정책과 서구 사회의 복지국가가 자본주의 경제를 침체에서 구했다는 사실에 애써 침묵하고 있다.

"끝없는 소비, 무의미한 노동, 쌓여가는 가계 빚, 훌륭한 비물질적 가치에 대한 혐오, 돈의 노예로 전락한 인간, 더욱이 심각하게 파괴되는 환경을 목도할 때, 인간의 삶이 어떠해야 좋은 삶이 될 것인지에 대한 케인스의 생각은 충분히 되새겨 보아야 할 내용이다."

리처드 프리먼 하버드대 교수(9장)의 에세이 '우리는 왜 케인스가 예견한 것보다 더 많이 일할까?'는 진보 경제학자인 내게 무척 유감스런 글이다. 그는 내가 집필한 『진보집권경제학』(2020, 생각의 길)에서 즐겨 인용한 노동경제학자다. 하지만 그는 미국식 경제체제, 불평등, 세계화, 기술발전이 야기한 과잉노동을 지적하면서도, 그것들을 본성론으로 정당화하며 오히려 찬양하고 있다.

"어쩌면 우리는 케인스가 바랐던 것처럼 탐욕과 경제적 실익, 무의미한 경쟁을 거부하고 더 여유로운 세상을 위해 정진해야 할지도 모르겠다. 이런 규범경제학의 관점은 그것이 케인스의 마음을 사로잡았던 것과 비슷한 이유로 오늘날 여러 사회학자와 분석가의 관심을 받고 있다. 흥을 깰 수도 있겠지만, 나는 노동과 여가에 대한 규범적 시각에 반대한다. 목적 지향적 행동을 탄식하기보다는 오늘날의 소비와 행복을 온전히 받아들이고 우리를 앞으로 더 정진할 수 있도록 해 주는 내적 조장 메커니즘을 칭송하는 편이다. …. 짐작하건데, 진화는 에덴동산의 존속이 아닌 인간의 생존을 위해 우리에게 직업윤리를 주입했을 것이다. 나는 이런 점에 대해서는 이의가 없다."(p.264~265).

그의 노동주의와 쾌락주의적 윤리관에는 '좋은 삶'에 대한 성찰이 전혀 없고, 이런 논의를 조롱할 뿐이다.

하지만 '호모 라보란스'라는 그의 일방적 본성론은 석기시대에 관한 인류학적 실증연구결과와 어긋난다. 마셜 살린스의 『석기시대 경제학』(2023, 한울)에 따르면, 우리 종 진화사의 90%를 차지하는 석기시대의 인간은 호모 라보란스의 삶을 살지 않았다. 오히려 네덜란드 문화인류학자가 호명한 호모 루덴스, 곧 놀이하는 존재에 더 가까웠다. 가령, 호주 안헴랜드 원시 부족을 연구한 결과에 따르면 "원주민들은 열심히 일하지 않는다"는 사실이다. 식량의 획득과 준비를 위해 사용하는 1인당 1일 평균 노동시간이 4~5시간에 지나지 않았으며, 게다가 매일 지속적으로 그렇게 일하지도 않았다. 남는 시간은 대부분 수다를 떨거나 먹고 자며, 이웃을 방문하는 데 소비하고 있었다. 보츠와나지역의 부시맨도 이런 호모 루덴스의 생활 태도를 취했다. 이들의 1일 평균 노동시간은 2시간 9분이었다. 인간은 노동에만 최적화된 채로 진화하지 않았다!

로버트 프랭크 코넬대 교수(10장) 역시 리처드 프리먼 교수의 견해를 어느 정도 공유하고 있다. 다만 프리먼이 '노동하는 존재'로부터 노동과 소비를 옹호하는 것과 달리 프랭크는 그의 에세이 '케인스의 생각보다 상황이 더 중요한 이유'에서 '상황'과 '새로움에 대한 무한한 욕망'을 근거로 이것들을 옹호한다. "품질에 대한 요구는 보편적이며 사그라들지 않는다. 따라서 언젠가는 주당 2시간만 일해도 사람들 대부분이 원하는 모든 것을 살 수 있게 된다는 케인스 같은 사람들의 상상에는 심각한 오류가 있다. 그런 일은 절대 일어나지 않는다."(p.275) 프랭크에 의하면 새로운 품질 자체에 대한 선호는 끝이 없을 것이며, 이런 소비에 대응하기 위해 끝없이 일할 것이다!

우리의 선호가 상황에 좌우되며, 새로운 품질에 대한 욕망이 존재하는 것도 사실이다. 하지만 그는 품질에 대한 욕망 역시 불평등, 광고, 과시와 모욕이라는 '또 다른 상황'의 산물일 뿐이라는 사실에 대해서는 외면한다. 새로운 품질에 대한 욕구가 불변의 본질이라고 단정할 순 없다. 새로운 품질에 대한 욕망의 역사는 그리 길지 않다. 채 1세기도 안 된다. 더욱이 끝없이 등장하는 새로움이 끝없는 고역과 가계부채를 강화하고, 더욱이 우리의 생존기반인 생태계를 파괴하는 현실을 직시할 때, 그런 욕망이 얼마나 바람직할지는 의문이다. 케인스는 강조했던 "겸손"(p.60)의 미덕은 바로 이런 경제학자들을 향하고 있다.

장 폴 피투시 유럽대학 연구소 교수(11장)는 자칭 진보주의자다. '(경제적) 역사의 종말'에는 리처드 프리먼 교수처럼 민중주의자로서 소위 '브라만좌파'와 '강남좌파' 등 엘리트 진보주의를 혐오하는 모습이 눈에 띈다. 그러다 보니 진보경제학자로서 그는 리처드 프리먼만큼 케인스의 본성론과 윤리론에 적대적이다. "(…) 세상에는 많은 도덕원칙이 있고, 케인스가 선호하는 것으로 보이는 원칙들이 실제로 그렇게 우월하지 않다. 케인스가 에세이에서 목적의식이 강한 사람들, 유대인, 부자 계층의 아내를 포함해 너무나 많은 유형의 사람들을 경멸한 것은 안타까운 일이다… 이런 식의 오만함은 거의 동정심에 가깝다."(p.299) 더욱이 "자본주의가 가진 도덕적 힘은 세대 사이에 이타주의를 이끄는 결과주의에 있다고도 말할 수 있다. 에드먼드 펠프스가 노벨상 강연에서 역설했듯이 기업가적 자본주의를 통해 좋은 경제가 좋은 삶을 가져올 수도 있을 것이다."(p.298)

리처드 프리먼과 장 폴 피투시 두 진보경제학자의

'노동자주의'와 '민중주의적 진보론'이 최종적으로 자본주의적 윤리와 그 체제를 옹호하는 것은 매우 아이러니하다. 더욱이 그가 극찬한 자본주의의 "세대 사이의 이타주의"가 낳은 결과가 다음 세대의 삶을 파괴하는 기후위기라는 사실을 알긴 할까? 또, 확대되는 불평등, 뻔뻔함을 더해가는 불공정과 가늘어지고 있는 연대감 앞에서 자칭 진보경제학자가 어떻게 이따위 '자본주의 사모가'를 부를 수 있을까? 진실로 극과 극은 통하는 듯하다.

노동주의, 곧 일 중독에 관해 한 가지만 언급하고 넘어가자. 폴 라파르그는 『게으를 권리』(2009, 필맥)에서 노동에 대한 신화를 다음과 같이 폭로한다. "자본주의 문명이 지배하고 있는 국가의 노동자들은 기묘한 환각에 사로잡혀 있다. 그것은 여러 세기에 걸쳐 불쌍한 인류를 괴롭혀온 개인적, 사회적 재앙을 줄줄이 몰고 다니는 환각이다. 그것은 일에 대한 애착 또는 노동에 대한 처절한 열정인데 각 개인과 그 후손의 생명력을 고갈시킬 정도에 이르렀다. 그러나 성직자와 경제학자와 도덕가들은 이러한 정신적 이상 상태에 반대하기는커녕 노동에 거룩한 후광을 씌웠다."(p.9)

놀기만 하면 좋은 삶에 이를 수 있을지는 나도 정확히 알 수 없다. 하지만 일 중독에 빠져, 여가 없이 사는 삶이 바람직하지 않다는 것은 진실이다. 일에 대한 몰두로 번민을 잠재울 수 있을지 몰라도, 그 속에서 우리의 복된 삶도 잊힌다. 일에 치여 정신없이 그저 바쁘기만 한 삶이 과연 좋은 삶일까? 3명의 노벨경제학상 수상자를 포함해 두 번째와 세 번째 집단에 속한 11명의 저명한 경제학자들을 제외한 어떤 누구도 이 '정신 나간' 상태를 칭찬하지 않을 것이다.

경계해야 할 경제학의 제국주의

미켈레 볼드린 및 데이비드 레빈 워싱턴대 교수(12장)는 그들의 에세이 '흥미로운 질문들과 잘못된 이유들'에서 여러 가지 쟁점을 다루고 있다. 이 속에서 그들은 노동시간 단축을 통해 여가를 즐기는 유럽식 경제체제를 '유럽경화증'이라고 힐난한다. "현대의 도덕적 가치로 보면 케인스의 발언은 분명히 아주 계급주의적이고, 성차별적이며, 유럽 중심의 주장으로 보인다." 그러면서 그들은 케인스가 "영국 상류층에 대한 편견들만 가지고 형편없이 선별해 만든 생각에 기초하여" "인류의 약 7분의 6에 해당하는" "천재적 재능이 없는 대중 사람들의 경제 상태"를 무시했으며, 이런 편견에 기초하여 "인간의 장기적인 발전 이론을 확립하려 했다"(p.329~330)고 비판한다. 그러면서 미국식 일 중독과 소비주의적 행복을 또 찬양한다.

하지만 비록 케인스가 편견에 치우쳐 있더라도 세계의 7분의 6에 해당하는 사람들이 살아가고 있는 현재의 삶을 옹호하고 두둔하는 편견은 실로 또 다른 해로운 편견이다. 전문 직업인의 일 중독, 가짜 노동에 대한 열정, 대다수 노동자의 희망 없는 고역, 멈추지 못하는 낭비적 소비, 영원히 청산될 수 없는 가계부채, 파괴되는 환경이 왜 옹호되어야 할 삶인가? 내가 보기에 지금은 오히려 케인스의 편견이 필요한 때이며, 그 고결한 편견 없이는 인류세를 넘어 지속가능한 발전을 이루어낼 수 없을지도 모른다.

게리 베커 노벨경제학상 수상자 및 루이스 라요 시카고대 교수(13장)의 에세이 '케인스가 장기적으로 소비는 과소평가하고 여가는 과대평가한 이유' 역시 끝없는 소비와 지칠 줄 모르는 노동을 찬양하며, 물질적 쾌락에 대한 탐닉을 옹호하는 세 번째 집단의 논지를 벗어나지 않는다. 이들 역시 케인스의 본성론과 윤리론에 동의하지 않는다는 말이다.

하지만 앞 논자들의 주장을 체계적으로 옹호하며, 케인스의 윤리론을 부정하기 위해 이들은 주류경제학의 연구방법론, 그중에서 '일원론적 인과율'을 도입한다. 곧, 경제학은 경제적 요인에만 집중하는 '경제주의적 접근방법'으로 연구되어야 한다는 것이다. 이런 경제주의적 환원론은 경제학에서 '비경제적이며 비물질적인' 요인을 배제하기 위해 적합하다. "케인스는 '경제적' 문제가 결국에는 대부분 사라질 테고 남자든 여자든 먹고살기 위해 일할 필요가 거의 없을 것이기 때문에 경제학자들의 중요성도 크게 낮아질 것이라는 결론을 도출했다. 당연

히 현실은 정반대였다.

일례로 요즘 거물 정치인 중 경제 자문단을 두지 않은 사람은 없고, 뉴스 매체들도 경제학자들의 의견을 끊임없이 요청한다. 케인스가 이를 오판했던 이유 중 하나는 경제학자들의 분석 영역이 단지 삶의 물질적 측면뿐 아니라 행복, 이타주의, 사회적 상호작용, 결혼과 이혼 같은 삶의 비물질적 측면과 관련된 다양한 영역으로 확대되었기 때문이다. 이런 발전 양상은 케인스가 '경제학'을 너무 좁게 규정했다는 사실을 보여준다."(p.347) 주류경제학의 윤리론을 정착시키기 위해 '경제학의 제국주의화'를 도모하고 있는 것이다.

그러나 케인스는 바로 이런 경제학의 제국주의화를 경계했다. 특히 주류경제학의 배금주의, 물질주의, 노동주의, 소비주의, 공리주의로 채워진 경제주의적 세계관이 우리 삶을 공격할 때 '좋은 삶'은 멀어져만 갈 것이라고 본 것이다. 케인스가 볼 때, 비경제적이고 비물질적인 삶에 대한 침략을 적극 감행하는 이들은 삶의 파괴자들이다. 이들이 노벨상을 받는 사회는 정상적이지 않다.

그런 점에서 그의 윤리론을 조롱하면서 낭비와 일 중독을 찬양하는 세 번째 집단의 주장은 분별력을 잃었을 뿐 아니라 무모하며 무책임하기까지 하다.

몇몇 논자들이 지적한 것처럼 케인스가 불평등과 분배의 문제를 소홀히 다룬 부분은 진보적 관점에서 볼 때 그의 한계임이 분명하다. 하지만 이 문제를 해결하기 위해 다시 낭비적 소비와 휴식 없는 일 중독, 그리하여 '경제성장'에 기대는 두 번째 집단 역시 문제가 있기는 마찬가지다.

두 번째와 세 번째 집단의 경제학자 중 다수가 소스타인 베블런의 제도경제학과 윌리엄 제임스와 존 듀이의 프래그머티즘 철학(실용주의)을 이용해 자신들의 주장을 옹호한다. 가령 베블런이 주목한 인간의 '장인정신'(제작본능)과 프래그머티즘 철학을 근거로 삼아 일 중독을 옹호하거나 '과시적 소비'를 거론하면서 소비지상주의를 옹호하는 식이다. 하지만 제도경제학과 프래그머티즘에서 장인정신과 실용주의는 '공동체의 공동선'에 이바지하기 위해 활용되어야 하고, 베블런 경제학에서

과시적 소비는 장려될 행동이 아니라 비판받아 제거되어야 행동이다. 아전인수격 해석이라고 하지 않을 수 없다.

케인스는 충분한 물적 토대가 마련될 경우, 그가 바라는 좋은 삶에 이를 수 있을 것이라고 보았고, 어찌 보면 현재의 세계 경제 규모는 케인스가 예측한 경제 규모에서 크게 벗어나지 않는다. 조지프 스티글리츠 교수가 추산한 것처럼 "48조 달러가 넘는 글로벌 GDP(2006년)를 전 세계 약 65억 명의 인구에게 균등하게 나눠준다고 가정해 보자. 그러면 각 개인에게 약 7,000달러씩 할당할 수 있어 지구촌 주민 모두가 가난에서 벗어나게 해 준다.(이는 미국의 4인 가족 기준 빈곤선보다 더 높은 기준이다)."(p.88) 경제학자 존 케네스 갤브레이스의 말대로 지금은 실로 '풍요의 시대'다! 따라서 케인스가 예측한 바대로 현재 '경제문제'는 해결되었다고 볼 수도 있는 것이다.

따라서 지금 우리에게는 성장이 아니라 분배가 더 시급한 과제다. 그 때문에 더 많은 노동보다 더 많은 여가가 여러모로 바람직하다. 더욱이 우리는 인류세라는 새로운 위기에 봉착해 있다. 이런 국면에서 더 많은 소비가 과연 정의로운지 재고해 봐야 한다. 이 모든 것은 우리에게 도덕적 판단을 요구하며, 경제학자들이 윤리적으로 경제를 바라볼 것을 촉구한다. 경제학자들, 특히 진보를 지향하는 비주류 경제학자들이 케인스의 이 작은 에세이를 읽어야 하는 이유다.

특히 『일반이론』에만 주목함으로써 윤리적 판단을 망각해 왔던 케인지언, 특히 포스트케인지언 경제학자들이 반드시 읽어야 할 글이다. 유효수요관리, 최저임금인상, 복지정책은 케인스의 윤리론의 지도에 따라 실행될 필요가 있다는 말이다. 이런 점에서 『일반이론』(1936)은 '우리 손자 손녀들이 누릴 경제적 가능성'(1930)이란 목적을 달성하기 위해 활용할 수단으로 이해되어야 한다. 첫 번째 집단에 속하는 피브리지오 질리보티(2장), 조지프 스티글리츠(3장), 악셀 레이욘후부드(7장), 레오나르고 베체티(14장), 윌리엄 보몰(15장)은 이 여정에 서 있는 학자들로서, 이들은 내게 진정한 케인스의 제자들로 생각된다.

『굿바이, 케인스』를 진정한 『다시, 케인스』로

마지막으로 이 책에 대한 몇 가지 평가도 조심스럽게 따져볼 필요가 있다. "아마도 우리가 손자 손녀 세대에게 물려줄 21세기는 지구촌 전체가 즐거운 노동, 끝없는 혁신, 자유로운 기업가들로 채워질 것이다. 이는 케인스가 1930년에 꿈꿨던 최선의 미래는 아니지만, 대사상가로서 그는 우리 의견에 동조할 것이다."(p.41) 15편의 에세이를 검토한 후 이 책의 '서문'을 작성한 Unicredit Group의 로렌조 페티와 로마 토르 베르가타 대학교 구스타보 피가 교수가 내린 결론이다.

하지만 이는 케인스의 생각을 왜곡한 주장이며, 인류의 '지속가능한 발전'을 위해서도 바람직하지 않은 제안이다. 지금 상황에서 노동, 혁신, 시장의 자유가 통제되지 않으면 과시와 과로, 지배와 모욕, 불평등의 고통, 생태계의 파괴가 가속될 것이기 때문이다.

비록 몇 가지 새로운 측면들을 예측하지 못했고, 불평등에 주목하지 못했지만, 자유주의와 자본주의가 낳을 이런 폐해를 염려했던 케인스의 관점은 아무리 강조해도 지나치지 않을 것이다.

> *"자살률 OECD 1위, 최장 시간 노동,*
> *산재 사망률 1위, 3분의 1을 훨씬 넘는 비정규직,*
> *살인적 입시경쟁, 최저 합계출생률, 황금만능주의,*
> *각자도생의 한국 사회에서 케인스의*
> *이 작은 에세이 '우리 손자 손녀들이 누릴*
> *경제적 가능성'이 갖는 의미는 더욱 크다."*

하지만 이 책의 저자 중 대다수를 이루는 로버트 솔로(4장), 에드먼드 펠프스(5장), 리 헤오니언(6장), 벤저먼 프리드먼(8장), 리처드 프리먼(9장), 로버트 프랭크(10장), 장 폴 피투시(11장), 미켈레 볼드린과 데이비드 레빈(12장), 게리 베커와 루이스 라요(13장)가 케인스의 이 관점을 비판하며, 심지어 조롱한다. 심지어 '서문'을 집필한 두 경제학자 로렌조 페티와 구스타보 피가를 추가하면 그 수는 13명으로 늘어난다.

이런 점에서 "이 책은 케인스의 통찰을 돌아보며 모두가 함께 번영할 수 있는 세상을 만들기 위해 어떤 노력이 필요한 것인가라는 커다란 질문을 던지고 있다"는 이강국 리쓰메이칸대학교 교수의 추천사는 좀 의아하다. 제대로 검토한 후 쓴 추천사인지 궁금하다. 오히려 "이 책을 통해 케인스의 이른 사망이 현대 사회의 비극임을 또 한 번 확인할 수 있다"는 홍진채 라쿤자산운용 대표이사의 추천사가 이 책의 '비판적' 독서를 위한 가이드라인으로 적절할 것 같다. 어찌 보면 『다시, 케인스』보다 『굿바이, 케인스』가 적절한 제목일 것 같다. 석학들의 얘기라고 다 맞는 건 아니다. 노벨경제학상 수상자들의 말도 마찬가지다. 시민들이 깨어있어야 할 이유다. 깨어있는 시민만이 『굿바이, 케인스』를 진정한 의미의 『다시, 케인스』로 읽어낼 수 있을 것이다. **LD**

글·한성안
문화평론가. 경제학자. 영산대학교수를 역임했다. 현재 '좋은경제연구소장'으로 활동하면서 집필, 기고, 강연 중이다. 페이스북과 블로그를 통해 진보적 경제학을 주제로 시민들과 활발히 소통 중이다.

한겨레신문사

Economy Insight

'중국·유럽의 창' 글로벌 경제월간지 〈이코노미 인사이트〉

글로벌 경제월간지 〈이코노미 인사이트〉는 '진보적 경제'를 향해 열린 창입니다

혼돈스러워 보이는 세계경제를 깊이 있게 이해하고자 하십니까? 한겨레가 발행하는 글로벌 경제월간지 〈이코노미 인사이트〉를 펼쳐보세요. 급변하는 세계경제 소식을 미국 중심의 시각이 아닌 유럽과 브릭스(BRICs)의 시각으로 전해드립니다. 〈이코노미 인사이트〉는 독일 〈슈피겔〉 〈차이트〉, 프랑스 〈알테르나티브 에코노미크〉, 중국 〈차이신주간〉, 영국 경제정책연구센터의 정책 포털(VoxEU.org) 등 세계적인 매체와 제휴를 맺고, 새로운 시각과 입체적인 분석으로 세계경제 소식을 전달해드립니다.

2010 ▶

▶ 2023

구독신청 및 판매 문의 1566-9585 | p-dokja@hani.co.kr 구독료 1년 150,000원 | 2년 240,000원(20% 할인) *약정한 구독 기간에 구독을 중단하면 할인 혜택이 없어지며 구독한 부수는 정가 기준으로 적용합니